民國文化與文學研究文叢

二 編

李 怡 主編

第 11 冊

論普羅文學中的政治啓蒙敘事

李 哲 著

國家圖書館出版品預行編目資料

論普羅文學中的政治啓蒙敘事／李哲 著 — 初版 — 新北市：
花木蘭文化出版社，2013〔民 102〕
目 2+174 面；19×26 公分
（民國文化與文學研究文叢 二編；第 11 冊）
ISBN：978-986-322-314-6（精裝）
1. 中國文學　2. 左翼文學　3. 文學評論
541.26208　　　　　　　　　　　　　　　　102012323

特邀編委（以姓氏筆畫為序）：

ISBN-978-986-322-314-6
9 789863 223146

丁　帆	王德威	宋如珊
岩佐昌暲	奚　密	張中良
張堂錡	張福貴	須文蔚
馮　鐵	劉秀美	

民國文化與文學研究文叢
二　編　第十一冊　　　　　　ISBN：978-986-322-314-6

論普羅文學中的政治啓蒙敘事

作　　者	李哲	
主　　編	李怡	
企　　劃	四川大學現代中國文化與文學研究中心	
	民國文學與海外漢學研究中心（籌）	
	北京師範大學民國歷史文化與文學研究中心	
總 編 輯	杜潔祥	
印　　刷	普羅文化出版廣告事業	
出　　版	花木蘭文化出版社	
發 行 人	高小娟	
聯絡地址	235 新北市中和區中安街七二號十三樓	
	電話：02-2923-1455／傳眞：02-2923-1452	
網　　址	http://www.huamulan.tw 信箱 sut81518@gmail.com	
初　　版	2013 年 9 月	
定　　價	二編 22 冊（精裝）新台幣 38,000 元	

論普羅文學中的政治啓蒙敘事

李　哲　著

作者簡介

李哲，1984 年生，山東兗州人。四川大學文學與新聞學院博士（在讀）。主要從事中國現代文學研究，曾在《文學評論》、《中國現代文學研究叢刊》等重要學術刊物發表論文。

提　　要

　　20 世紀 20 年代末，中國左翼作家和批評家曾對「五四」新文學有過非常嚴屬的批判，但左翼文學卻與「五四」新文學有著密不可分的關係，它是「五四」話語空間在社會大眾層面拓展的必然結果。在其理論批評和文本創作中，中國左翼文學凸顯了鮮明的政治本位意識，使得普羅小說文本僭越了純粹的文學範疇，而力圖追求對工農大眾的政治啟蒙。誠如有些學者指出的那樣，這樣一種以政治為本位的理念與新文學早期「為人生」和「為藝術」的態度大相徑庭，卻暗中契合了「五四」嗤之以鼻的「文以載道」傳統。在其寫作過程中，左翼知識分子通過對「個人主義」思潮的否定完成了「個人」與「自我」的分離，是自己的身份由「文人」轉換為「革命者」，從而獲得了「政治啟蒙」的資格。在此之後，他們在「大眾化」討論中消泯了「融入大眾」與「教導大眾」之間的矛盾，使知識分子確立了政治啟蒙的主體地位。而在小說文本中，他們則通過「士人」實現了「無產階級革命者」的本土化呈現，也給「大眾」這一抽象的啟蒙客體賦予了具體的文學形態。由於以政治啟蒙為標的，作家在普羅小說文本中生成了「理性節制情感」的古典主義法則。左翼作家利用「革命理性」將「個人情感」規約成整飭、規範、帶有鮮明意識形態特徵的「情感範型」，使得小說敘事完全納入了「革命理性」的範疇。以這樣一種政治本位意識為基礎，普羅小說中「革命 + 戀愛」可被還原為「知識分子轉變」，它從屬於「工農暴動」這一普羅小說的基本模式。而正是在對「暴動」的經典化敘事中，政治啟蒙作為一個完成的形態呈現在普羅小說的文本當中。

就「民國機制」與民國文學答問
——《民國文化與文學研究文叢》第二輯引言

李　怡

文學的「民國機制」是什麼

周維東：我注意到，最近有一些學者提出了「民國文學史」研究的問題，例如張福貴先生、丁帆先生、湯溢澤先生等等。而在這些「文學史」重新書寫的呼聲中，您似乎更專注於一個新的概念的闡述和運用，這就是文學的「民國機制」，您能否說明一下，究竟什麼是文學的「民國機制」呢？

李怡：「民國機制」是近年來我在中國現代文學史研究中逐漸感受到並努力提煉出來的一個概念。形成這一概念大約是在 2009 年，爲了參加北京大學召開的紀念五四新文化運動 90 周年研討會，我重新考察了「五四文化圈」的問題，我感到，五四文化圈之所以有力量，有創造性，根本原因就在於當時形成了一個砥礪切磋、在差異中相互包容又彼此促進的場域，而這樣的場域所以能夠形成，又與「民國」的出現關係甚大，中國現代文學之有後來的發展壯大，在很大程度上得力於當時能夠形成這個場域。在那時，我嘗試著用「民國機制」來概括這一場域所表現出來的影響文學發展的特點。〔註1〕我將五四時期視作文學的「民國機制」的初步形成期，因爲，就是從這個時期開始，推動中國現代文化與文學健康穩定發展的基本因素已經出現並構成了較爲穩定的「結構」。〔註2〕

〔註 1〕 李怡：《誰的五四：論五四文化圈》，見《中國現代文學研究叢刊》2009 年 3 期。

〔註 2〕 李怡：《「五四」與現代文學「民國機制」的形成》，《鄭州大學學報》2009 年

2010 年，在進一步的研究中，我對文學的「民國機制」做出了初步的總結。我提出：「民國機制」就是從清王朝覆滅開始在新的社會體制下逐步形成的推動社會文化與文學發展的諸種社會力量的綜合，這裏有社會政治的結構性因素，有民國經濟方式的保證與限制，也有民國社會的文化環境的圍合，甚至還包括與民國社會所形成的獨特的精神導向，它們共同作用，彼此配合，決定了中國現代文學的特徵，包括它的優長，也牽連著它的局限和問題。爲什麼叫做「民國機制」呢？就是因爲形成這些生長因素的力量醞釀於民國時期，後來又隨著 1949 年的政權更迭而告改變或者結束。新中國成立以後，眾所周知的事實是，政治制度、經濟形態及社會文化氛圍及人的精神風貌都發生了重大改變，「民國」作爲一個被終結的歷史從大陸中國消失了，以「民國」爲資源的機制自然也就不復存在了，新中國文學在新的「機制」中轉換發展，雖然我們不能斷言這些新「機制」完全與舊機制無關，或許其中依然包含著數十年新文化新文學發展無法割斷的因素，但是從總體上看，這些因素即便存在，也無法形成固有的「結構」，對於文化和文學的發展而言，往往就是這些不同的「結構」在發生著關鍵性的作用，所以我主張將所謂的「百年中國文學」、「二十世紀中國文學」分段處理，不要籠統觀察和描述，它們實在大不相同，二十世紀下半葉的中國文學應該在新的「機制」中加以認識。〔註3〕

周維東：「民國機制」與同時期出現的「民國文學史」、「民國史視角」有什麼差別？

李怡：「民國文學史」提出來自當代學人對諸多「現代文學」概念的不滿，據我的統計，最早提出以「民國文學史」取代「現代文學史」設想的是上海的陳福康先生，陳福康先生長期致力於現代文獻史料的發掘勘定工作，他所接觸和處理的歷史如此具體，實在與抽象的「現代」有距離，所以更願意認同「民國」這一稱謂，其實這裏有一個值得注意的現象：真正投入歷史的現場，你就很容易發現文學的歷史更多的是一些具體的「故事」，抽象的「現代」之辨並不都那麼激動人心，所以在近現代史學界，以「民國史」定位自己工作者先前就存在，遠比我們觀念性強的「文學史」界爲早。繼陳福康先生之後，又先後有張福貴、魏朝勇、趙步陽、楊丹丹、湯溢澤、丁帆等人繼續闡

---

4 期。

〔註 3〕李怡：《民國機制：中國現代文學的一種闡釋框架》，《廣東社會科學》2010年 6 期。

述和運用了「民國文學史」的概念，尤其是張福貴和丁帆先生，更以「國務院學位委員」特有的學科視野爲我們論述和規劃了這一新概念的重要意義與現實可能，我覺得他們的論述十分重要，需要引起國內現代文學同行的高度重視和認眞討論。在一開始，我也樂意在「民國文學史」的框架中討論現代文學的問題，因爲這一框架顯然能夠把我們帶入更爲具體更爲寬闊的歷史場景，而不必陷入糾纏不清的概念圈套之中，例如借助「民國文學史」的框架，我們就能夠更好地解釋「大後方文學」的複雜格局，包括它與延安文學的互動關係。〔註4〕

　　不過，「民國文學史」主要還是一個歷史敘述的框架，而不是具體的認知視角和研究範式，或者說他更像是一個宏闊的學科命名，而不是「進入」問題的角度，我們也不僅僅爲了「寫史」，在書寫整體的歷史進程之外，我們大量的工作還在對一個一個具體文學現象的理解和闡釋，而這就需要有更具體的解讀歷史的角度和方法，我們不僅要告訴人們這一段歷史「叫做」什麼，而且要回答它「爲什麼」是這樣，其中都有哪些值得注意的東西，對後者的深入挖掘可以爲我們的文學研究打開新的空間，「機制」的問題提出就來源於此。

　　周維東：我也意識到這一問題。「民國文學史」提出的學理依據和理論價值，在於它一時間化解了「中國現代文學史」框架中許多難以解決的難題，譬如中國現代文學的「起點」問題，中國現代文學的「包容度」問題，中國現代文學史寫作的價值立場問題等等。但「化解」並不等同於「解決」，當我們以「民國」的歷史來界分中國現代文學時，我們依舊需要追問「現代」的起源問題；當我們不在爲中國現代文學的包容度而爭議時，如何將民國文學錯綜複雜的文學現象統攝在同一個學術平臺上，又成了新的問題；我們可以不爲「現代」的本質而煩擾，但一代代中國現代知識份子的文化追求還是會引發我們思考：他們爲什麼要這樣而不是那樣？

　　李怡：還有一個概念也很有意思，這就是秦弓先生提出的「民國史視角」，〔註5〕「視角」的思路與我們對其中「機制」的關注和考察有彼此溝通之處，

〔註4〕 李怡：《「民國文學史」框架與「大後方文學」》，《重慶師範大學學報》2009
　　　年1期。

〔註5〕 秦弓先後發表《從民國史的角度看魯迅》（《廣東社會科學》2006年4期）、《現
　　　代文學的歷史還原與民國史視角》（《湖南社會科學》2010年1期）。

我們都傾向於通過對特定歷史文化的具體分析為文學現象的解釋找到根據。在我們的研究中，有時也使用「視角」一詞，只是，我更願意用「機制」，因為，它指涉的歷史意義可能更豐富，研究文學現象不僅需要「觀察點」，需要「角度」，更需要有對文化和文學的內在「結構性」因素的總結，最終，讓二十世紀中國文學上下半葉各自區分的也不是「角度」而是一系列實在內涵。

周維東：「民國機制」的研究許多都涉及社會文化的制度問題，這與前些年出現的「中國現當代文學制度研究」有什麼差別呢？

李怡：最近一些年出現的「中國現當代文學制度研究」為中國文學的發生發展尋找到了豐富的來自社會體制的解釋，這對過去機械唯物主義的「社會反映論」研究具有根本的差異，我們今天對「民國機制」的思考，當然也包含著對這些成果的肯定，不過，我認為，在兩個大的方面上，我們的「機制」論與之有著不同。首先，這些「制度研究」的理論資源依然主要來自西方學術界，這固然不必指責，但顯然他們更願意將現代中國的各種「制度現象」納入到更普遍的「制度理論」中予以認識，「民國」歷史的特殊性和諸多細節還沒有成為更主動的和主要的關注對象，「民國視角」也不夠清晰和明確，而這恰恰是我們所要格外強調的；其次，我們所謂的「機制」並不僅是外在的社會體制，它同時也包括現代知識份子對各種體制包圍下的生存選擇與精神狀態。例如民國時期知識份子所具有的某種推動文學創造的個性、氣質與精神追求，這些人的精神特徵與國家社會的特定環境相關，與社會氛圍相關，但也不是來自後者的簡單「決定」與「反映」，有時它恰恰表現出對當時國家政治、社會制度、生存習俗的突破與抗擊，只是突破與抗擊本身也是源於這個國家社會文化的另外一些因素。特別是較之於後來極左年代的「殘酷鬥爭、無情打擊」，較之於「知識份子靈魂改造」後的精神扭曲，或者較之於中國式市場經濟時代的信仰淪喪與虛無主義，作為傳統文化式微、新興文明待建過程中的民國知識份子，的確是相對穩健地行走在這條歷史的過渡年代，其中的姿態值得我們認真總結。

周維東：經過您的闡述，我可不可以這樣理解：「民國機制」包含了一種全新的文學理解方式，「民國」是靜態的歷史時空，而「機制」則是文化參與者與歷史時空動態互動中形成的秩序，兩者結合在一起，強調的是在文學活動中「人」與「歷史時空」的豐富的聯繫，這種聯繫可以形成一種類似「場域」的空間，它既是外在的又是內在的。通過對「文學機制」的發現，文學

研究可以獲得更大的彈性空間，從而減少了因為理論機械性而造成的文學阻隔。單純使用「民國」或「制度」等概念，往往會將文學置於「被決定」的地位，它值得警惕的地方在於，我們既無法窮盡對「民國」或「制度」全部內容的描述，也無法確定在一定的歷史時空下就必然出現一定的文學現象。

李怡：可以這樣理解。

為什麼是「民國機制」

周維東：應該說，目前中國現代文學研究已經相當成熟了，各種研究模式、方法、框架都取得了引人注目的成就，在這個時候，為什麼還要提出這個新的闡述方式呢？

李怡：很簡單，就是因為目前的種種既有研究框架存在一些明顯的問題，對進一步的研究形成了相當的阻力。我們最早是有「新文學」的概念，這源於晚清「新學」，「新文學」也是「新」之一種，顯然這一術語感性色彩過強，我們必須追問：「新」旗幟的如何永遠打下去而內涵不變？「現代」一詞從移入中國之日起就內涵駁雜，有歐洲文明的「現代觀」，也有前蘇聯的十月革命「現代觀」，後者影響了中國，而中國又獨出心裁地劃出一「當代」，與前蘇聯有所區別，到了新時期，所謂「與世界接軌」也就是與歐美學術看齊，但是我們的「現代」概念卻與人家接不了軌！到 1990 年代，「現代性」知識登陸中國，一陣恍然大悟之後，我們「奮起直追」，「現代性」概念漫天飛舞，但是新的問題也來了：如何證明中國文學的「現代」就是歐美的「現代」？如果證明不了，那麼這個概念就是有問題的，如果真的證明了，那麼中國文學的獨立性與獨創性還有沒有？我們的現代文學研究真的很尷尬！提出「民國機制」其實就是努力返回到我們自己的歷史語境之中，發現中國人在特定歷史中的自主選擇，這才是中國文學在現代最值得闡述的內容，也是中國文學之所以成為中國文學的理由，或者說是中國自己的真正的「現代」。

周維東：我在想一個問題，「民國機制」的提出在很大程度上來自對目前「現代」概念的質疑和反思，這是不是意味著，我們從此就確立了與「現代」無關的概念，或者說應該把「現代」之說驅除出去呢？

李怡：當然不是。「現代」概念既然可以從其知識的來源上加以追問，借助「知識考古」的手段釐清其中的歐美意義，但是，在另外一方面，「現代」

從日本移入中國語彙的那一天起，就已經自然構成了中國人想像、調遣和自我感性表達的有機組成部分，也就是說，中國人已經逐步習慣於在自己理解的「現代」概念中完成自己和發展自己，今天，我們依然需要對這方面的經驗加以梳理和追蹤，我們需要重新摸索中國自己的「現代經驗」與「現代思想」，而這一切並不是 1990 年代以後自西方輸入的「現代性知識體系」能夠解釋的，怎麼解釋呢？我覺得還是需要我們的民國框架，在我們「民國機制」的格局中加以分析。

周維東：也就是說，只有在「民國機制」中，我們才可以真正發現什麼是自己的「現代」。

李怡：就是這個意思，「現代」並不是已經被我們闡述清楚了，恰恰相反，我覺得很多東西才剛剛開始。

周維東：「民國」一詞是中性的，這是不是更方便納入那些豐富的文學現象呢？例如舊體詩詞、通俗小說等等。提出「民國機制」是否更有利於現代文學史的「擴軍」？也就是說將民國時期的一切文化文學現象統統包括進去？

李怡：從字面上看似乎有這樣的可能，實際上已經有學者提出了這個問題。但是，對於這個問題，我卻有些不同的看法，實際上，一部文學史絕對不會不斷「擴容」的，不然，數千年歷史的中國古典文學今天就無法閱讀了，不斷「減縮」是文學史寫作的常態，文學經典化的過程就在減縮中完成。這就為我們提出了一個問題：一種新的文學闡釋模式的出現從根本上講是為了「照亮」他人所遮蔽的部分而不是簡單的範圍擴大，「民國」概念的強調是為了突出這一特定歷史情景下被人遺忘或扭曲的文學現象，舊體詩詞、通俗小說等等直到今天也依然存在，不能說是民國文學的獨有現象，而且能夠進入文學史研究的一定是那些在歷史上產生了獨立作用和創造性貢獻的現象，舊體詩詞與通俗小說等等能不能成為這樣的現象大可質疑，與唐宋詩詞比較，我們現代的舊體詩詞成就幾何？與新文學對現代人生的揭示和追求比較，通俗小說的深度怎樣？這都是可以探討的。實際上，一直都由學者提出舊體詩詞與通俗小說進入「現代文學史」，與新文學並駕齊驅的問題，呼籲了很多年，文學史著作也越出越多，但仍然沒有發現有這麼一種新舊雜糅、並駕齊驅的著作問世，為什麼呢？因為兩者實在很難放在同一個平臺上討論，基礎不一樣，判斷標準不一樣。我認為，提出文學的「民國機制」還是為了更好地解

釋那些富有獨創性的文學現象,而不是爲了擴大我們的敘述範圍。

周維東:文學史研究從根本上講,就不可能是「中性」的。

李怡:當然,任何一種闡述本身就包含了判斷。

「民國機制」何爲

周維東:在文學的「民國機制」論述中,有哪些內容可以加以考察?或者說,我們可以爲現代中國文學研究開拓哪些新空間呢?

李怡:大體上可以區分爲兩大類:一是對「民國」各種社會文化制度、生存方式之於文學的「結構性力量」的考察、分析,二是對現代作家之於種種社會格局的精神互動現象的挖掘。前者可以展開的論題相當豐富,例如民國經濟形態所造就的文學機制。從 1913 年張謇擔任農商務部總長起,在大多數情形下,鼓勵民營經濟的發展已經成了民國的基本國策,中國近現代的出版傳播業就是在這樣的格局中發展起來的,這賦予了文學發展較大的空間;至少在法制的表面形態上,民國政府表現出了一系列「法治」的努力,以「三民主義」和西方法治思想爲基礎民國法律同樣也建構著保障民權的最後一道防線,雖然它本身充滿動搖和脆弱。這表層的「法治」形式無疑給了知識份子莫大的鼓勵,鼓勵他們以法律爲武器,對抗獨裁、捍衛言論自由;多種形態的教育模式營造了較大的精神空間,對國民黨試圖推進的「黨化」教育形成抵制。後者則可以深入挖掘現代知識份子如何通過自己的努力、抗爭調整社會文化格局,使之有利於自己的精神創造。

周維東:這些研究表面上看屬於社會體制的考察,其實卻是「體制考察與人的精神剖析」相互結合,最終是爲了闡發現代文學的創造機能而展開的研究。

李怡:對,尋找外在的社會文化體制與人的內部精神追求的歷史作用,就是我所謂的「機制」的研究。

周維東:這樣看來,民國機制的研究也就帶有鮮明的立場:爲中國現代文學的創造力尋求解釋,深入展示我們文學曾經有過的歷史貢獻,當然,也爲未來中國文學的發展挖掘出某些啓示。所以說,「民國機制」不是重新劃範圍的研究,不是「標籤」與「牌照」的更迭,更不是貌似客觀中性的研究,它無比明確地承擔著回答現代文學創造性奧秘的使命。

李怡：這樣的研究一開始就建立在「提問」的基礎上，是未來回答現代文學的諸多問題我們才引入了「民國機制」這樣的概念，因為「提問」，我想我們的研究無論是在文學思潮運動還是在具體的作家作品現象方面都會有一系列新的思維、新的結論。例如一般認為 1930 年代左翼作家的現實揭弊都來源於他們生活的困窘，其實認真的民國生活史考察可以告訴我們，但凡在上海等地略有名氣的作家（包括左翼作家）都逐步走上了較為穩定的生活，他們之所以堅持抗爭在很大程度上還是來自理想與信念。再如目前的文學史認為茅盾的《子夜》揭示了民族資產階級在現代中國沒有前途，但問題是民國的制度設計並非如此，其實民營經濟是有自己的生存空間的，尤其 1927～1937 被稱作民國經濟的黃金時代，這怎麼理解？顯然，在這個時候，茅盾作為左翼作家的批判性佔據了主導地位，而引導他如此寫作的也不是什麼「按照生活本來面目加以反映」的 19 世紀歐洲的「現實主義」原則，而是新進引入的馬克思主義的階級觀念。民國體制與作家實際追求的兩相對照，我們看到的恰恰是民國文學的獨特景象：這裏不是什麼遵循現實主義原則的問題，而是作家努力尋找精神資源，完成對社會的反抗和拒斥的問題，在這裏，文學創作本身的「思潮屬性」是次要的，構建更大的精神反抗的要求是第一位的。在這方面，是不是存在一種「民國氣質」呢？

周維東：根據您的闡述，我理解到「民國機制」所要研究的問題。過去我們研究文學史，也注重了歷史語境的問題，但從某個單一視角出發，就可能出現「臆斷」和「失度」的現象，這也就是俗話中的「只知其一不知其二」。「民國機制」研究民國「社會文化制度、生存方式之於文學的『結構性力量』」，實際還強調了歷史現場的全景考察。其次，「現代作家之於種種社會格局的精神互動現象」在過去常常被認為作家的個體想像，您在這裏特別強調這種互動的集體性和有序性，並試圖將之作為結構文學史的重要基礎。

李怡：是這樣的。過去我們都習慣用階級對抗在解釋民國時代的「左」、「中」、「右」，好像現代文學就是在不同階級的作家的屬性衝突中發展起來的，其實，就這些作家本身而言，分歧和衝突是一方面，而彼此的包容和配合也是不容忽視的一面，更重要的是，他們意見和趣味的分歧往往又在對抗國家專制統治方面統一了，在面對獨裁壓制的時候，都能夠同仇敵愾，共同捍衛自己的利益。當整個知識份子階層形成共同形成精神的對抗之時，即便是專制統治者也不得不有所忌憚，例如擔任國民黨中宣部部長的張道藩就在

1940 年代的「文學政策」論爭中無法施展壓制之術。民國文學創作的自由空間就是不同思想取向的知識份子共同造成的。

周維東：這樣看來，「民國機制」還有很多課題值得挖掘。譬如民國時期知識份子與大眾傳媒關係問題，過去我們基本從「稿費」和「經濟」的角度理解這一現象，不過如果我們注意到這一時期的「零稿費」現象、「虧本經營」現象，以及稿件類型與稿酬水平的關係問題等等，就可以從單純的經濟問題擴展到民國文人、民國傳媒的趣味和風尚問題，進而還能擴展到民國知識份子生存空間的細枝末節。這樣研究文學史，真可謂「別有洞天」呀！

作爲方法的「民國機制」

周維東：我覺得，提出文學的「民國機制」不僅可以爲我們的學術研究開闢空間，同時它也具有方法論的價值。

李怡：我以爲這種方法論的意義至少有三個方面：一是倡導我們的現代文學學術研究應該進一步回到民國歷史的現場，而不是抽象空洞的「現代」，即便是中國作家的「現代」理念，也有必要在我們自己的歷史語境中獲得具體的內容；二是史料考證與思想研究相互深入結合，近年來，對現代文學史料的重視漸成共識，不過，究竟如何認識「史料」卻已然存在不同的思路，有人認爲提倡史料價值，就是從根本上排除思想研究，努力做到「客觀」和「中性」，其實，沒有一種研究可以是「客觀」的，從來也不存在絕對的「中性」，最有意義的研究還是能夠回答問題，是具有強烈的問題意識的研究。如何將史料的考證和辨析與解答民國時期文學創造的奧秘相互結合，這在當前還亟待大家努力。第三，正如前面我們所強調的那樣，我們也努力將外部研究（體制考察）與內部研究（精神闡釋）結合起來，以「機制」的框架深入把握推動文學發展的「綜合性力量」，這對過去「內外分裂」的研究模式也是一種突破。

周維東：最近幾年，中國出現了「民國熱」，談論民國，想像民國，出版民國讀物，蔚爲大觀，有人擔心是否過於美化了那一段歷史？

李怡：這個問題也要分兩重意義來說，首先是爲什麼會出現這樣的「熱」？顯然是我們的歷史存在某種需要反省的東西，或者將那個時候的一切統統斥之爲「萬惡的舊社會」，從來沒有正視過歷史的應有經驗，或者是對我們今天──市場經濟下虛無主義盛行，知識份子喪失理想和信仰的某種比照，在這

樣兩種背景上開掘「民國資源」，我覺得都有明顯的積極意義，因為它主要代表了我們的不滿足，求反思，重批判，至於是否「美化」那要具體分析，不過，在「民國」永遠不會「復辟」的前提下，某些美好的想像和誇張也無需過分擔憂，因為，「民國」資源本身包含「多元」性，左翼批判精神也是民國精神之一，換句話說，真正進入和理解「民國」，就會引發對民國的批判，何況今天分明還具有太多的從新體制出發抨擊民國的思想資源，學術思想的整體健康來自不同思想的相互抵消，而不是每一種思想傾向都四平八穩。

周維東：的確是這樣。所謂「美化」的背後其實是缺失和批判。學術史上又太多類似的「美化」，屈原、陶淵明、李白、杜甫等文化名人形成的光輝形象，不正是研究者「美化」的結果嗎？魯迅也曾經「美化」過魏晉。在研究者「美化」歷史人物和歷史時期時，我想他（她）不是諂媚也不是褒貶，而是在更大的文化空間上，揭示我們還缺少什麼，我們如何可以過的更好。

李怡：還有，也是更主要的一點，我們的「民國機制」研究與目前的「民國熱」在本質上沒有關係。我們要回答的是民國時期現代文學的創造秘密，這與是否「美化」民國統治者完全是兩回事，我們從來嚴重關切民國歷史的黑暗面，無意為它塗脂抹粉，恰恰相反，我們是要在正視這些黑暗的基礎上解答一個問題：現代知識份子如何通過自己的抗爭和奮鬥突破了思想的牢籠，贏得了民國時期的文學輝煌，我們把其中的創生力量歸結為「民國機制」，但是顯而易見，民國機制並不屬於那些專制獨裁者，而是根植於近代以來成長起來的現代知識份子群體，根植於這一群體對共和國文化環境與國家體制的種種開創和建設，根植於孫中山等民主革命先賢的現代理想。

周維東：「民國機制」不是民國統治者的慈善，不是政治家的恩賜，而是以知識份子為主體的社會力量主動爭取和奮鬥的結果，在這裏，需要自我反省的是知識份子自己。

李怡：「民國機制」的提出歸根結底是現代文學學術長期發展的結果，絕非當前的「風潮」鼓動（中國是一個充滿「風潮」的社會，實在值得警惕），近三十年來，中國現代文學研究一直在尋找一種更恰當的自我表達方式，從1980年代「二十世紀中國文學」在「走向世界」中抵消政治意識形態的干預到1990年代「現代性」旗幟的先廢後存，尷尷尬尬，我們的文學研究框架始終依靠外來文化賜予，那麼，我們研究的主體性何在？思想的主體性何在？我曾經倡導過文學研究的「生命體驗」，又集中梳理過中國現代文學批評的術

語演變，這一切的努力都不斷將我們牽引回中國歷史的本身，我們越來越眞切地感受到更完整地返回我們的歷史情境才有可能對文學的發展作進一步的追問。對於現代的中國文學而言，這一歷史情境就是「民國」，一個無所謂「美化」也無所謂「醜化」的實實在在的民國，回到民國，才是回到了現代中國作家的棲息之地，也才回到了中國文學自身。

周維東：最後一個問題，我們研究民國時期的文學，是否也應該考慮當時歷史狀況的複雜性，比如是不是民國時代的所有文學都從屬於「民國機制」？比如解放區文學、淪陷區文學？除了「民國機制」，當時還存在另外的文學機制沒有？

李怡：這樣的提問就將我們的問題引向深入了！我一向反對以本質主義的思維來概括歷史，社會文化的內在結構不會是一個而是多個，當然，在一定的歷史時期，肯定有主導性的也有非主導性的，有全局性的也有非全局性的。在「民國」的大框架中，也在特定條件下發展起了一些新的「機制」，但是民國沒有瓦解，這些「機制」的作用也還是局部的。延安文學機制是在蘇區文學機制的基礎上發展起來的，軍事性、鬥爭性和一元性是其主要特徵，但這一機制全面發揮作用是在「民國」瓦解之後，在民國當時，延安文學能夠在大的國家文化體系中存在，也與民國政治的特殊架構有關，在這個意義上，也可以說是民國機制在特殊的局部滋生了新的延安機制，並最終爲發展後的延安機制所取代。至於淪陷區則還應該仔細區分完全殖民地化的臺灣以及置身中國本土的東北淪陷區、華北淪陷區和上海孤島等，對於完全殖民地化的尚未光復的臺灣，可能基本置於「民國機制」之外，而對其他幾個地區，則可能是多種機制的摻雜，雖然摻雜的程度各不相同。但是，從總體上看，我並不主張抽象地籠統地地議論這些「機制」比例問題，我們提出「民國機制」最終還是爲了解決現代中國文學發生發展的若干具體問題，只有回到具體的文學現象當中，在分析解決具體的文學問題之時，「民國機制」才更能發揮「方法論」的作用，啓發我們如何在「體制與人」的交互聯繫中發掘創造的秘密。我們無需完成一部抽象的「民國機制發展史」，可能也完成不了，更迫切的任務是針對文學具體現象的新的符合中國歷史情境的闡述和分析。

周維東：對，我們的任務是進入具體的文學問題，將關注「民國機制」作爲內在的思想方法，引導對實際現象的感受和分析。

1. 緒　論⋯⋯⋯⋯⋯⋯⋯⋯⋯⋯⋯⋯⋯⋯⋯⋯ 1

　1.1　中國左翼文學運動的發生 ⋯⋯⋯⋯⋯⋯⋯ 1

　1.2　「五四文學」與「左翼文學」的空間關聯⋯⋯⋯ 4

　1.3　左翼文學研究綜述 ⋯⋯⋯⋯⋯⋯⋯⋯⋯⋯ 18

2.「載道」與「行道」：政治與文學的融彙⋯⋯⋯⋯ 27

　2.1　作家個體意義上的政治與文學⋯⋯⋯⋯⋯⋯ 27

　2.2　「概念化」、「臉譜化」的成因：政治理念的
　　　 文學表述 ⋯⋯⋯⋯⋯⋯⋯⋯⋯⋯⋯⋯⋯ 40

　2.3　左翼文學的「文以載道」傳統 ⋯⋯⋯⋯⋯ 44

　2.4　普羅小說的「行道」屬性 ⋯⋯⋯⋯⋯⋯⋯ 49

3.「自我」蛻變：個人與集體的鬥爭 ⋯⋯⋯⋯⋯ 61

　3.1　從「個體精神」到「個人主義」 ⋯⋯⋯⋯ 62

　3.2　反「個人主義」：集體理念的「否定性」邏輯
　　　 ⋯⋯⋯⋯⋯⋯⋯⋯⋯⋯⋯⋯⋯⋯⋯⋯ 66

　3.3　精神「排污」：「個人」與「自我」分離過程
　　　 的文本呈現 ⋯⋯⋯⋯⋯⋯⋯⋯⋯⋯⋯⋯ 69

　3.4　「靈肉」分割：「個人主義」非道德化過程的
　　　 文本呈現 ⋯⋯⋯⋯⋯⋯⋯⋯⋯⋯⋯⋯⋯ 73

4. 政治啓蒙：主體與客體的確認⋯⋯⋯⋯⋯⋯⋯ 81

　4.1　「留聲機」與「鵝毛扇」：左翼知識分子的
　　　 自我定位 ⋯⋯⋯⋯⋯⋯⋯⋯⋯⋯⋯⋯⋯ 81

　4.2　「士人」形象：「無產階級英雄」的本土化
　　　 表達 ⋯⋯⋯⋯⋯⋯⋯⋯⋯⋯⋯⋯⋯⋯⋯ 87

　4.3　老去的阿Q：「落後農民」的革命之路 ⋯⋯ 98

　4.4　性別與革命：作為政治啓蒙客體的女性形象 106

5.「古典主義」：理性對情感的節制 ⋯⋯⋯⋯⋯ 113

　5.1　左翼文學的古典主義特徵 ⋯⋯⋯⋯⋯⋯⋯ 113

　5.2　「政治激情」的「理性」本質 ⋯⋯⋯⋯⋯ 119

　5.3　「個人情感」的規範形態 ⋯⋯⋯⋯⋯⋯⋯ 127

6. 革命圖景：「暴動」對啓蒙的呈現 ⋯⋯⋯⋯⋯ 137

　6.1　「革命＋戀愛」還是「戀愛➡革命」？⋯⋯ 137

　6.2　「工農暴動」還是「知識分子革命」？⋯⋯ 141

　6.3　「煽動情感」還是「整合情緒」？⋯⋯⋯⋯ 143

　6.4　「話語言說」的革命實踐意義⋯⋯⋯⋯⋯⋯ 148

餘　論⋯⋯⋯⋯⋯⋯⋯⋯⋯⋯⋯⋯⋯⋯⋯⋯⋯ 155

參考文獻 ⋯⋯⋯⋯⋯⋯⋯⋯⋯⋯⋯⋯⋯⋯⋯⋯ 169

目

次

1. 緒　論

1.1 中國左翼文學運動的發生

按照一般的說法，中國左翼文學運動正式肇始於 1928 年，它從一開始就不是一場純粹的文學運動。因此，如果僅僅局限於文學自身的創作規律或文學史的演變軌迹，我們就無法對左翼文學運動的發生與發展做出合理的解釋和準確的描述。從這個意義上講，歷代研究者將左翼文學運動的發生與發展與政治鬥爭因素綁定在一起也並非牽強附會，誠如《中國現代文學三十年》在描述左翼文學運動時所說：「無產階級革命文學作為一種規模浩大的文學運動，在 1928 年崛起，主要是由政治形勢突變所推動。」〔註1〕當然，這裏所提及的「政治形勢」可以表述為「大革命失敗」這一具體的歷史事件，它往往被認作左翼文學運動發生的背景和直接原因。但是，一場政治鬥爭的失敗如何引發了一場文學運動的興起，這其中的過程遠非看起來那麼簡單。

林偉民先生指出：「1927 年大革命的最後結果，是國共兩黨從原先的政治同盟關係變成了政治鬥爭的敵對雙方。國民黨為鞏固其尙未穩固的政權，除了繼續從政治和軍事上加緊對共產黨的鎮壓外，還逐漸加強對文化領域和思想意識形態方面的控制與規範。它實行政治專制與文化專制，比北洋時期任何一屆軍閥有過之而無不及。」〔註2〕如其所述，國民黨專制統治的建立主要

〔註 1〕 錢理群、溫儒敏、吳福輝，中國現代文學三十年〔M〕，北京：北京大學出版社，2006：149。

〔註 2〕 林偉民，中國左翼文學思潮〔M〕，上海：華東師範大學出版社，2005：11。

表現在「政治」與「文化」這兩個方面。但在二三十年代，國民黨「政治專制」與「文化專制」的最終實現是極不平衡的。在「政治專制」方面，國民黨當局以強大的軍事力量爲依託，對異己的政治力量實行了有效的打擊和控制，其中對共產黨人及左翼人士的迫害達到了相當慘烈的程度，這其中包括一些革命的左派作家：「寧漢分裂後，國民黨『聯俄容共』政策終結，全面清黨、反共開始。1926 年前後，參加革命的左派作家都被清洗出來，如郭沫若、成仿吾、李初梨、彭康、王獨清、蔣光慈、錢杏邨、楊邨人、洪靈菲、樓建南、瞿秋白、周揚、潘漢年、徐懋庸、徐迅雷等。」〔註3〕而相對於「政治專制」而言，儘管國民黨在文化管制政策的制定與實行上也越發嚴厲，但其最終效果卻由於上海這一新興國際化都市的存在而大打折扣。因爲「上海作爲一個中國的大都市，還存在『租界』這種『治外之地』」，〔註4〕在作爲「國際公共租界」的虹口，「英、美、日、華政出多門，結果造成誰都不管、誰都管不了的狀態」，從而「爲左翼文學的發展，提供了一個相對寬鬆自由的空間和環境氛圍」，一些左翼人士可以在此自由地「策劃左翼文學運動，從事左翼文學創作活動，開展文藝大眾化運動，傳播馬列文藝思想；甚至也成爲左翼人士尋求庇護的避風港。」〔註5〕與此同時，上海商業性雜誌和新書業高度發達：一方面，「上海被稱爲『雜誌的麥加』」，「中國的大部分雜誌集中在上海出版」，而且「雜誌由同人性質轉爲商業性質」；〔註6〕另一方面，「新文藝書店像雨後春笋一樣充滿生機和不斷湧現，新書店的湧現成爲 1928 年上海一個引人注目的現象」，「這些以經營新文藝書籍爲主的新書店使出版界頓形活躍，並帶來了出版的革新。」〔註7〕這些無疑都爲文學運動的開展提供了最爲便利的條件。正因爲此，「全國各地的文化人好像受著神秘的力量驅使似的，他們「像候鳥一樣成群結隊、不約而同地離開他們原來的栖居之地向上海遷徙」。〔註8〕

　　這裏要強調的是，「全國各地的文化人」向上海「遷徙」並不是簡單的空間位移，也不是「受著神秘的力量驅使」，至少對左翼知識分子而言是如此。

〔註 3〕陳紅旗，中國左翼文學的發生 1923～1933〔M〕，廣州：暨南大學出版社，2010：4。
〔註 4〕林偉民，中國左翼文學思潮〔M〕，上海：華東師範大學出版社，2005：18。
〔註 5〕林偉民，中國左翼文學思潮〔M〕，上海：華東師範大學出版社，2005：19。
〔註 6〕曠新年，1928：革命文學〔M〕，濟南：山東教育出版社，2006：30。
〔註 7〕曠新年，1928：革命文學〔M〕，濟南：山東教育出版社，2006：35～36。
〔註 8〕曠新年，1928：革命文學〔M〕，濟南：山東教育出版社，2006：19。

那些向上海遷徙的左翼知識分子，恰恰是在國民黨「清黨」、「反共」運動中「清洗」出的「革命者」。如果考察向上海遷徙的左翼知識分子組成，就會發現南昌與武漢是兩個重要的流出地。其中，「郭沫若、陽翰笙、李一氓等人參加南昌起義之後輾轉來到上海」，而「茅盾、蔣光慈、錢杏邨、孟超、楊村人、宋雲彬等從危機的政治中心武漢潛來上海」。〔註 9〕這兩撥人中有不少成為左翼文學運動最早的發起者，也是後期創造社和太陽社的先驅人物（創造社的馮乃超、李初梨等人係由郭沫若等人主持由日本召回國內），同樣他們也是左翼文學創作的主力軍。這表明左翼文學運動的主要發起者都是從戰場上剛剛退下火線的「革命者」，他們從武漢、南昌這些政治高壓帶「遷徙」至上海租界這一文化低壓帶，也就意指著他們從短兵相接的政治鬥爭中抽離，轉而借助相對寬鬆的文化政策和發達的文學傳媒提倡一場左翼文學運動。

就其個人身份而言，「提倡『革命文學』的郭沫若、成仿吾、錢杏邨、洪靈菲、李一氓、陽翰笙等人，或是從戰場重返文場的，或原先是從事實際政治工作的」。〔註 10〕所以，郭沫若、蔣光慈等人作家身份的背後都有一個「革命者」的政治角色——「先做革命者，後做文學家，先做共產黨人，後做作家」〔註 11〕已成為當時左翼知識分子的普遍共識。正是這一點鑄就了他們「視文學為武器、把文場當戰場的意識」。〔註 12〕對他們來說，「文化運動應視為實際鬥爭的一部分，有密切關係的部分。做文化運動的人，也即是參加經濟鬥爭，政治鬥爭的人。」〔註 13〕因此，左翼作家實際上不是純粹意義上的文學創作者，他們並沒有從「革命者」轉變成「文學家」——「革命」依然是「革命」，它只是從現實的政治軍事領域轉向了作為「意識形態」的文化領域。在這一過程中，左翼知識分子在現實的政治中不得已「棄槍提筆」，但是在虛構的文學中卻依然「以筆為槍」。他們把一種「缺少學理支撐和現實依據」的「無產階級文化想像」在創作中進行「演繹或虛構」，「在推動無產階級文化建設的臆想中構建了左翼文學的精神特質」。〔註 14〕

〔註 9〕同上。

〔註 10〕王彬彬，文藝戰綫——兼談文藝用語的軍事化問題〔J〕，南方文壇，1990 年（5）。

〔註 11〕張大明，前期左翼文學的歷史經驗〔J〕，中國現代文學叢刊，2002 年（1）。

〔註 12〕同上。

〔註 13〕殷夫，過去文化運動的缺點和今後的任務〔C〕∥中國新文學大系 1927～1937・文學理論集一，上海：上海文藝出版社，1987：213。

〔註 14〕陳紅旗，中國左翼文學的發生 1923～1933〔M〕，廣州：暨南大學出版社，2010：3。

　　所以從這個意義上來講，知識分子從政治活動轉向了文化活動，乃是他們對自身重新定位的過程，當政治活動的空間被破壞的時候，知識分子卻能夠在一個特殊的文化空間重新發出自己的聲音，甚至在一定程度上踐行自身的政治使命。而左翼文學思潮發生和發展的文化空間，正是與五四時代知識分子所發動的「新文化運動」密切相關，兩者之間有一個非常明顯的承接關係。

1.2 「五四文學」與「左翼文學」的空間關聯

　　探討「左翼文學」與「五四文學」之間的關係，首先需要考察的是兩者共居其中的中國現代文學史框架。事實上，自 80 年代開始，中國現代文學這一學科的發展，一直伴隨著對既定政治框架的衝擊和消解，從而獲得文學自身的獨立性。正是在這樣一種「去政治化」的情勢之下，才會出現「20 世紀中國文學」這樣一種強調文學自足性的概念，也才能出現「純文學」這類強調文學審美屬性的看法。但是需要指出的是，刻意的「去政治化」，在很大程度上忽略了 20 世紀中國文學的複雜性，而單一的「審美」尺度，也導致了研究者對文學史中本來就客觀存在的「政治」因素視而不見。在很多時候，「重寫文學史」實際上成爲對「政治因素」的過濾。以「五四文學」和「左翼文學」的關係爲例，如果從僅僅從純文學史這一維度審視，我們便會將「五四文學」向「左翼文學」的演變視爲一種文學風格的流變。但是對中國現代文學史而言，這樣一種單一的審美維度顯然無法有效闡釋兩者之間的關聯，因爲無論是「五四文學」還是「左翼文學」，都不是純粹的文學思潮，它們不可能被單純地視爲文學自身發展的環節。正因爲如此，中國現代文學研究一直都帶有鮮明的思想史傾向，而從「思想史」的視角審視，從「五四文學」到「左翼文學」也便成了一種社會思想觀念的變化，如從「文學革命」轉向「革命文學」，也就是從「個人主義」轉向「集體主義」。不可否認，「思想史」的視角比「文學史」有著更大的有效性，也更貼近中國現代文學的基本事實。但是，這樣一種歷史性的、充滿「進化論」意味的思想變遷史仍然有太過抽象之弊，它在相當大的程度上剝離了文學與政治、經濟、教育、傳媒等諸多社會因素和歷史情境之間的密切關聯，所以與「文學史」一樣，「思想史」也在一定程度上成爲歷史變遷中懸置的場域。從這個意義上來說，「五四文學」

與「左翼文學」之間的關係錯綜複雜，它無法從單一的「文學史」或「思想史」視角予以考察，而必須結合二十世紀二、三十年代的具體的社會生活和歷史情境予以宏觀把握。

正因為如此，提出「20 世紀中國文學」這一「去政治化」概念的錢理群等先生，依然會在其編寫的《中國現代文學三十年》一書中承認：「革命文學運動的發生是馬克思主義傳播的結果，從『文學革命』到『革命文學』的轉變是有迹可尋的。然而無產階級革命文學作為一種規模浩大的文學運動，在 1928 年崛起，主要是政治形勢突變所推動。1927 年『四・一二』事變後國共合作關係破裂，上海聚集了一批參加過革命實際活動的作家，加上一批從日本等地歸國的激進的青年，這兩部分人共同倡導了革命文學運動。倡導者們接受了當時共產黨內左傾路線的影響，認為雖然革命陷入低潮，但無產階級文學運動的提倡能推動政治上的持續革命。」〔註 15〕在這裏，錢理群等幾位學者強調了 1927 年前後「政治形勢突變」對左翼文學運動勃興的推動作用，而對「五四」時代「文學革命」之於「左翼文學」的影響只是略微提及，並沒有予以更多闡釋。

事實上，這樣一種「突變論」實際在相當程度上為「左翼文學」建構了一個獨立的闡釋框架，從而用將它與「五四文學」區隔開來，而值得一提的是，兩股文學思潮之間的界限，是以政治環境的界限劃分出來的。綜觀 20 世紀 90 年代以後的左翼文學研究，就會發現：恰恰是這樣一種看似落後、與新時期「去政治化」的思潮相悖逆的研究路向才能夠將文學成就不高、思想也相對粗疏淺薄的左翼文學納入研究領域，並真正推進其研究的深度發展。而這其中最具代表性的成果，無疑是朱曉進先生的《政治文化與中國二十世紀三十年代文學》一書。在這部著作中，「政治」不是作為一種帶有強制性的教條存在，而是被界定為 20 世紀 30 年代特殊的「政治文化環境」，對文學而言，「三十年代無論是作家，還是編輯和出版家，都無不承受著政治的壓力，三十年代文學的生產就是在這樣一種『多有顧忌』的普遍心態下進行的，這無疑是構成三十年代文學發展獨特性的一個重要因素」，〔註 16〕因此，「三十年

〔註 15〕錢理群、溫儒敏、吳福輝，中國現代文學三十年〔M〕，北京：北京大學出版社，2006：149。

〔註 16〕朱曉進，政治文化與中國二十世紀三十年代文學〔M〕，北京：人民出版社，2006：10。

代特殊的政治文化語境，構成了特殊的文學氛圍，它在很大程度上決定了文學的生存和生產狀況，產生了一些特殊的文學現象，並由此形成了文學發展在總體上的一些重要的或基本的特點。」〔註17〕但是這裏需要指出的是，朱曉進先生所提出的「政治文化環境」更多限定在 20 世紀 30 年代，而在這樣一個時間框架中，「左翼文學」與這些在文學觀念上尖銳對立的「新月派」、「京派」文學流派呈現出一種巨大的相通性，而在「左翼文學」與「五四文學」（20年代文學）的關係方面，他與錢理群等先生一樣，也更多強調了兩者的基於「政治突變」而造成了的「異質性」。而與此相比，曠新年先生的看法有著邏輯上的共通性，甚至顯得更為極端，在他看來，1928 年發端的「30 年代文學」是「以無產階級革命文學的倡導和對『五四』資產階級現代性的『文化批判』與『五四』產生了自覺的、明顯的斷裂。它是馬克思主義的啟蒙運動，是無產階級的『五四』。與『五四』反封建的主題相對照，它提出了嶄新的反資本主義的主題。」〔註18〕在這裏，曠新年先生對「五四文學」與「左翼文學」的看法實際上與 30 年代提倡革命文學的知識分子自身是高度契合的。

這裏需要指出，判斷「左翼文學」對「五四文學」究竟是繼承、斷裂還是揚棄，首先需要界定的是，「五四文學」究竟是什麼。當然，這裏的所謂「五四」文學不僅僅是指那些以白話文寫就的新文學作品，而是泛指發端於 1917 年的「新文化運動」。在過往的思想史研究中，「五四」被看成一套完善、自足且與中國傳統尖銳對立的思想體系。事實上，這樣一種對「五四」予以全稱判斷的思想史觀念，在「革命文學」中就已經存在，也在後來的諸多左翼文學研究中被自覺或不自覺地沿襲。但是問題在於，如果我們考察「五四」時代的思想界生態，就會發現其不可否認的多元性，這種多元性甚至帶有一定程度上的混亂、無序，絕不可能用僵化的二元對立模式予以描述。從這個意義上講，「五四」並不能簡化成某種帶有特定含義的單一思想體系，也不是某種特殊的文學審美品格，「五四」乃是「現代中國諸階層、諸文化的共同的思想平臺」。〔註19〕李怡先生將「五四」這一平臺命名為「五四文化圈」：「所謂『五四文化圈』就是指這樣一個同時存在於五四時期，共同關心新文化問

〔註17〕朱曉進，政治文化與中國二十世紀三十年代文學〔M〕，北京：人民出版社，2006：11。

〔註18〕曠新年，1928：革命文學〔M〕，濟南，山東教育出版社，2006：76。

〔註19〕李怡，誰的五四？——論「五四文化圈」〔J〕，中國現代文學研究叢刊，2009年（3）。

題的由不同觀念和價值理想所組成的知識分子群落，他們各自屬於不同的同人群體，具有不同的知識背景，占據不同的出版傳播媒介，擁有不同的讀者隊伍，在如何建設新文化，如何對待傳統文化與西方文化方面產生了不同程度的意見分歧，甚至出現了激烈的論爭，但是，所有這一切，都不能否定他們同樣作爲現代知識分子關注民族文化的現代命運這一基本的事實，不能否認他們在現代世界的巨大背景上面對『中國問題』的基本傾向，這都從根本的意義上將他們與前朝舊臣、鄉村遺老嚴格區別開來，這些現代中國的知識分子不管觀點還有多大的差異，都一同站在了五四歷史的起跑線上，組成了色彩斑斕的『五四文化圈』。」〔註20〕而「也正是五四文化圈的複雜存在，催生了一個更富有包容性的現代知識分子的生存空間，而就是這個相對寬敞的生存空間給現代中國的諸種文化創造提供了可能。」〔註 21〕從這個意義上來講，所謂「五四新文化運動」並不是新、舊的代興過程，不是所謂「新文化」通過對「舊文化」的摧毀而建構起的、具有話語霸權意味的思想體系，而是民國知識分子借助現代的經濟、法制體系和教育、傳媒系統而開闢的一個自由言說的話語空間。正因爲如此，「五四奠基的『民國機制』在後來逐步顯示了強大的文化建設力量，甚至在某種程度上構成了對國民黨專制獨裁的某種制約，例如二十年代後期興起的左翼文化，這是我們現代文化史與文學史討論的重要問題，但值得注意的是，恰恰是在國民黨血腥的『清黨』之後，左翼文化得到了蓬勃的發展，並且努力抵抗了專制獨裁勢力的絞殺迫害，左翼文化能夠獲得基本的生存空間，這在很大程度上也得益於自五四時代就開創出來的『民國機制』。」〔註22〕

　　不可否認，「五四」時代所開闢的這一話語空間並不是完全隔絕於「政治」的封閉存在，恰恰相反，他們與政治之間建立起密切的關聯，不論這種建立的過程是主動的還是被動的。一方面，在「五四」運動以後，「五四」時代的知識分子已無法尊奉「不談政治」的信條，他們的言論本身帶有鮮明的干政色彩；而另一方面，隨著政黨勢力在大學和大眾傳媒中的延伸，知識分子的

〔註20〕李怡，誰的五四？──論「五四文化圈」〔J〕，中國現代文學研究叢刊，2009年（3）。

〔註21〕李怡，誰的五四？──論「五四文化圈」〔J〕，中國現代文學研究叢刊，2009年（3）。

〔註22〕李怡，民國機制──中國現代文學的一種闡釋框架〔J〕，廣東社會科學，2010年（6）。

言論也遭遇了一系列來自政治勢力的衝擊和騷擾。但儘管如此,「五四新文化運動」所開創的這樣一個話語空間在一系列政治打擊和騷擾中存在下來,知識分子總能夠在政治勢力的間隙之中發出自己獨立的聲音。而這其中根本原因在於,這個話語空間儘管與政治有著千絲萬縷的關聯,但是它卻一直保持著一種「超軼政治」的姿態,即這其中的知識生產、傳播以及各種影響,都成功地避開了既存的官僚政治體制。李怡先生在探討「五四」開創的「民國機制」中指出,「與封建清王朝比照,在推動中國現代文學形成發展的過程之中,民國機制至少有三個方面的具體體現:作為知識分子的一種生存空間的基本保障,作為現代知識文化傳播渠道的基本保障以及作為精神創造、精神對話的基本文化氛圍。這一『機制』的形成得力於封建專制土崩瓦解之後中國社會的『中心權力失落』,又借助五四新文化運動的思想解放而逐漸成型,從而開始為中國文學的自由創造奠定了最重要的基礎。」〔註 23〕一方面,民國時代的經濟生態、法律制度,以及教育系統和傳媒空間,總是能夠使知識分子獲得獨立發聲的機會;而另一方面,民國時代的政府儘管會通過一系列的政治行為破壞這個空間,但是卻無法從根本上將這個空間予以摧毀。這一點,北洋政府沒有做到,而實行「訓政」的南京國民政府也未能做到。

所以可以毫不誇張地說,左翼文學之所以能夠發生並在上世紀 30 年代盛極一時,正是因為「五四文化圈」與其所開闢的「民國機制」為其提供了一種可能性。從這樣一個角度再來梳理「五四」與「左翼」的關係,就會發現兩者之間不是以新代舊的思想轉化或文學流變──「五四」是一個知識分子新闢的話語空間,而「左翼文學」儘管對「五四」的某些思想理念、文學主張有著尖銳的批評,但是它們自身的思想和文學也是存在於這個話語空間之中,並且構成了這些多元話語中的一元。事實上,成為左翼知識分子重要思想資源的馬克思主義理論恰恰是在「五四」所建構起的話語空間之中產生並發展起來的,「五四」時代的北京大學「在當時動派到處防範、偵緝『過激主義』、『過激黨』的社會條件下,北大居然能成為蕩漾著馬克思主義春風的綠洲。」〔註 24〕可以說,北大校長蔡元培所提倡的「思想自由、兼容並包」的

〔註23〕李怡,「五四」與中國現代「民國機制」的形成〔J〕,鄭州大學學報,2009 年(4)。

〔註24〕周培源,蔡元培與北京大學〔C〕∥追憶蔡元培,上海:三聯書店,2009:226～227。

治校方針爲這些激進的「異端」思想提供了存在的可能。羅家倫在評價蔡元培對馬克思主義的態度時指出：「有如馬克思的思想，他以爲在大學裏是可以研究的；可是研究的目的決不是爲共產黨作宣傳，而是爲學生解惑去蠱，因爲有好奇心，而無辨別力，是青年被誘惑的根源。」〔註 25〕在以北大校園爲重要依託的「五四」話語空間中，馬克思主義本身就是作爲一種學說存在，而知識分子完全有權對其進行學理性的探討。而後來的沈澤民、惲代英等人提出的所謂「無產階級文學」的設想，在五四這一特定的話語情境之中也只是一種思想主張而已。

在很多自由主義者眼中，「左翼文學」那種不容異見、唯我獨尊的霸道姿態頗爲人詬病，這當然也是不可否認的事實。但是問題在於，如果我們結合當時整個社會情境予以綜合考察，就會發現這種不容異見、唯我獨尊的姿態縱然與其自身思想的激進主義傾向不無關係，但其更是一種在強勢權力面前的強烈反應的結果。在「五四」話語空間內部，儘管馬克思主義也遭到了無數的尖銳批評（如自由主義、無政府主義等等），但是這些論爭本身都是言論自由的一種表徵。而在 1927 年之後，國民政府對左翼知識分子的打擊則超脫了言論範圍，而採用了暴力手段，因此，這也就不再是學說的論爭，而是對整個「五四文化圈」及其話語空間的致命性破壞。而在這樣一種情境之下，左翼文學的抗爭本身恰恰是對「五四」話語空間的維護，它表現出這個文化空間對政治勢力的反彈和抗爭——「國民黨所實行的種種文化控制方略和文藝政策，無疑是屬於一種嚴重扭曲與偏離的政治文化，這不僅未起到國民黨政權這個權力主體與廣大人民群眾這個權力客體之間的『粘合劑』的作用，反而造成了二者之間的嚴重疏離，因而必然地會造成包括文化界、文藝界人士在內的廣大人民群眾在最大限度上的不滿情緒。」〔註 26〕因此，20 世紀 30 年代的中國文壇呈現出這樣一種景觀：「一方面，是國民黨政權以控制宣傳、教育等手段來推行自己的政治文化，壓制不同的權力客體的不相諧和的聲音；另一方面，是來自權力客體的種種文化反彈，即同樣以宣傳、教育等途徑來發泄對國民黨政權的不滿情緒和發布自己的政治見解與主張，從而構成

〔註 25〕 羅家倫口述、馬星野筆記，蔡元培時代的北京大學與五四運動〔C〕//追憶蔡元培，上海：三聯書店，2009：192。

〔註 26〕 朱曉進，政治文化與中國二十世紀三十年代文學，〔M〕，北京：人民出版社，2006：27。

了反國民黨政權的『反權力政治文化』。」〔註27〕在朱曉進先生「政治文化環境」的闡釋框架中,「五四文化圈」對自身話語空間的維護也就成爲政治上對「言論自由」權利的捍衛,而「左翼文文化、文藝陣營作爲最直接的『反權力政治文化群體』,最多地也是最長久地發出爭取出版和言論自由的呼聲。這在他們三十年代的一系列綱領、宣言和其他文獻中已構成了一個很重要的內容」。〔註28〕從這個意義上看,左翼文學與和他在文學理念上尖銳衝突的新月派、京派等文學流派有著一種更爲深刻的一致性,即它們都在通過對「言論自由」這一政治權利的捍衛來維護那個它們共同發端於斯的「五四」話語空間。

　　而正是在這個意義上,左翼文學與解放區文學儘管在政治主張上看似一致,但是其與五四文學的關係反而更爲密切。誠如王培元先生指出的那樣,延安通過整風確立起來的文學理念已經在很大程度上與左翼文學大相徑庭,「《在延安文藝座談會上的講話》被作爲『給革命文藝指示了新方向』的『馬克思主義文藝科學與文藝政策的最通俗化、最具體化的一個概括』,被作爲中國共產黨指導文藝創作、文藝批評的一個綱領性的文件的地位,逐漸被牢固地確立下來,並對解放區的文藝創作和文藝活動,以及1949年以後的文藝創作和文藝運動發生了重大而深遠的影響,以魯迅爲旗幟與精魂的左翼文學精神,也因此而基本被消解、改造、否定和異化了」。〔註29〕當然,這裏並不是說左翼文學完全不受政治組織的干預和制約,必須承認,左翼文學運動與政黨的活動有著密切的關聯,而它的文學主張也是以現實中的政治目的爲旨歸。一方面,它的文本被戲稱爲標語口號文學,凸顯了政治意味;而另一方面,它的文學批評也是發揚著「文學是宣傳」的政治本位意識。但這裏需要指出的是,當時能夠對左翼文學運動起到制約作用的「左聯」,雖然有濃烈的政黨意味,但它並沒有一套統一、固定的文化主張,而其在政治上的控制力和影響力並沒有後來左翼人士自身的回憶以及正統文學史所描述的那麼大。在很多回憶錄所提供的資料中,「『左聯成立』正是『黨』的政治智慧和策略的體現——這種從分裂的現在看到統一的未來,給模糊的面貌以鮮明的稱謂

〔註27〕朱曉進,政治文化與中國二十世紀三十年代文學,〔M〕,北京:人民出版社,2006:27～28。

〔註28〕朱曉進,政治文化與中國二十世紀三十年代文學,〔M〕,北京:人民出版社,2006:28。

〔註29〕王培元,左翼文學是如何被消解的〔J〕,中國現代文學研究叢刊,2002年(1)。

的政治謀略，讓思想雜亂的『革命文學者』和『進步』的文學家集合到『左聯』旗幟下，並走進了『歷史』當中」。〔註 30〕而在曹清華先生看來，「尋找『左聯成立』的政治意義是回憶者敘事話語的內在動力，他們努力以凸顯『黨的政治策略』在這一歷史事件中的作用」。〔註31〕而對中國共產黨與魯迅接觸的這段曖昧不清的歷史，曹清華先生則認爲，當時在上海鼓吹「革命文學」的大多是「擁有了政治和文化上的雙重身份」的「年輕文化人」，而「當時所謂的『黨的領導』事實上只不過是一幫年輕人在出謀劃策」，因此「當時這些年輕人既不可能以『黨組織』的身份與魯迅談判，就是『黨組織』與魯迅之間的雙峰並峙的局面根本上也難以形成」。〔註32〕從這一角度來看，包括左聯這一組織在內的左翼陣營內部出現了諸多的複雜性和不統一性，如此一來，那些左翼知識分子內部的諸多紛爭與歧見也就不足爲怪了。從創造社成員與魯迅、郁達夫之間的口水戰，到創造社和太陽社關於「革命文學」口號發明權的搶奪，再到胡風和周揚之間的「兩個口號」歧見，這些至始至終、連續不斷的紛爭都說明左翼文學運動並沒有一個強有力的文化組織和政治機器予以有效操控。而從左翼作家與「自由人」、「第三種人」這些同路人之間的分分合合，到最具影響力的普羅作家蔣光慈因創作《麗莎的哀怨》等原因被開除黨籍，再到蕭紅、蕭軍、張天翼等作家創作的與左翼文學政治理念有諸多疏離的作品，也能夠看出作家的個人生活和創作活動並沒有受到政治的態度干涉。顯然，左翼文學運動雖然追求政治上的一元化，但是作家個體之間這樣一種散亂、自由的關係，以及那種充滿了個性色彩和情感張力的文學作品，都表徵著他們與「五四」自由、多元的話語空間有著剪不斷、理還亂的內在關聯。所以，左翼知識分子們儘管力圖張揚鮮明的政治本位意識和集體主義精神，但這種張揚的方式本身卻充滿了個人化的色彩，從這個意義上來說，左翼文學的所謂一元化並不是一種既定的風格形態，而僅僅表現爲一種動向不明的趨勢，它是知識分子在一個相對寬鬆的話語空間中進行個性化創作的結果，而不是一套強大的政治機制運行的結果。

　　基於以上所論述的種種原因，本論文所要論述的「政治啓蒙」也不可能是一套由國家或政黨操縱的、整一、規範的運作過程。在 20 世紀的二、三十

〔註30〕曹清華，中國左翼文學史稿〔M〕，北京：中國社會科學出版社，2008：83。
〔註31〕曹清華，中國左翼文學史稿〔M〕，北京：中國社會科學出版社，2008：83。
〔註32〕曹清華，中國左翼文學史稿〔M〕，北京：中國社會科學出版社，2008：93。

年代，中國左翼知識分子大力鼓吹的革命文學儘管有政黨背景，但是其文學事實（包括文學批評和文學創作）本身卻不可能成爲政黨意識形態有效的貫徹和完整的呈現。「五四」所營造的話語空間中，馬克思主義依然是某種可以進行學理探討的學說，儘管左翼知識分子在對他的認同上保持了一致性，但是與「五四」時代的其他學說一樣，在缺乏政治仲裁者和最終闡釋者的情況下，他們的這種一致仍然是一種「態度上的一致」（汪暉語）。在左翼陣營內部，知識分子對馬克思主義的闡釋依然充滿了個人化傾向，保留了各自的思想和情懷，而在文學創作中，對理論這種本來就歧見紛呈的理解又與各人具體的生命體驗相互交織、雜糅，從而使得左翼小說與政黨本身的政治理想和政治目標更加疏離。正因爲此，左翼文學的文學文本與理論批評之間出現了巨大的牴牾，作家的創作所呈現的思想價值和審美理念在很大程度上偏離了文學批評所提倡的種種主張，在很多情況下，理論主張往往是在作品文本缺席的情況下提出，而一旦在文學批評中涉及到對當下作品的批評，則往往是負面的，甚至成爲了理論的標靶。從整個社會歷史的具體情境而言，所謂以文學提倡的「政治啓蒙」實際上是一句空話，而左翼文學無論是在哪一個層面上也沒有擔當起理論家們所提倡的那種「文學是宣傳」的政治鼓動功能。事實上，「文學是宣傳」這樣一種主張的眞正貫徹，以及文學對普羅大眾進行「政治啓蒙」功能的大規模實現，只有在 1949 之後的體制下才能完成。這是因爲在 1949 以後，「當代文學與社會主義思想意識建設、文化制度建設、人民群眾路線都是密切相關的，甚至是合二爲一的，不允許文學擁有自己獨立的意識形態，『文學事業不能對黨的整個事業鬧獨立性。對於這一點，我們多年以來就是爲了維護它而進行鬥爭的」。在這樣的情勢之下，「中國當代文學與社會主義政治文化一起建構了一個共同的意識形態，這種意識形態還得到了文學制度的強大支持，從文學觀念到語言形式，從作家創作、作品闡釋到刊物傳播、讀者接受都被完全納入到一個計劃的文學制度之內，並成爲文學制度的構成內容和表現形式。」〔註33〕正是由於一整套當代文學制度的建立，國家機器的力量才能夠有效地干預和制約作家個體的創作活動，使之符合國家、政黨的意識形態；也正是因爲這個原因，文學才能夠借助國家掌控的教育系統和大眾傳媒得以在時間上有效傳承、在空間上大面積傳播。惟其如此，以文學推行政黨意識形態的「政治啓蒙」才能最終實現。

〔註33〕王本朝，中國當代文學制度研究〔M〕，北京：新星出版社，2007：8。

　　但是，在 1930 年前後，代表左翼的中國共產黨正在遭受前所謂有的政治打擊，其組織遭到嚴重破壞，根本不可能有效地干預文學。從這個意義上來說，1928 年興起的「革命文學」和盛極一時的「普羅小說」在很大程度上是左翼知識分子的自發行為，而較少受到政治組織的操控和影響。正因為此，他們所提倡的政治啟蒙只能在其抽象的理論主張中得到演繹，而「革命」活動本身也只是在虛構的文學文本中得到個人化的呈現，它們無法真正對當時的政治局勢本身起到直接的推動作用。因此，與「十七年文學」和「文革文學」相比，左翼文學政治啟蒙充滿充滿了知識分子自身的特質，它所關注的核心問題並不在於「革命」本身的有效性、可能性和歷史合理性，而是在與在這樣一場「大眾革命」中，知識分子自身的身份和地位如何，他們如何通過這樣一套「政治啟蒙機制」確立自身的精英地位和話語權力。綜觀整個左翼文學批評，我們便會發現，儘管這些文字的字裏行間充滿了知識分子對自身的自我批判，在這些言辭激烈的批判中，充滿了「集體理性」對「個人主義」的攻擊和消解，但知識分子實際上是在進行一場「鳳凰涅槃」般的精神蛻變，從而確立自身在「政治啟蒙」中的主體地位，進而獲得參與「大眾革命」的資格。與此相配合，左翼作家和批評家提倡「大眾化」運動，在作品中不遺餘力地謳歌「工農大眾」，實際上也並非對「大眾」進行理性的社會學分析與描述，而是通過文學想像探求「大眾」作為啟蒙客體的可能性。而這些儘管以政治啟蒙為外在形態，但從內在機制上仍然契合五四時代「思想啟蒙」理路，它最充分地體現出左翼文學與五四文學的內在關聯和歷史傳承性。

　　由上文可知，左翼文學共享了五四新文化運動開闢的公共話語空間、知識傳播渠道和讀者大眾，而從「思想啟蒙」到「政治啟蒙」的轉變過程中，知識分子與大眾之間的主客體關係模式也並沒有發生根本的改變。但是需要指出的是，從「文學革命」到「革命文學」這樣一種轉變，確實使得左翼文學獲得了相當大的獨特性和異質性。不可否認，這樣一種獨特性和異質性確實有著政治情勢突變的原因，但是「五四文化圈」內部的權力格局和「五四」話語空間的生態分佈也是一個不容忽視的因素。誠如許多學者指出的那樣，「五四」話語空間的形成與「一校一刊」的結合有著密切的關聯，如陳平原先生指出：「蔡元培之禮聘陳獨秀與北大教授之參加《新青年》，乃現代史上具有里程碑性質的大事。正是這一校一刊的完美結合，使新文化運動得以迅速展開。」而陳方競先生也認為：「北京大學這種國內思想文化界『牽一髮而

動全身』的局面的形成，不僅緣於蔡元培掌校後的北大開創出具有變革性的思想文化資源，更主要的原因則是，『校』與『刊』的結合使北大具有變革性的思想文化資源借助於上海的報刊出版業獲取了『公共空間』的意義。」〔註34〕顯然，對新文化運動的知識分子而言，高等教育和大眾傳媒是兩個非常重要的空間，前者是知識生產的場域，而後者是信息傳播的渠道。兩者相互配合，共同推進了五四新文化運動開展和五四新文學的傳播。但是不得不指出的是，以北京大學爲代表的高等教育系統是整個「新文化運動」發軔的樞紐：「從整頓北京大學，改革課程內容，喚起青年對於自身人格的重視以至於產生文學革命和所謂新文化運動，對於社會的制度、固有的權威加以理性的批評和大膽的攻擊，再至於產生五四運動爲中國近代一般青年和民眾直接參與國家問題和社會運動的開始，這一個大波瀾雖然是種種時代的動量促成的，但是當時蔡子民時代的北京大學，是一切動力的發動機，是將來寫這個時代歷史的人不能不注意到的。」〔註35〕事實上，北京大學作爲全國的最高學府，具有舉足輕重的地位和影響力，正是在這個意義上，「比起晚清執思想界牛耳的《新民叢報》、《民報》等，《新青年》的特異之處，在於其以北京大學爲依託，因而獲得豐厚的學術資源。」〔註36〕所以，「『校』與『刊』的結合，已將北大推至中國近現代之交社會變革的中樞位置。具體就 1918 年前後的情形而言，北大的變革性思想文化資源在多大程度上得到開發與利用，決定了中國社會在多大程度上發生現代性轉型。」〔註37〕可以說，那些身居北大等高校中的精英知識分子是五四時代最主要的新思想推行者和新文學創作者，只有這些人能夠在活躍的知識場域中獲得了最優質的學術資源和最良好的學術訓練，從而擁有了啓蒙者的資格。而在另外一方面，白話文的推廣和大眾傳媒的發達則在相當程度上降低了文學准入的門檻，從而使得那些沒有接受的嚴格古典學問訓練的人能夠參與到「新文化」運動中，但與那些在高校中的精英知識分子相比，這樣一批人最初只能以讀者的身份進入「五四文化圈」，他們自身的創作很難進入新文學的中心地帶產生強烈的影響。例如，北大學生傅斯年、羅家倫等人依託北京大學創建的《新潮》雜誌能夠成爲引領時代

〔註34〕陳平原，觸摸歷史與進入五四〔M〕，北京：北京大學出版社，2010：100。
〔註35〕羅家倫口述、馬星野筆記，蔡元培時代的北京大學與五四運動〔C〕//追憶蔡元培，上海：三聯書店，2009：192。
〔註36〕陳平原，觸摸歷史與進入五四〔M〕，北京：北京大學出版社，2010：100。
〔註37〕陳平原，觸摸歷史與進入五四〔M〕，北京：北京大學出版社，2010：117。

潮流的重要刊物，而偏居浙江中學的「湖畔詩人」群體則只能通過胡適、周作人、朱自清這些新文化中心人物的提攜才能有所反響。這種種情形實則凸顯了「五四」所開闢的話語空間內部有著相對明晰的等級制度，那些游離在大眾媒體中的知識分子和身處高等教育系統的中的精英知識分子有著涇渭分明的鴻溝。

　　考察普羅文學作家的身份和經歷，便會發現，他們都是受到了五四新文化運動的巨大影響，但是這樣一批人卻很少在國內受到高等教育，而出於「五四文化圈」的邊緣地位，因此，他們的文學活動無法以國內高等教育系統為依託，而只能直接在文化市場上打拼奮鬥。如在論及創造社與五四文學傳統時，李怡先生指出了創造社五四時代「壟斷文壇」一事的不平，「來自創造社的這些文壇『晚輩』的挑剔，一方面是出自他們新的文學認識，另外一方面（也可以說在很大的程度上）則是旺盛的成功欲對既有文壇格局的主動出擊和挑戰」。而郭沫若在與胡適的會面中特意提及的「身份」，則「既表明了他面對強勢文化壓力（留美博士）不惜以『草根』自居的傲然，同時卻又無意間流露出了『身份』問題的重要性」。〔註38〕

　　事實上，無論是創造社這種留日群體，還是像蔣光慈、洪靈菲、丁玲、胡也頻這類未受過系統高等教育的文學創作者，都無法獲得處於五四新文化中心的優勢資源，可以說，他們處於五四文化圈的外圍或者底層，這使得他們與那些受過高等教育且處於中心地位的作家有著隔膜乃至敵意。成仿吾如此尖刻地批評五四文壇：「他們的福地我們現在訪得著是那個討赤的首都，一個白化的都會。那兒有我們的周作人先生及他的 Cycle，那兒有我們的北新書局，那兒有我們的無數的，沒有課上的大學堂裏念書的，未來的文人學士。」「北京的周作人先生及他的 Cycle，北新書局及大學堂裏念書的，他們的生活也許本來就奏著那樣的 Rhythm 才有那樣的文藝出現。」〔註39〕成仿吾的批評不免失之尖刻，但是他的確表達出了混迹與文化市場、被排斥在高等教育系統之外的文學家對「大學教授」們「趣味」的反感和不滿。事實上，相當一部左翼作家（如丁玲、胡也頻、蔣光慈等）都曾流落在都市之中，他們沒有生活在相對封閉、自足的校園之中坐而論道，而是在社會中混迹打拼，與大

〔註38〕李怡，論創造社之於五四新文學傳統的意義〔J〕，文學評論，2009 年（1）。
〔註39〕成仿吾，完成我們的文學革命〔C〕//「革命文學」論爭資料選編（上），北京：知識產權出版社，2010：17～18。

眾生活有一種天然的接近。因此，在他們的作品中，校園這類場域往往被視為「象牙塔」，是一種與社會生活處於隔絕狀態的空間，而安於學術生活也就成為落後於時代的表現。

　　不可否認，高等教育體制的精英知識分子霸占文壇有限的資源，對那些混迹與媒體的知識分子群體造成了巨大的壓力，但是隨著「五四」運動的發展，和社會政治形勢的變化，這種情勢有所改變。事實上，以北京大學為主的高等教育作為新文化發軔場域的功能在在不斷喪失，「五四運動」使得北大不可避免地捲入了北洋政府的政治紛爭之中，也遭到了來自官方力量的干涉。隨著陳獨秀的解聘，蔡元培的離開，北京大學實際上已經漸漸喪失了開時代風氣的地位。在 1925 年之後，新文化的諸多名流相繼南下，也標誌著新文化的中心已經從北大所在地北京轉移到了商業媒體發達的東南沿海。而在南京國民政府成立之後，訓政時代開始，「黨化治校」的政策也已經使得北京大學「思想自由、兼容並包」的學術氛圍銷聲匿迹。這種種變化都已經清楚地表明，依託高等教育系統的新文化運動已經難以為繼，而在高校中那些主張潛心學術的主張，在政治局勢緊張的 30 年代也已經被視為一種明哲保身的落後表現。但與教育系統漸趨保守同時，媒體上的言論卻一直處於愈發活躍的狀態，胡適回憶：「1919 年五四運動之後，全國青年皆活躍起來了。不只是大學生，縱是中學生也居然要辦些小型報刊來發表意見。只要他們在任何地方找到一架活字印刷機，他們都要利用它來出版小報。找不到印刷機，他們就油印。在 1919 年至 1920 兩年之間，全國大小學生刊物總共約有四百多種。」〔註40〕報紙的出版從大學擴張到中小學，這本身就說明了「五四」公共空間中媒體一維力量的擴張，這無形中減少了那些被排斥在高等教育之外的知識分子參與文化運動的阻力。而在 20 年代末、30 年代初的上海，新興媒體的發達則已經為新文化的發展提供了新的空間。左翼作家那種革命激情無法在校園的知識場域中存在，但是卻能夠在大眾媒體上如魚得水，通過商業資本的運作，左翼文學恰恰能將這種「政治激情」置入市場，從而征服了大量產生共鳴的讀者。

　　事實上，與五四一代校園作家不同的地方在於，左翼作家的成長過程游離了規範的教育體制，他們大多有參加革命活動的經歷，而正是這一點成為他們最重要的文學資源，也成為他們與五四作家區隔的明顯標識。自「五四運動」

〔註40〕胡適，中國的文藝復興〔C〕//民國時期名人談五四，福州：福建教育出版社，2011：338。

爆發以後，中國已經進入了一個政治事件不斷的激進時代，這在 1927 年的「清黨」運動達到了最高潮。在這樣一種歷史情境中，處於校園中研究學問的五四一代作家顯然無法繼續把握時代的脈搏，而關注政治早就成爲文學的必然趨勢。借助這種廣闊的社會空間和激烈的革命運動，左翼作家扭轉了自身在「五四」話語中的邊緣地位，而對革命經歷的文學性表述則使得他們標識出了自己鮮明的身份，從而將自身與感傷綺靡的五四文學區分開來。如果我們考察「五四」知識分子和「左翼知識分子」對政治的態度，就會發現兩者鮮明的區別。五四一代知識分子對政治的態度是被動的，甚至可以說，整個新文化運動就是在對政治的規避與超軼中完成的，這一點胡適表達的最爲明白：「那時我有一個主張，認爲我們要替將來中國奠定非政治的文化基礎，自己應該有一種禁約：不談政治，不參加政治，不與現實政治發生關係，專從文學和思想兩方面著手，做一個純粹的思想文化運動。」〔註41〕儘管胡適等人在後來主張打破了自己「不談政治」的禁約，但他們也僅僅是「談政治」，即探討一種政治主張或者學說，它仍然帶有濃厚的學術氣息。而與五四知識分子這種政治上的被動相比，左翼知識分子對政治一直都持有主動參與的積極態度，甚至在他們眼裏，文學本身就是政治活動的一種。如果說政治對五四知識分子而言僅僅是一種抽象的學理，而對左翼知識分子而言，則往往是一種痛切的生命體驗和感受。這一點可以從「革命」一詞意義的演變中得到呈現。在五四時代，所謂的文學革命是指一種革新，「革命」僅僅是一種帶有感情色彩的修辭，與政治暴力無關。但是對左翼作家而言，革命卻有著全新的、完全不同的意義，他是作爲一種切實的血雨腥風的人生經歷而存在的。在這裏，我們發現，這種超越於校園的過程顯然大大拓展了文學的空間，也在很大程度上形成了對既有五四風格的強烈不滿。在左翼作家眼中，五四時代的作家「是居住在別外一種天地的別外的一種人種。他們的生涯是風花雪月，他們對於世事是從不過問的。……他們對於革命，比較冷靜的，他們可以取一種超然的態度，不然便要極力加以詛咒。」〔註42〕而五四意義上的文學「只是姑娘小姐們的消閒品，只是墮落青年在講堂上懶愛聽講的時候所偷食的禁果罷了。」〔註43〕

〔註41〕唐德剛，胡適口述自傳〔M〕，桂林：廣西師範大學出版社，2005：104。
〔註42〕郭沫若，革命與文學〔C〕//「革命文學」論爭資料選編（上），北京：知識產權出版社，2010：3。
〔註43〕郭沫若，革命與文學〔C〕//「革命文學」論爭資料選編（上），北京：知識產權出版社，2010：3～4。

綜上所述，「左翼文學」與「五四文學」之間的關係錯綜複雜，遠非思想變遷、風格流變的線性軌迹所能描述。在筆者看來，「左翼文學」是「五四新文化」的一個分支，它與「五四文學」共享着「新文化運動」所開闢的話語空間和傳播渠道，而它與「五四文學」之間的風格差異不僅僅是政治突變的結果，也與左翼知識分子在「五四文化圈」中所佔據的邊緣地位密切相關。

1.3 左翼文學研究綜述

如果左翼文學在一開始就不是一場純粹的文學思潮而是帶有鮮明的政治意識，那麼與此相一致，左翼文學研究在相當長的時間裏也並不是純粹的文學研究。事實上，從這 30 年代到 80 年代，所謂中國左翼文學研究都不是文學研究，而是一種基於既定理念的歷史評述，這表現在幾乎所有的研究成果都不注重對左翼文學作品文本的文學描述和審美批評，研究者真正關注的焦點是「左聯」這一政治組織本身。可以說，在近半個世紀的漫長歷史中，所謂左翼文學研究本質上就是對「左聯」的歷史評價活動，這一評價本身一直在隨著政治形勢的變化而不斷更叠。

左翼文學研究最早可追溯至 1929 年，李何林編選《中國文藝論戰》，從學術角度收錄了「革命文學」論爭中的代表性言論，並通過序言強調了「革命文學」論爭在中國現代文學史中的地位。而朱自清在清華大學為講授「中國新文學研究」而編寫的講稿《中國新文學研究綱要》是對左翼文學研究的最初成果。朱自清以尊重客觀事實的治史態度，對左翼文學的功過是非作出了相對公允的評價。除李何林的《中國文藝論戰》外，這一時期帶有「自評」性質的著作還包括王哲甫的《中國新文學運動史》、吳文棋的《新文學概要》以及李何林後來撰寫的《近二十年中國文學思潮論》。〔註44〕不可否認，儘管李何林等早期研究者也力圖從文學角度對左翼文學給予客觀評價，但是由於他們很多人自身就是左翼運動的參與者，因此，他們在著作中很難做到學術性上的客觀和嚴謹，而帶有帶有鮮明的「自評」性質（湛宗恕語）。如李何林先生就認為，自己的《近二十年中國文藝思潮論》一書「不能算是近二十年中國文藝思想鬥爭史，因為我沒有總結出它的『史』的發展脈絡或規律，我

〔註44〕孫進增，開端與選擇——1929～1949 年左翼文學研究綜述〔J〕，聊城師範學院學報，1999 年（2）。

只稍稍提到每次鬥爭的社會政治背景和原因，以原始資料為主。因此，只能叫作文藝思想鬥爭史資料『長編』，不是『史』。」〔註45〕他在該書中也坦承：「任何文學史，或文學運動、文學思想鬥爭史的編著者，表現在他的『論述』部分中都有傾向性，這本書自然也不例外，只要看過一遍就會知道的。所謂傾向性，就是傾向於贊成一方的思想，反對另一方面的思想；而在引用雙方的文章時又似乎很客觀，但『論述』起來就表現出並不客觀了。」〔註46〕

　　而到1949年共和國成立之後，中國左翼文學研究並沒有從根本上改變它的政治本位意識，唯一的變化在於，其批評模式由「自評」轉變為「他評」：「解放前，不多的『左聯』研究，主要表現為『左聯』自身的『自我評價』，屬『自評』階段；解放初，『左聯』研究表現為一種與『左聯』自評相結合的第三者的客觀評價，即進入『他評』階段，為一種『偏向於肯定』的評說」。』〔註47〕而隨著中國無產階級奪取政權，左翼文學研究與政治形勢之間實際是建立起更為密切的關係，後者對前者的影響和控制也更加直接和有力。正是在這一背景之下，才出現了王瑤的《中國新文學史稿》、蔡儀的《中國新文學史講話》、丁易的《中國現代文學史略》、劉綬松的《中國新文學史初稿》等著作。在這些著作中，都有專門的章節論述左翼文學運動的發生與發展。諶宗恕先生在其著述中認為，正是由於五十年代中期「政治的穩定和經濟建設高漲的社會情勢的積極影響」，才導致了「『左聯』研究的上述『他評』便也具有了自己的獨立品格，表現為既充分肯定『左聯』的功績，又大膽尖銳地指出『左聯』的眼中缺點與錯誤。『左聯』研究順利地駛入快車道；並且展現出一種學術爭鳴的前景。」〔註48〕

　　但是「好景不長」，這一「爭鳴的局面」很快就消失了，與之前的歷史相一致的是，左翼文學研究「爭鳴的局面」消失也是政治因素的直接影響，「五十年代末和六十年代初，由於客觀的社會政治情勢的劇變，意識形態之爭日趨激烈，乃至白熱化，政治因素對『左聯』研究便由屏入到干預到成為主導因素，爭鳴的局面稍縱即逝。『左聯研究』便出現了嚴重的偏離；研究失去了自身的獨立品格與學術個性，形成一種『全盤否定』的嚴重的『左』的傾向。

〔註45〕李何林，近二十年中國文藝思潮論〔M〕，西安，陝西人民出版社，1981：2。
〔註46〕李何林，近二十年中國文藝思潮論〔M〕，西安，陝西人民出版社，1981：2。
〔註47〕諶宗恕，左聯文學新論〔M〕，武漢：武漢出版社，1996：55。
〔註48〕諶宗恕，左聯文學新論〔M〕，武漢：武漢出版社，1996：55。

尤其是在無產階級文化大革命開始以後,『左聯』研究的混亂期也開始了,『左聯』研究,非但是無研究可言,研究本身的價值與地位也失去了。這時期的『左聯』研究被綁上了林彪、『四人幫』法西斯文化專制主義的戰車,成為單一的政治工具,成爲向革命文藝和革命人民大施勒伐的武器」。〔註49〕

　　不可否認,在這個時期,老一輩學者嚴謹的治學態度、深厚的學術功底都爲左翼文學研究在史實和資料方面提供了良好的基礎。但在文化大革命結束之前,研究者們對左翼文學運動的描述都是基於政治觀念預設的結論,文學研究淪爲革命合法化的歷史依據。

　　但這裏要指出的是,這種政治本位的批評並沒有隨著文化大革命的結束而終結,它在新時期的左翼文學研究中表現出巨大的慣性。在80年代,研究者試圖對30年代的左翼文學予以相對客觀的評價,「左聯」這個黨領導下的革命作家的統一組織,一方面,開展革命文學運動功勞卓著;一方面,在判定中國革命文學的性質及所開展的實際文學運動中存在嚴重的缺點和錯誤」。〔註50〕但是這個評價不是文學範疇的評價,它依然是對於「左聯」這一政治組織的政治歷史評價。在諶宗恕先生看來,「在中國現代文學史上,二十年代末和三十年代初,早期共產黨人和革命文學工作者提出無產階級革命文學口號,倡導無產階級文學,是應該肯定的。但這裏,『倡導』是一條臨界線,一條必須防守、不可超越的臨界線。然而,『左聯』成立時,綱領的起草人卻沒有嚴格把守住『倡導』這條防線;而是輕易地便跨越了這條理論防線,超前地、錯誤地提出要實踐無產階級文學,『從事無產階級藝術的產生』,從而犯了『左』傾冒進與『左傾盲動的錯誤」。〔註51〕事實上,在80年代,「左聯」得到了平反,但是「左翼文學」的研究卻尚未眞正開啓。而70年代末十年動亂結束,中國學術研究重新恢復生機,但是左翼文學在整個80年代卻幾乎沒有什麼顯著的研究成果。這是因爲在80年代「人性論」漸漸代替「階級論」成爲文學主流,而與階級意識緊密關聯的「左翼文學」事實上和「階級論」文學一起遭到「清算」,它往往以一種被批判的姿態置於文學研究視野之中。

　　所以從某意義上說,中國左翼文學研究在20實際90年代以後才步入正軌。其中,艾曉明的《左翼文學思潮探源》一書率先從比較文學角度審視中

〔註49〕諶宗恕,左聯文學新論〔M〕,武漢:武漢出版社,1996:55。
〔註50〕諶宗恕,左聯文學新論〔M〕,武漢:武漢出版社,1996:57。
〔註51〕諶宗恕,左聯文學新論〔M〕,武漢:武漢出版社,1996:61。

國左翼文學的發生，從而把中國左翼文學置於世界無產階級文學大背景中。
朱曉進的《政治文化與中國二十世紀三十年代文學》則強調了左翼文學與 30
年代其他流派的共生關係，他對「政治文化語境」的描述，對「亞政治文化
形態」的闡釋都是極爲精到。而曠新年先生的《1928：革命文學》則將左翼
文學視爲與現代主義共生的城市文學形態，並就此闡釋它的極具現代意味的
審美理念。其他代表性著作還包括：賈振勇的《理性與革命——中國左翼文
學的文化闡釋》、曹清華的《中國左翼文學史稿》、林偉民的《中國左翼文學
思潮》以及陳紅旗的《中國左翼文學的發生 1923～1933》。其中，林偉民和陳
紅旗兩位先生的作品都注意到用中國古典詩學「文以載道」傳統闡釋左翼文
學的政治本位理念。另外，孔海珠的《左翼·上海》和劉小清的《紅色狂飆
——左聯實錄》都注重對左翼文學運動史料梳理工作，而劉震的《左翼文學
運動的興起與上海新書業》一書則是通過「上海新書業」這一角度對左翼文
學運動的「外部研究」。最後，王寰鵬的《左翼至抗戰：文學英雄敘事的當代
闡釋》和方維保的《紅色意義的生成——20 世紀中國左翼文學研究》都把 30
年代的左翼文學與其後的文學史貫通，其中王寰鵬先生通過敘事學研究對諸
多左翼文本作出了精到的分析，而方維保先生則將視野拓寬至整個 20 世紀的
文學史，將左翼文學從歷史、文本、理念等多個維度予以生動闡釋。

　　除了對中國左翼文學的總體性研究之外，90 年代以後的學者也對普羅小
說這一特定的題材做了更爲深入的探討，尤其是風行一時且影響深遠的「革
命＋戀愛」模式更是得出了諸多新穎而確切的結論。其中，曠新年先生描述
了這一模式如何「將『五四』個性解放和戀愛自由的主題變成爲了革命和政
治的主題，以革命的巨大能指替換了愛情這一能指。」〔註 52〕劉暢的《文學·
政治·想像——晚清政治小說與普羅小說的同質化特徵》一文，則揭示了普
羅小說與晚清政治小說的同質化特徵，強調普羅小說怎樣在意識形態的支配
下，建立起烏托邦的審美想像，進而實現其知識分子的政治目的。這裏需要
強調的是，賀桂梅和劉劍梅兩位女士從「女性主義」立場對普羅小說的「革
命＋戀愛」模式所作的解讀。其中，賀桂梅在其《「革命＋戀愛」模式解析—
—早期普羅小說釋讀》一文中認爲，「革命」是作爲肉體欲望的「替代與轉移」
對象而存在，而在革命主體的「淨化」過程中，性愛卻實現了狂歡，甚至造
成了對革命本身的顛覆。而劉劍梅女士其著作《革命與情愛——20 世紀中國

〔註 52〕曠新年，1928：革命文學〔M〕，濟南，山東教育出版社，2006：104。

小說史中的女性身體與主題重述》中，蔣光慈的小說是在用女性身體象徵一種「現代」的意蘊，在她看來，「女革命者的身體包含著多元的、生機勃勃的、有破壞作用的女性本質，這些全都被描述成能夠與革命並駕齊驅的力量。性、性別、革命認同在這類相互融合而不是彼此衝突，結果彙成了奇怪的和聲，將革命神話導入歧途。」〔註53〕以上兩位學者通過對「女性身體」的解讀來挖掘普羅小說的深層意蘊，無疑具有開拓性意義，它通過一個簡單的文學模式透視到了小說文本內部的豐富與複雜。這樣一種思路在學術界有著比較廣泛的影響，如李蕾、鳳媛的《早期普羅小說「革命＋戀愛」模式的青春特質》和劉婉明的《革命的現代「性」——1930 年前後左翼文學理論中的愛欲主題》等文章，都凸顯了「戀愛」在「身體」和「欲望」方面的呈現。對「女性身體」的強調，使得對普羅小說「革命＋戀愛」模式的解讀偏向了「戀愛」的一維，從而衝破了傳統研究中普羅小說乃至整個左翼文學的「革命敘事」框架，這無疑對左翼文學研究視野的開拓提供了巨大的可能性。

可以說，自 20 世紀 90 年代開始至今，中國左翼文學研究已經取得了相當豐碩的成果。在這些研究中，大多數學者都能夠超越學科自身狹隘的文學研究框架，從更為寬泛的文化意義上對左翼文學研究予以闡釋，這也契合了中國現代文學傳統的「思想史」研究傳統。需要指出的是，由於左翼文學運動和普羅小說本身所具有的「政治」屬性，這種偏重於「思想史」的文化研究是具有合理性的，而將左翼文學運動視為一種社會文化思潮也有助於我們全面把握其實質。但同樣需要指出的是，這樣一種針對「左翼文學」的思想文化闡釋機制有其適用範圍，它更多局限在與社會文化相關的左翼運動史的辨析以及其文學批評理論的梳理之上。如艾曉明、朱曉進、林偉民等幾位先生的研究更多是以左翼文學批評行文立論，都較少幾乎沒有從微觀上關注其作品文本。因此從嚴格的文學研究路向上來說，這種研究更多是屬於「外部研究」，而按照這樣一種理路對作品文本予以分析和闡釋，無法將文本視為一個相對獨立的場域，卻往往使它成為論述「社會文化」的某種佐證。當然，這並不是說，當下的左翼文學研究整體缺乏對文本的關注，如學界對普羅小說及其「革命＋戀愛」的敘事模式就有過諸多非常精到的論述。但是這樣一種對作品文本的深度闡釋，更多是倚重 80 年

〔註53〕劉劍梅，革命與情愛——二十世紀中國小說史中的女性身體與主題重述〔M〕，郭冰茹，譯，上海：上海三聯書店，1988：66。

代後進入中國的各種西方文藝理論（敘事學、精神分析、結構主義、女權主義等等），與上述社會文化思潮研究的理論相反，這種「內部研究」的危險在於其脫離了左翼文學具體的語境，而把文本從複雜的歷史時空中懸置起來。由此看來，儘管左翼文學研究既有社會文化研究的內容，也有文本闡釋的內容，但這兩者卻沒能形成一個渾融的整體，而是沿著兩股幾乎各自獨立的理路發展，其中，思想文化研究的一路主要關注左翼運動史和其批評理論，而文學研究則注重對文本的微觀闡釋，這實際上使得左翼文學研究的闡釋機制處於一種分裂狀態。從這個意義上來講，有必要尋找一種新的闡釋機制，能夠將運動史、文學批評和具體的作品文本予以整體性的觀照和審視，既能夠考慮到左翼文學那些「非文學性」的社會政治因素，又不忽視其作為文學文本的諸多特徵。

就此來說，本文試圖通過對左翼文學理論批評和作品文本之間的參照和對比，從微觀上勾勒左翼文學的歷史形態，進而能夠更深入的把握左翼文學複雜的內在機制。事實上，就左翼文學來說，其「理論批評」和「作品文本」之間存在一個相當複雜而微妙的關係，它們之間既有契合，又有諸多牴牾乃至矛盾。首先需要指出的是，同中國現代文學諸多思潮、流派一樣，左翼文學也存在「批評先於創作」、「理論大於創作」的現象──就歷史時間而言，「無產階級文學」理念的形成及「革命文學」口號的提出遠遠先於普羅文學的出現。而這種現象在左翼文學所出的 20 世紀 30 年代表現得尤為突出。這種現象反映出這樣一個基本事實，左翼群體的理論批評並不以既成的文學事實為基礎，而是更多表達一種理想中的文學形態，而這種文學形態往往與他們的政治訴求密切相關，就像有學者指出的那樣，「在三十年代的種種文學論爭和文學批評中一個顯著的特點是，論爭和批評的起因往往是來自於非文藝的因素，即論爭和批評的出發點首先不是出自文藝自身的考慮，而是一種作為政治層面的對話」。〔註54〕從這個意義上來說，左翼文學中的「批評」是具有純粹意義上的「批評性」就頗值得懷疑。韋勒克在其著名的《文學理論》一書中如此區別「文學批評」和「文學理論」，前者是一種「靜態的」、「研究具體文學具體的文學藝術品」的工作，而後者是「對文學的原理、文學的範疇和

〔註54〕 朱曉進，政治文化與中國二十世紀三十年代文學，〔M〕，北京：人民出版社，2006：12。

判斷標準等問題的研究」。〔註55〕按照著這樣一種區分，左翼文學運動中那些大多無關具體作品的批評文章更應該歸入「文學理論」的範疇，但是需要強調的是，它所指稱的文學原理、文學範疇和判斷標準都來自與藝術審美無關的社會政治因素。誠如有學者指出的那樣，「無產階級革命文學的倡導者由兩部分人組成，一部分是一些共產黨人和革命知識分子，他們在大革命失敗後，懷著對蔣介石叛變革命的忿懑、激憤的情緒投入文藝戰線繼續鬥爭，這種激憤地從『文藝』自身的立場出發，其絕對化片面性是不可避免的。另一部分是從日本回國的激進的青年，他們一方面多少受了日本共產黨福本主義及蘇聯『拉普』派文藝思想的影響，對『文藝』的觀念，其政治傾向性是其主導的內容；另一方面一回國，面對的是文壇經過十年整合已大形成的格局，為了爭得自己的地位，就必須打出新的旗幟，也勢必會對此前文壇作較多的否定，而這種『否定』從『藝術』自身出發，顯然是困難的。」〔註56〕事實上，左翼文學運動中的「理論批評」無論其出發點還是落腳點，都不是那種承擔藝術審美功能的文學，一般來說，文學批評都必須以具體的文學作品為預設的對象，但左翼文學理論批評的言說理論卻可以完全擺脫具體的作品文本而獨立存在。從這個意義上說，左翼「理論批評」的重要使命並非對文學本身的評價，而是要推動「運動」的開展，為自己開闢和搶奪話語言說的空間。在這樣一種情形之下，左翼文學運動的批評話語也就與一般意義上的文學批評拉開了距離，它們所承載的是更具有實用主義的功能。

　　正因為上述原因，理論批評與文學作品之間也就建立起一種新的關係模式。一方面，由於理論批評所表達的是一種抽象的政治理想，並以此來確立起自身的文學規範，它也就成了某種具有指導性、規範性的創作教條，而文學作品卻在一定程度上成為理論批評的演繹（當然由於創作是作家的個體行為，因此這種演繹過程並不能完全符合理論批評的預期，這一點將在本論文後面的具體章節詳細論述）。而另一方面，理論批評也在作品經典模式的確立上有非常獨特之處，他們對作品的評價是看它是否符合自身所提出的政治理念，而較少關注其藝術成就本身，一旦作品符合了批評話語中政治理念的預

〔註55〕韋勒克、沃倫〔美〕，文學理論〔M〕，劉象愚等，譯，南京：江蘇教育出版社，2009：31～39。

〔註56〕朱曉進，非文學的世紀——20世紀中國文學與政治文化關係史論〔M〕，南京，南京師範大學出版社，2004：111。

設，批評家往往會對其藝術性的粗糙低劣表現出巨大的寬容度。值得一提的是，這種政治意味濃厚的「理論批評」對作品文本本身也有巨大闡釋能力，它甚至能夠將那些並不符合自身理念的作品納入其中，甚至有學者指出的那樣，「實際上，在整個左翼文學運動時期，並沒有產生真正意義上的無產階級革命文學，左翼文學的主力陣容，也幾乎是由革命文學理論家運用他們全新的價值觀念，經過對文壇名家和他們作品的詮釋與提升之後，主觀加以認定。」〔註57〕

　　誠如前文所說，左翼文學運動中的理論批評並不注重文學自身的創做法則、形式、藝術性和審美內涵，而是更關注文學與自身所要確立的政治理念是否契合，從而能夠在革命實踐活動中承擔起某種政治功能。而這樣一種批評自然會對個體作家的文學創作造成某種導向作用，並在一定程度上形成壓力。所以從這個意義上來說，左翼陣營的文學批評一方面牽涉著社會政治因素，並與其保持緊密的關係，而另一方面，這個理論批評又對作家的作品起到某種規範和形塑作用。而依據於此，我們便可以將這樣一種理論批評納入對左翼文學作品（包括普羅小說）的解讀和闡釋中，從而達到既關注作品的文學性、藝術性，又不忽略其政治性的目的。

　　當然，由於1930年代特殊的社會情境，左翼知識分子的這種通過文學理論批評所表達的政治理念，並沒有構成一個整一的意識形態話語，它的內部也存在相當程度的駁雜乃至混亂。事實上，左翼知識分子儘管有明確的集團意識，但在其表述過程中仍然存在很人程度上的個人性，而且在整個陣營內部因為社團之間也存在諸多分歧，這些都使得他們對文學的主張本身不可能達到完全的一致。因此，左翼文學陣營內部的複雜性使得他們的批評並沒有一套完整、統一的意識形態供他們使用和操作，這也就造成了左翼文學批評的內在的矛盾性和歧義性。因此，儘管左翼文學運動中的理論批評試圖對作品文本的創作發揮某種導向和規範作用，但因為其自身內部的駁雜與矛盾，這樣一種導向和規範根本不可能最終實現。與後來的解放區文學、十七年文學和文革文學不同，30年代的左翼文學，尤其是早期的「普羅文學」創作仍然是一種相對自由的個體創作，政治理念並不能借助國家體制和政治機器對作家的創作產生強制性的規約，相反，它只能作為一種「政治意識」為作為個體所接受，並與自身的生活體驗相結合，從而才能在文學文本場域呈現出

〔註57〕宋劍華，百年文學與主流意識形態〔M〕，長沙：湖南教育出版社，2002：134。

來。因此，如果我們參看數量眾多的左翼文學文本，就會發現左翼作家在其創作實踐中有明顯的「標語口號」傾向，但這些標語口號本身並非直接徵引馬克思主義政治理論的機械教條，而是充滿了作家個人強烈的感情色彩。從這個意義上說，左翼文學的批評理論與文學文本之間的關係遠爲複雜。我們在將左翼文學中的文學批評作爲與作品文本相互參照的時候，一方面必須正視文學批評的內部的矛盾與歧義，一方面也不能把後者視爲直接反應某種政治理念的文學鏡象，而是要確立一個客觀的標準，並從一個更高的層面尋求它們之間的關聯，建立兩者的可比性。

王富仁先生在論及左翼文學性的前提時認爲：「左翼作家的形成不是哪一派倡導的產物，它是這個階層這個文化群體結合的產物，它不是由哪一個理論所體現的，是共同的生存狀態和對社會的感受形式。它存在的合理性在於政治革命不能夠反映中國社會的所有的問題。」〔註 58〕從這個意義上來說，我們所說的那種由左翼作家通過理論批評所表述的政治理念就不能被視爲一種既定的、具體的意識形態教條，而其作品文本也並不對政治理念的直接反映，它們實際上共同關涉著左翼知識分子左翼知識分子的生存處境和社會地位。所以，在文學批評和文學創作之間的共同的基礎就在於知識分子主體自身，兩者都體現出他們參與社會政治的精神，以及基於其生存處境和社會地位的特殊的參與方式。其不同之處在於，理論批評相對抽象，因此更多體現出左翼知識分子政治理想的理性建構，而其作品文本由於帶有作家的個體性，因此在與政治理念的契合中也必然摻雜著大量的個人情感因素。正因爲此，作品文本中會有作家大量的文人氣質和個人主義精神保留，而這必然與其批評理論產生種種衝突和矛盾。具體來說，左翼批評理論的建構中有一個非常重要的問題，即知識分子自身在革命實踐或政治啓蒙中所必須具有的合法性基礎，但是這樣一種通過抽象的理論建構的政治啓蒙機制和知識分子啓蒙的合法性基礎會在作品文本中出現某種紕漏和裂痕，而這中紕漏和裂痕也正是本文關注的重點所在。

〔註58〕王富仁，關於左翼文學的幾個問題〔J〕，中國現代文學叢刊，2002 年（1）。

2.「載道」與「行道」：政治與文學的融匯

2.1 作家個體意義上的政治與文學

在 20 世紀中國文學史中，文學與政治兩者之間的關係是毋庸諱言也無法迴避的，這一點對左翼文學來說尤其如此。因此，如果我們無法理清文學與政治之間的關係，也就無法探討左翼文學、包括「普羅小說」的呈現方式、社會屬性和審美品格。

事實上，在整個中國現代文學史的脈絡中，興盛於 20 世紀 30 年代的左翼文學思潮一直都處於一個非常微妙甚至尷尬的位置上。半個多世紀以來，「文學史」的書寫範式幾經變化，而人們對「左翼文學」在「文學史」中的具體評價也隨之有著明顯的起伏。而如果從歷史的角度考察，我們甚至會發現：左翼文學不僅僅是「文學史」的一個階段和部分，也不僅僅是「中國現代文學」這一學科某個特定的研究課題和對象。眾所周知，毛澤東於 40 年代發表的《在延安文藝座談會上的講話》確立了「爲工農兵服務」的文藝宗旨，而隨著 1949 年後共產黨政治權威在全國範圍內的確立，「講話」所代表的這種充滿了政治功利主義的評價標準也隨之推行開來。從王瑤先生的《中國新文學史稿》開始，「講話」已經構成了文學史書寫基本範式。而在這樣一種範式之下，左翼文學因爲對「革命文學」的提倡、對「無產階級」政治理想的鼓吹而能夠更爲直接納入「講話」傳統的前史之中（儘管在這種納入的過程，左翼文學遭到了大量的遮蔽和扭曲）。正是在這種意義上，我們說「左翼文學」不僅僅是文學史框架中某個部分，它本身就構成了框架。如王瑤先生的《中

國新文學史稿》一書，將 1928～1937 這近十年的文學史稱之爲「左聯十年」，
這實際上抹除了 30 年代豐富、多元的文學景觀，而將左翼文學確立爲當時唯
一具有合法性的文學現象，而像對「新月派」、「京派」等文學流派的書寫，
只能作爲左翼文學的對立面在文學史中予以呈現。同樣，對魯迅這樣的重要
作家，文學史的撰寫者們也必須通過對其賦予「左翼知識分子」的身份才能
確立起文學史地位：「一九二五年以後，是魯迅思想和創作發展的一個新的階
段。我們可以發現，魯迅在這時期所寫的雜文和『五四』時期所寫的，有一
個顯著的不同點，就是這時他的戰鬥是緊緊地扣住了一些爲帝國主義者和封
建統治階級服務的走狗與奴才。」〔註 1〕這種對魯迅「戰士」身份、「革命」
姿態的強調，以及對他與左翼陣營精神氣質上相異之處的忽略，使得他「和
中國革命的主流密切地結合了起來」。〔註 2〕事實上，也正是被隸屬於「左翼」
陣營，才使得魯迅在「五四」時代的地位遠遠高過了胡適等人，而文學史對
「五四」的書寫也與 30 年代左翼理論家對「五四」的評價有著直接關聯。因
此，中國現代文學史的書寫過程實際上是一個倒敘、回溯式的過程，「五四」
這一新文學的發軔期，是通過「講話」和「左翼」的定論被重新解釋和描述，
從而建構起了自身的「起源神話」，而在整個文學史框架的搭建、學科範式的
確立過程中，「左翼文學」都起到了舉足輕重的支配作用。

　　而在 80 年代以後，既有的學科範式已經不能滿足時代的要求，因而「重
寫文學史」的主張被大張旗鼓地提出並予以迅速實踐。而綜觀 80 年代以後興
起的各種新的文學史書寫範式，無論是「20 世紀中國文學」的主張還是對西
方「現代性」闡釋框架的引入，都是在很大程度上基於對正統文學史的政治
化框架反思和消解，而從文學研究自身獲得獨立性和自治性的角度考量，這
些新的範式無疑具有進步意義。但問題在於，與之前將「政治」確立爲評價
文學的唯一標準相比，這樣一種對「政治」的刻意抹除可能也走向了另外一
個極端：「從『二十世紀』到『現代中國』，追求獨立自由的中國學術似乎避
政治而不及，好像我們的學術闡述離開政治越遠才越具有科學性，這裏恐怕
也暗含著一種思維的誤區：如果政治文化本身就構成了我們社會文化（包括
文學）的重要組成部分，或者說某種政權形態的元素已經明確無誤地滲透進
了文化與文學的活動，那麼，我們的闡釋框架又如何能夠刻意地驅除這些元

〔註 1〕 王瑤，中國新文學史稿（上冊）。〔M〕，上海：上海文藝出版社，1982：142。
〔註 2〕 王瑤，中國新文學史稿（上冊）。〔M〕，上海：上海文藝出版社，1982：143。

素呢？」〔註3〕事實上，這樣一種帶有明顯「去政治化」傾向的「重寫文學史」過程所凸顯的問題，在其對「左翼文學思潮」的評價暴露地最爲嚴重。就像前文所述的那樣，由於「左翼文學」不僅是一個文學史的階段或部分，而且還構建了文學史的框架乃至學科的範式，因此，「重寫文學史」的過程，也必然伴隨著對「左翼文學」本身的忽視。因此，在整個 80 年代至 90 年代初這樣一個相當長的歷史時期內，「五四文學」的價值被重新高揚，像張愛玲、沈從文、錢鍾書這些作家的地位也得到了重新確立，但是「左翼文學」的研究卻幾乎處於停滯狀態，甚至對它的研究本身都流露出一種「左」的意味。在這裏，研究者們對整個文學史框架「政治」傾向的不滿，導致了他們無法正視「左翼文學」本身的「政治」意味，文學史的客觀事實和文學史書寫的範式實際上被混淆在一起了。可以說，20 世紀末對左翼文學的這種認知誤區，實際上仍舊是因爲學界的認知模式受到既有文學史範式影響的結果，他們避之不談的「左翼文學」並不是那個歷史上真實存在的，有著內在豐富性和複雜性的文學現象，而仍是按照「講話」精神所形塑的、構成國家主流意識形態的部分。其實，關於左翼文學與「主流意識形態」的關係，王富仁先生有過極爲精到的論述：「這個主流意識形態最早可能是 50 年代在毛澤東文藝思想這樣一個大前提下，在肯定主流意識形態的文學主流的前提之下，從外部給予左翼文學的。但到『文化大革命』結束之後特別是到了 90 年代末，新的自由主義知識分子借用了主流意識形態這個概念，但卻是爲了否定它。同時活躍的還有另外兩種觀念，既然左翼文學是主流意識形態，那麼一定還存在著另一種對主流意識形態進行消解的力量，這就有了知識分子話語、民間話語、自由主義的話語。當把主流意識形態當成與知識分子話語、民間話語和自由主義話語相對立的概念的時候，這就很自然地把左翼文學推到了理論的審判臺。左翼文學成爲了一個被審判的對象。」〔註4〕而「這也就使得我們忽略了 30 年代左翼文學本身的歷史原貌：把不成話語霸權的一種話語形式視爲一種話語霸權，就把我們的研究和左翼文學完全對立起來了。這是當前非常流行的概念和概念的界定。我認爲左翼文學在當時不是主流話語，不是主流的意識形態，也不是主流的文學，更不是一種話語霸權。它僅僅是一種話語

〔註 3〕 李怡，民國機制──中國現代文學的一種闡釋框架〔J〕，廣東社會科學，2010
年（6）。
〔註 4〕 王富仁，關於左翼文學的幾個問題〔J〕，中國現代文學叢刊，2002 年（1）。

形式。」〔註5〕在中國現代文學研究領域，對20世紀30年代左翼文學的評價往往難以眞正做到客觀公正，而這其中最主要的原因就是，我們在審視左翼文學思潮的時候，往往對「政治」與「文學」這兩者的尺度難以準確拿捏，按照現代文學的學科既有的闡釋框架，無論將左翼文學的理論批評、作品文本視爲政治宣傳品還是文學文本，都會出現認知上的偏差。誠如有些學者指出的那樣，「普羅文學運動不是一個純粹的文學運動，也不是單純的政治運動。這不僅是政治選擇了文學，或文學選擇了政治，而是一個遠爲複雜的文化現象。在過去，人們不是因爲它的政治意義而被簡單地擡高，就是被狹隘的、陳舊的文學性標準所忽視。然而，實際上用任何一種簡單的、片面的標準都是不夠來評論它的。」〔註6〕這裏需要強調的是，「政治」與「文學」這樣一種錯綜複雜的關係不僅僅表現在「左翼文學」上，而是貫穿整個20世紀中國文學史。正是在這個意義上，朱曉進先生將20世紀界定爲一個「非文學的世紀」，他在《非文學的世紀：20世紀中國文學與政治文化關係史論》一書中這樣論述20世紀中國文學的典型特徵：「在20世紀文學的發展過程中，文學自身的本體性要求未能得到充分的張揚，文學的審美特性未受到足夠的重視。文學革命伴隨著思想、政治啓蒙的新文化運動而發生，它與反帝反封建的政治思潮難以完全剝離。五四時期曾提出的反載道的文學口號尚未能落到實處，而在『爲人生』旗號下，政治化趨向已初露端倪，並很快便被早期的革命文學口號所代替。大革命後，文學的政治化終成主潮。此後的文學發展，雖隨政治形勢變化而呈現不同態勢，但卻始終未能避開政治化『浪潮』的裹挾。」〔註7〕也就是說，20世紀中國文學的政治化傾向是存在於歷史進程中的客觀事實，不管以什麼樣的範式書寫文學史，我們都無法將「政治」排除於歷史現場之外。因此，「在20世紀的大多數年代裏，文學政治化趨向幾乎是文學發展的主要潮流。文學與政治的特殊關係，無疑是最爲顯性的文學發展的特徵之一。因此在研究上述年代的文學現象時，首先應關注的也許倒不是純美學、純藝術層面的東西。我們應該從政治文化的角度去看待這些年代的文學，對文學現象得以產生的政治文化氛圍，以及文學以何種方式、在多大

〔註5〕王富仁，關於左翼文學的幾個問題〔J〕，中國現代文學叢刊，2002年（1）。
〔註6〕曠新年，1928：革命文學〔M〕，濟南，山東教育出版社，2006：87。
〔註7〕朱曉進，非文學的世紀——20世紀中國文學與政治文化關係史論〔M〕，南京，南京師範大學出版社，2004：3。

程度上與政治文化結緣；政治的因素到底在多大程度上，到底以什麼形式，最終導致了一些文學現象的產生，以及最終支配了文學發展的趨向等問題給以更多的關注。」〔註8〕

　　由上文可知，從政治角度切入展開對左翼文學的探討本身是無可厚非的，也是合情合理的，但是問題在於，原有的研究範式在很大程度上有自身的限制。從某種意義上來講，中國現代文學學科在90年代以前對左翼文學的闡釋一直在「政治」與「文學」之間拉鋸徘徊，但是這種拉鋸徘徊的基點仍是一套被建構的「話語」，而非30年代歷史情境中的左翼文學思潮自身，因此可以說，這樣一種研究仍然拘囿在一個封閉的「政治──文學」闡釋結構中，這個結構把「政治」與「文學」理解爲兩個對立、衝突，此消彼長的因素，而無法注意到兩者之間複雜微妙的關聯，甚至可以說，這種闡釋既沒有認識到文學的屬性，也在很大程度上狹隘地理解了政治的內涵。正因爲此，我們對20世紀中國文學的審視過程中，往往將「文學」與「政治」簡化成一種二元對立的狀態，而對文學的評價也就只能隨著外在政治形勢的變化而在這兩者之間游移來去：「在文藝與政治的關係問題上，研究界曾出現過兩種傾向，或是過分強調藝術對於政治的隸屬關係，以至於常常出現以政治情緒化評判取代客觀的文學研究的情況；或是有意無意忽略文學史上客觀存在的政治因素對文學的影響，從而也難以對一些重要的文學現象作出客觀的歷史評判。」〔註9〕具體到左翼文學也是如此，人們要麼不顧左翼文學糟糕的創作實績，從政治上擡高左翼文學的文學史地位；要麼就是從那種「純文學」的狹隘立場上批判其政治功利性壓倒了審美超越性，甚至試圖將其從文學史中掃地出門。在這樣一種研究理路之中，「政治」與「文學」被視爲彼此對立、相互隔絕的兩極，而它們在文本中那種錯雜共生、彼此交織的複雜關係也就被大大簡化了。因此，打通「文學」與「政治」兩者之間的關係，也就成爲左翼文學最亟待解決問題。只有如此，我們才能夠從根本上打破「政治決定文學」或者「文學反映政治」這類封閉的二元關係模式。

〔註8〕　朱曉進，非文學的世紀──20世紀中國文學與政治文化關係史論〔M〕，南京：
　　　　南京師範大學出版社，2004：11。

〔註9〕　朱曉進，非文學的世紀──20世紀中國文學與政治文化關係史論〔M〕，南京：
　　　　南京師範大學出版社，2004：4。

　　在這一方面的研究中，朱曉進先生的「政治文化」視角是最具有啓發性的。在他看來，「『政治文化』這一概念可以有廣義和狹義之分。廣義的政治文化是指，「在一定文化環境下形成的民族、國家、階級和集團所建構的政治規範、政治制度和體系，以及人們關於政治現象的態度、情感、心理、習慣、價值信念和學說理論的複合體。而狹義的政治文化則主要是指由政治心理、政治意識、政治態度、政治價值觀等層面所組成的觀念形態體系，也就是阿爾蒙德所謂的『在特定時期流行的一套政治態度、信仰和感情』。」〔註10〕相比中國文學批評長期使用的、極為含混的「政治」這一術語而言，「政治文化」這一概念顯然具有更豐富但卻更明確的內涵，誠如朱曉進先生自己所說：「我們關注政治文化問題，首先是因為『政治文化』這一問題所涉及的重心不同於我們通常所謂的『政治』這一概念。」〔註11〕在這裏，「政治」即是「階級鬥爭」的狹隘看法也被打破了，而「人們的政治行為及其背後的心理動機等主觀取向」得到了充分地凸顯和強調，因此與「政治」相比，「政治文化」的指涉更有可能落腳在一些具體的個體身上，因此利用它來建構「文學」的闡釋機制顯然更具有效性——「『政治文化』不同於明確的政治理念和現實的政治決策，它更關注的是政治上的心理方面的集體表現形式，以及政治體系中成員對政治的個人態度與價值取向模式，進入其研究視野的就不再是純客觀的『活動』，而且包括甚至主要包括關注政治行為的心理因素，如信念、情感及評價意向等。」〔註12〕正是在這個意義上，「政治文化」才能夠成為「政治與文學之間關係方式的橋梁」。

　　但這裏需要指出的是，以「政治文化」作為「文學」與「政治」的貫通的管道或者聯繫的中介，在對左翼思潮乃至整個20世紀中國文學史的宏觀闡釋上具有極大的有效性和合理性，但是在具體到作品文本微觀解讀的時候，卻又有難以避免的限度。因為從宏觀的文學思潮上考量，「政治」能夠呈現為一種社會價值或社會心理，從而構成一個對文學產生影響和制約的歷史情境，但是這種社會價值和心理並不能直接分解成一個個生命個體的個人價值

<hr>

〔註10〕朱曉進，非文學的世紀——20世紀中國文學與政治文化關係史論〔M〕，南京：南京師範大學出版社，2004：5。
〔註11〕朱曉進，非文學的世紀——20世紀中國文學與政治文化關係史論〔M〕，南京：南京師範大學出版社，2004：6。
〔註12〕朱曉進，非文學的世紀——20世紀中國文學與政治文化關係史論〔M〕，南京：南京師範大學出版社，2004：6～7。

和個人心理。因此，如果我們的研究延伸到作家個體的文學創作過程，就會發現「政治文化」很難和「文學理念」區分開來，兩者本來就是一體兩面，它們錯綜交織、難分彼此，組成一個「政治──文學」的共同體。因此，朱曉進先生的「政治文化」這一概念在宏觀上打通了「文學」與「政治」之間那種涇渭分明的隔絕狀態，但是在微觀上仍然沒有超脫出兩者之間的畛域，因此，用這樣一種研究模式去審視具體的作品文本，也就仍然有將其歸入單一的政治文本的危險。

事實上，「政治」與「文學」之間的這種界限，實際上是我們將「政治」與「文學」視爲兩個獨立思想範疇的結果，而這種獨立的思想範疇也只有在西方主導的現代性框架中才得以確立其合法性。就中國近代歷史而言，這樣一種畛域清晰、分工明確的「現代性」確實在很大程度上影響到中國文學的樣貌以及文學研究的學科建制，尤其是在 20 世紀末西方現代性思潮再次進入中國之後，更容易使我們用這一框架去審視 20 世紀中國文學本身。但不可否認的是，這樣一種框架在從 20 世紀中國文學中「提取」現代性因素的同時，也對許多「非現代」的因素進行了有意無意的遮蔽或遺漏，而那種清晰的畛域也很容易將原本渾融的歷史事實予以切分割裂。例如，就「政治」與「文學」的關係而言，它們在 20 世紀中國文學中的客觀存在並沒有涇渭分明的清晰界限，這與中國古代「文以載道」、「詩言志」等傳統有著更爲深刻的淵源關係，而那種建立在西方現代性基礎上的學科在解釋這類中國本土的思想文化問題時便會顯示出自身難以避免的限度。當然，這裏並不是說中國近現代史或者中國現代文學頑固地保持了本土的傳統，成爲了西方現代性的盲區，而是要強調：在對現代文學的審視中，我們必須同時兼顧傳統與現代、中國與西方，甚至對這類後設式的視角保持警惕，惟其如此，才能更客觀地勾勒出那種既有縱向順延、又有橫向影響；既有融合、又有衝突的歷史圖景。我們無法否認的是，在 20 世紀中國的歷史時空中，考察「政治」與「文學」之間的關係，之所以會顯得如此複雜，其中一個很重要的原因就在於這兩個名詞所指稱的對象處於一個古今雜糅、中西交融的的歷史場域中，它們各自的內涵遠遠超出了我們在今天學科範疇內的對象，而兩者這種更爲寬泛的內涵在很大程度上存在著重疊性和同質性。

首先以文學爲例。在中國古代，「文學」隸屬於孔門四科，它顯然不是純粹的審美範疇。具體到現在所說的各個文學體裁也是如此，「詩」的「教化」

功能,「文」的「載道」功能,以及小說與歷史的淵源(「蓋出於稗官」),等等。而在 1902 年,張百熙等主持的《欽定京師大學堂章程》中,所謂的「文學科」包括「一曰經學,二曰史學,三曰理學,四曰諸子學,五曰掌故學,六曰詞章學,七曰外國語言文字學」。〔註13〕因此,與現代西方意義上的「文學」相比,中國傳統的文學從來就沒有以那種超越功利性的審美功能爲旨歸,它本身就帶有這非常鮮明的社會干預意識和入世精神,而正是從這種社會干預意識和入世精神上考量,中國傳統的文學顯然已經具有了現代社會中只有政治才具有的功能和使命。1917 年以後,隨著「文學革命」的逐步展開,新文化運動先驅們開始批判「文以載道」的傳統意識,而西方文學的框架體系(包括「文學」與「非文學」的區分以及文學內部各個文類的劃界)才開始建立起來。但這裏需要指出的是,無論是所謂「新」與「舊」還是「現代」與「傳統」,在「五四」時代並不是一種興替關係,兩者之間存在著牴牾,但並沒有那種你死活我的直接衝突,因此,它們實則處於一種並存的狀態。即使是「新文學」傳統本身,也沒有完全摒棄「文以載道」的傳統的觀念。那種所謂的「現代」文學意識(作爲一種藝術門類、承載審美功能的文學)從來沒有一尊獨霸,甚至在政治形勢緊逼的時代還顯得不合時宜。正因爲如此,隨著1930 年前後政治形勢的步步緊逼,隸屬於新文學傳統的左翼知識分子才能夠毫無顧忌地主張從「文學革命」到「革命文學」,在這裏,從「文學」轉向「政治」本身就是「文學——政治」共同體內部的一個自然過程。

而再從政治角度審視,我們同樣會發現它與文學之間界限的含混的。在中國古代,政治活動有特定的群體(「士」階層)、場域(「文官體制」)和途徑(「科舉制度」)。一般而言,古代的「士人」通過科舉考試進入國家的文官體制,才能獲得參政的資格,從而實現自己的政治抱負和理想。這樣一種文官體制本身就已經決定了「政治家」的「文人」身份,而「文章」本身也是他們政治活動重要的工具和媒介。這一點並沒有隨著中國現代化進程的啓動而有所中斷,對 19 世紀末 20 世紀初的中國知識分子而言,「政治」與「學術」之間的界限是非常模糊的。梁啓超在提及晚清時代的「強學會」時非常明確地指出:「是以諸先輩不能公然設立正式之學校,而組織一強學會,備置圖書儀器,邀人來觀,冀輸入世界之智識於我國民,且於講學外,謀政治之改革。

〔註13〕張百熙,欽定京師大學堂章程〔C〕∥中國近代教育史資料(上),北京:人民教育出版社,1981:546。

該強學會之性質，實兼學校與政黨而一之焉。」〔註14〕而孫文更是坦承：「我國當革命以前，專制嚴酷，人無自由之權。然能提倡革命，一倡百和，以至成功，皆得力於學說之鼓吹。數十年來，奔走運動，都係一般學界同志之熱心苦業，始得有今日之共和。」〔註15〕如此看來，無論「立憲」還是「革命」，都有大量精英知識分子在以「學說之鼓吹」的方式參與政治活動。對他們而言，「政治活動」與「學術活動」在很大程度上是合一的。在晚清末造，知識分子這種「政治──學術」的合一的狀態有著巨大的歷史意義：一方面，政治變革的急迫要求，促使中國知識分子衝出封閉的書齋，在「經世致用」的時代理想之下大大擴寬了學術視野，也為西方思想學說（尤其是政治學說）的涌入打開了閘門。而另一方面，與「學而優則仕」的士大夫相比，「幾乎所有維新派思想家都在不同程度上逐漸接受了西方的國民參政觀念」，他們在很大程度上「跳出了官僚政治的圈子」──晚清知識分子的「政治組織活動大部分發生在官場或地方社會的範圍之外。在城市中，他們的活動集中在學堂、報紙和自願結合的團體內。」〔註16〕可以說，學堂、報紙和民間團體不僅僅是晚清知識分子參與政治活動的場域，也是其「傳播新政治意識的有力工具」，在這個游離於政治體制之外的場域中，「政治──學術」合一的模式才有其歷史的合理性，因為這兩者能夠共同指向了對政治體制本身的批判和否定，政治制度的變革和思想文化的更新能夠同步進行且互相促進。而同樣需要強調的是，「跳出了官僚政治圈子」並不意味著「官僚政治」本身的終結，事實上，即使在 1905 年科舉廢除以及 1912 年清王朝崩潰、民國建立之後，「官僚政治圈子」也一直存在，它與「國民參政」一起構成了民國時代錯綜複雜的政治生態。

由上述分析可知，無論是「文學」（學術）還是「政治」都是有著更為寬泛的意義，它們成為各自獨立的、自行其是的範疇是在後來學理意義上，而不是在具體的歷史情境中。事實上，在諸多情況下，無論是政治活動還是文學活動，其實踐的主體都是知識分子，而其實踐的目標都是對社會產生干預

〔註14〕梁啓超，莅北京大學校歡迎會演說辭，〔C〕 //我與北大──老北大話北大，
　　　　北京：北京大學出版社，1998：40。
〔註15〕孫文，民國教育家之任務〔C〕 //中國近代教育史資料（上），北京：人民教
　　　　育出版社，1981：1005。
〔註16〕費正清、劉廣京，劍橋中國晚清史（下）。〔M〕，北京：中國社會科學出版社，
　　　　1985：330。

和影響，因此對他們而言，社會政治理想的實現和人生個體價值的實現叠合在同一個層面上。一方面，知識分子的文學活動，總是有著那種干預社會、啓蒙大衆的政治性，而不可能以單純的審美活動爲旨歸；而另一方面，我們體制外的、以知識分子爲主體的社會政治運動，也會體現出典型的文人色彩。對中國知識分子而言，政治與文學是一體的，前者是後者的旨歸，後者是前者的工具，兩者共同構成了他們干預社會的公共實踐行爲。對那些積極入世的現代中國知識分子而言，通過文學參與現實政治幾乎是一種水到渠成的事情。當然，這裏需要強調的是，對中國知識分子而言，這樣一種「政治——文學」的共同體是他們在傳統社會中固有的立身行道的方式，但是在 19 世紀末之後，隨著中國社會的劇烈轉型，導致了這種方式出現了諸多變化，從而呈現爲一種更爲複雜的、且滋生了諸多內在矛盾和衝突的狀態。按照《劍橋中華民國史》所提出的看法，「1919 年以前，新文化運動的一個方面，是政治家和知識分子之間劃了一條清晰的界線，並對未來產生持久的影響。」〔註17〕當然，這條「清晰的界限」也並不意味著「政學一體」模式的徹底終結，因此論者不得不在這條論斷之後審愼地補充：「歷來有『士大夫』的說法，但過去也一直有一些士人基本上是知識分子，而另一些士人基本上是政治家。1919年以後時期，也有許多知識分子再次捲入於政治生活。」〔註18〕眾所周知，「新文化運動」這種「純粹的思想文化運動」只有在以大學爲樞紐的高等教育系統中才能存在和維持，因爲知識分子只有保持自身的學者身份，才能夠將自身與現實政治的關係保持在「談政治」而非「參與政治」的層面上。但與此不同，30 年代的左翼文學不是在高校系統中，而是在王富仁先生所說的那種「社會文化」的情境之中，也整是在這一前提下，才出現了「知識分子再次捲入政治生活」的局面。

　　已經有學者注意到，「在上海鼓吹『革命文學』的年輕文化人 1928 年底基本上都擁有了政治和文化的雙重身份」〔註19〕，事實上，從中國傳統的那種士人角度考慮，這樣一種看似矛盾的雙重身份叠加在同一個或同一批人身上根本不存在任何問題。對左翼知識分子而言，「革命家」與「作家」的雙重

〔註17〕費正清，劍橋中華民國史（下）。〔M〕，北京：中國社會科學出版社，1985：
　　　　411～412。
〔註18〕費正清，劍橋中華民國史（下）。〔M〕，北京：中國社會科學出版社，1985：
　　　　411～412。
〔註19〕曹清華，中國左翼文學史稿〔M〕，北京：中國社會科學出版社，2008：91。

身份是一個非常普遍的現象。一方面，左翼知識分子的「革命家」身份是在與五四的「學院派」知識分子產生區隔，在他們看來，後者是與國家體制想妥協的「落後者」；而另一方面，「作家」的身份則使得他們與那些國家官僚體制之內的政治家、政客區分開來，這突出了他們不羈的自由意識和堅定的反抗精神。他們常常是一方面參加飛行集會、從事地下工作，與國民政府的警察、特務機關相互周旋，另一方面又要撰寫理論文章、從事文化宣傳，與以「新月派」爲代表的自由主義者等其他文學團體相互論戰，而這兩種情形對他們而言，實際只是各自不同的鬥爭方式而已。

這裏且以郭沫若爲例，探討左翼知識分子這兩重身份的統一性。眾所周知，郭沫若早在 20 世紀 20 年代初期就已經是馳名文壇的大詩人，與此同時，他也是較早提出「革命文學」主張的理論家，且自 1927 年開始，他參與了轟轟烈烈的北伐，在蔣介石指揮的北伐軍中任總政治部副主任，而在清黨運動之後，他還撰寫了《請看今日之蔣介石》，並因此受到通緝，並最終流亡日本。如果考察郭沫若的人生經歷，便會發現他的身份常常在「作家」、「詩人」與「革命家」之間頻繁地來回切換，這種切換不僅僅是在左翼文學運動時期，實際貫穿到抗戰時期乃至 1949 年之後。但是如果我們細究郭沫若這些身份切換的具體過程，就會發現他們之間不僅沒有矛盾，而且還有著人生邏輯上的必然性。首先，郭沫若「五四」時代的著名詩人的身份和他在北伐運動中的政治身份並非兩個完全不同的角色，而是有著一定程度上的關聯性。郭沫若最早南下大革命策源地廣東，是受瞿秋白的推薦應聘廣東大學文科學長之職位，而他後來在北伐軍中所擔任的「總政治部副主任」一職，實際是主管軍中的宣傳工作，「起先打算只是掛一個『顧問』的空名，隨軍出發，湊湊熱鬧，由於炳文兄的積極推動，率性擔任了宣傳科長。」〔註20〕事實上，「宣傳科長」這一職位體現出一個文化人的根本身份，從這個意義上講，他「五四詩人」的身份也就與「宣傳科長」貫穿起來，因爲前者所積纍的資歷對他在北伐軍中的政治角色奠定了不可或缺的基礎。按照郭沫若自己的說法，則是「有筆的時候提筆，有槍的時候提槍——這是最有趣味的生活」。〔註21〕郭沫若在行

〔註20〕郭沫若，創造十年〔C〕//郭沫若全集文學編第 12 卷，北京：人民文學出版
　　　　社，1992：105。

〔註21〕郭沫若，創造十年〔C〕//郭沫若全集文學編第 12 卷，北京：人民文學出版
　　　　社，1992：105。

軍之中仍然不脫文人本色，他的宣傳工作被總政治部主任鄧演達稱之爲「新造的藝術」，途經汨羅江時，賦詩抒懷：「屈子行吟處，今余跨馬過；晨曦映江渚，朝氣滌胸科。攬轡憂天下，投鞭問泊羅：楚猶有三戶，懷石理則那？」可以說他不僅是以文人的角色參與革命，也是以文人的身份感受革命，而這政治經歷本身也在他後來的文學創作中化作文學資源。

事實上，這樣一種內在身份上的一致性使得郭沫若的政治文章和文學批評在風格上呈現出很大的一致性。在早期的新詩創作中，郭沫若主張「詩＝（直覺×情調×想像）×（適當的文字）」──「我想我們的詩只要是我們心中的詩意詩境底純眞底表現，命泉中流出來的 Strain，心琴上彈出來的 Melody，生底顫動，靈底喊叫；那便是眞詩，好詩，便是我們人類底歡樂底源泉，陶醉底美釀，慰安底天國。」〔註22〕在他看來，「只是我自己對於詩的直感，總覺得以『自然流露』的爲上乘，若是出以『矯揉造作』，只不過是些遠景盆栽」。〔註23〕對郭沫若而言，所謂「自然流露」並不是一種純粹的詩歌創做法則，而更是指生命個體和整個社會人生的呼應方式，因此對他而言，「心中的詩意詩境底純眞底表現」並不一定以「詩」的方式出之，也不僅僅局限於文學的範疇。如我們參看那篇著名的檄文《請看今日之蔣介石》，其在開頭就是充滿個人情緒化的斷語：「蔣介石已經不是我們國民革命軍的總司令，蔣介石是流氓地痞、土豪劣紳、貪官污吏、賣國軍閥、所有一切反動派──反革命勢力的中心力量了。」郭沫若在文中高呼：「打倒背叛革命、屠殺民眾的蔣介石！鏟除一切國賊！懲辦備地慘殺事變的凶手！以革命的手段向白色恐怖復仇！擁護武漢的新都！擁護中央最近全體會議的一切決議案！擁護中山先生聯俄、聯共、扶助農工的三大政策！國民革命成功萬歲！世界革命成功萬歲！」由此可見，即使這樣一篇政治意味濃烈的政治檄文也充滿了個人情感的流露，從這個意義上講，郭沫若的表達方式並沒有因爲身份的改變而改變。而如果我們再來看郭沫若在提倡「革命文學」時所寫文學理論文章，也會發現這樣一種詩化的風格，這其中，《英雄樹》一文最爲典型──文章分出無數各自獨立的小段落，前後只有情感氣脈的貫穿，而沒有任何嚴密的邏輯

〔註22〕郭沫若，論詩通信〔C〕//中國新文學大系·建設理論集，上海：上海文藝出版社，2003：347。

〔註23〕郭沫若，論詩通信〔C〕//中國新文學大系·建設理論集，上海：上海文藝出版社，2003：349。

推理，而像「你們要睡在新月裏面做夢嗎？」、「你們要在花園裏面醉賞玫瑰花嗎？」〔註 24〕這類充滿了詩意和文學色彩的文字也很看出他理論家的嚴密論證，而更多是其詩人氣質的情感流露。

正是因爲這一原因，郭沫若眼中的革命和文學並不是「冰炭不相容的」，他之所以能夠彌合這樣一種矛盾，其前提就在於郭沫若自身並沒有那種「政治」與「文學」涇渭分明的區分。對郭沫若而言，「革命」既不是政治家參與實行的一套社會實踐，也不是社會學家理性分析的對象，在他看來：「革命本來不是固定的東西，每個時代的革命各有每個時代的精神，不過革命的形式總是固定了的。每個時代的革命一定是每個時代的被壓迫階級對於壓迫階級的徹底反抗。階級的成分雖然不同，反抗的目的雖然不同，然而其雖表現的形式是永遠相同的。」〔註 25〕這裏雖然套用了馬克思的階級學說，但是仍舊充滿了郭沫若自身的感性理解，正是在這一語境之下，郭沫若把革命與「時代精神」聯繫起來，得出了「革命文學＝F（時代精神）」的公式。而顯然，「時代精神」只有從事文學活動的人能夠予以把握，「因爲他的感受性銳敏，所以一個社會臨到快要變革的時候，在別種氣質的人十分感受到壓迫階級的凌虐，而他已感受到十二分，經他一呼喚出來，那別種氣質的人也就不能不繼起響應了。文學能爲革命的前驅的，我想怕在這兒」。於是那種「文學」與「革命」之間的對立轉換成了「文學＝F（革命）」公式——「文學是革命的函數。文學的內容是跟著革命的意義轉變的，革命的意義變了，文學便因之而變了。革命在這兒是自變數，文學是被變數，兩個都是 XYZ，兩個都是不一定的。」〔註 26〕

郭沫若雖然只是一個個案，但是他能夠鮮明地展示出彼時知識分子的心路歷程，對當時的知識分子群體而言，文學與政治之間並沒有一條不可逾越的鴻溝。可以說，文學與政治之間的合一不僅僅體現在宏觀的文化意義上，也體現在作家作爲生命個體的內在意義上，從文學到政治，從政治到文學，對他們而言都是可以看成一個自然的內心轉變。正是這一點，使得我們在探討普羅小說乃至整個文學意義時需要特別注意。

〔註 24〕郭沫若，英雄樹〔C〕//中國新文學大系 1927～1937・文學理論集二，上海：上海文藝出版社，1987：25。

〔註 25〕郭沫若，革命與文學〔C〕//「革命文學」論爭資料選編（上），北京：知識產權出版社，2010：7。

〔註 26〕郭沫若，革命與文學〔C〕//「革命文學」論爭資料選編（上），北京：知識產權出版社，2010：8。

2.2 「概念化」、「臉譜化」的成因：政治理念的文學表述

儘管左翼文學在二十世紀二、三十年代盛行於中國，但是它自始至終都未能擺脫「概念化」、「臉譜化」的嚴厲批評。茅盾在《〈地泉〉讀後感》中批評蔣光慈小說的「臉譜主義」：「老是看一張『臉譜』被許多人物戴來戴去在作品中出現」，他也毫不客氣地認爲陽翰笙的《地泉》「也犯了蔣君所有的那些錯誤」。〔註27〕更值得一提的是，《地泉》的作者、被茅盾批評的陽翰笙自己也在文章中反對「把作品中的人物定型化」，反對「革命者與反革命者都有一定的臉譜」。〔註28〕在當時，大多數批評家往往將「概念化」、「臉譜化」的成因歸咎爲左翼作家自身理論素養的匱乏和文學技巧的生疏，茅盾就認爲，普羅文學作家缺乏「社會現象全部的（非片面的）認識」和「感情地去影響讀者的藝術手腕」。〔註29〕他在《關於「創作」》一文中更明確地指出了普羅小說失敗的原因：「階級本身的文化程度太低以及缺乏文學的素養，遂致該階級本身此時還沒有作家產生，而『轉變』來的作家們則或者舊意識形態尚未淘汰淨盡，或者生活經驗尚未充實到足夠產生成熟的作品。」〔註30〕因此，對這種所謂「藝術缺陷」的匡救措施也是基於作家創作層面，「作家們還當更刻苦地去經驗複雜的多方面的人生，更刻苦地去磨練藝術手腕的精進和圓熟」。

但是問題在於，這種「概念化」、「臉譜化」傾向並非某個作家、或某幾個作家所獨有的——「作爲一種『風氣』或文學現象來看，則本書的缺點不是單獨的，個人的，而實是一九二八到三零年頃大多數（或竟不妨說是全體）此類作品的一般的傾向。」茅盾據此得出的結論是：「一九二八到三零年這一時期所產生的作品，現在差不多公認是失敗。」〔註31〕在這裏，茅盾一方面

〔註27〕茅盾，《地泉》讀後感〔C〕//茅盾全集（第十九卷），北京：人民文學出版社，1984：331。

〔註28〕陽翰笙，文藝大眾化與大眾文藝〔C〕//陽翰笙百年紀念文集（第三卷），中國戲劇出版社，2002：46。

〔註29〕茅盾，《地泉》讀後感〔C〕//茅盾全集（第十九卷），北京：人民文學出版社，1984：332。

〔註30〕茅盾，關於「創作」〔C〕//茅盾全集（第十九卷），北京：人民文學出版社，1984：277。

〔註31〕同上。

把普羅文學失敗的原因歸咎爲作家個體的理論素養和文學技藝，另一方面又把「普羅文學」作爲一個思潮予以整體性否定。這其中的悖論在於：如果僅僅是某一個或某幾個作家理論素養的缺乏和文學技藝的粗糙，又如何導致「概念化」、「臉譜化」在整個「普羅文學」創作中成爲普遍的「風氣」？而如果「概念化」、「臉譜化」作爲普羅文學的普遍「風氣」存在，那麼如此衆多的普羅作家又如何會毫無例外的缺乏理論素養和文學技藝？

　　這一悖論並不能視爲茅盾的「失誤」，它所凸顯的是茅盾的批評話語模式在面對左翼文學時的理論局限。茅盾所秉持的「客觀寫實的批評模式」立足於根深蒂固的「文學本位」意識，他的批評依然被限定在「文學批評」的範疇以內——「無產階級文學，在茅盾看來首先是一種文學現象，一種新的文學事實。因此他所注重的不在它理論上應如何區別於舊文學，而是在它事實上具有多少文學性。」〔註32〕如茅盾在批評「標語口號文學」時，最爲在意的是「『標語口號文學』是否有文藝價值」；而他分析俄國未來派文學失敗的原因則是「在人家來看文學的時候所希望的，並非僅僅是革命情緒。」〔註33〕在茅盾的眼裏，左翼文學運動終歸是一場文學的運動，他所看重的也正是參與者的「作家」身份，所以他才從文學創作的層面指出，「將來的偉大作品之產生不能不根據三個條件：正確的觀念，充實的生活，和純熟的技術；然而最最主要的還是充實的生活。只有從生活中把握到的正確觀念方是眞正的『正確』，也只有從生活中體認出來的技術方是活的技術。」〔註34〕對茅盾而言，革命僅僅是一種「充實的生活」，是作家不可忽略的創作素材，但是它本身並不構成文學的本體——「有革命熱情而忽略於文藝的本質，或把文藝也視爲宣傳工具——狹義的，——或雖無此忽略於成見而缺乏了文藝素養的人們」是會走上「標語口號文學」的絕路的。〔註35〕因此，正是因爲茅盾「帶著『五四』現實主義的批評傳統進入左翼文學運動」，並堅持「從一般的文學定義來考察無產階級文學『是否有文藝的價

〔註32〕艾曉明，中國左翼文學思潮探源〔M〕，北京：北京大學出版社，2007：154。
〔註33〕茅盾，從牯嶺到東京〔C〕∥茅盾全集（第十九卷），北京：人民文學出版社，1984：187～188。
〔註34〕茅盾，關於「創作」〔C〕∥茅盾全集（第十九卷），北京：人民文學出版社，1984：277。
〔註35〕茅盾，從牯嶺到東京〔C〕∥茅盾全集（第十九卷），北京：人民文學出版社，1984：188。

值』」，才導致了他對左翼文學本質屬性的誤判，並將左翼文學「概念化」、「臉譜化」的原因視爲一種藝術缺陷。茅盾這種「客觀寫實的批評模式」所秉持的「文學本位」意識對後世的理論批評產生了深遠影響。自上世紀 30 年代開始，尤其是在新時期以後，中國批評界對左翼文學的諸多負面評價往往都是從藝術審美的角度予以立論，將左翼文學對藝術審美的「輕忽」視爲其重大缺陷予以抨擊。

但是，茅盾和他的後繼者們忽略了一個非常重要的問題，「以『左聯』作家的創作爲主的三十年代左翼文學，事實上僅是左翼政治文化的一個組成部分」，而「另一方面，左翼文壇當時強調文學作品的『藝術性』，還來自於他們對文藝之作爲武器、工具的重新認識」。〔註36〕從這個意義上講，將左翼文學視爲純粹意義上的文學思潮予以評述和言說是茅盾等人的整體性誤判，因爲左翼文學運動的發起者和參與者從來都未將自己視爲文學藝術的創作者，「五一紀念宣言」宣稱「我們左翼作家聯盟，不是什麼藝術流派的結合」。〔註37〕誠如曹清華先生所說「這份宣言（「五一紀念宣言」）承認左聯是一個作家團體，但是否定團體是建立於『藝術流派』——亦即個人的文學創作活動之上。」〔註38〕也正是因爲這樣，鄭伯奇一方面批評陽翰笙的《地泉》「完全是概念在支配著」和「用小說體來演繹政治綱領」，另一方面卻不得不承認《地泉》「作一篇宣傳文學看，這是很成功的」，甚至三部曲中「概念化」最嚴重的《復興》恰恰是「最有效果的一篇」。〔註39〕

其實直到 20 世紀 90 年代，中國左翼文學才最初確立起一個相對客觀研究框架。正是從這一時期開始，左翼文學的「政治性」才能以一種客觀的姿態被凸顯出來。左翼文學的研究者們已經充分注意到：「左翼文人知識分子、尤其是激進派認爲文藝是一種意識形態，所主要強調的，是文藝作爲意識形態對社會基礎與現實環境的能動性，而非文藝自身的獨立性；是文學藝術對社會革命的促進作用，而非文學藝術作爲一種獨立的精神形式的自身建構與

〔註36〕 朱曉進，政治文化與中國二十世紀三十年代文學，〔M〕，北京：人民出版社，2006：65～67。

〔註37〕 茅盾，「左聯」前期〔C〕//茅盾全集（第三十四卷），，北京：人民文學出版社，1984：438。

〔註38〕 曹清華，中國左翼文學史稿，〔M〕，北京：中國社會科學出版社，2008：125。

〔註39〕 鄭伯奇，《地泉》序〔C〕//中國新文學大系1927～1937・文學理論集一，上海：上海文藝出版社，1987：869。

發展。」〔註40〕但這裏的問題是，儘管學界對左翼文學的「政治文化」屬性予以了足夠的重視和強調，但是在眾多學者眼中，「政治屬性」依然不是左翼文學的本體存在，而僅僅是作爲一種外部因素對文學形態本身的干涉和侵擾——「20世紀20年代的革命文學醞釀者，無論是在理論建構還是在文學創作過程中，都在有意識第將文學與社會現實或政治鬥爭結合起來，他們的論文作品乃至譯介作品已經組合成了一股政治干涉文學的力量，他們一直在強化文學的工具理性意識，顯現出了對文學移風易俗功能的充分認知和重視。」〔註41〕這樣一種認知，使得左翼文學重新被視爲一種文學作品，只是這種文學作品是經受了政治理念的形塑和扭曲而呈現出一種「政治性」而已。如此一來，左翼文學批評實際上重新墮入了茅盾等人「文學本位」模式的窠臼之中，它們依然被人從藝術上予以品評和闡釋。如有學者就認爲「『文學是宣傳』的提法」值得商榷，因爲它「表面上強調了形式上的社會政治意味，實際上卻在強化文藝工具理性時消解了文藝的審美特質，高估了文藝的革命性作用，加劇了文藝的異化態勢」。〔註42〕更有學者將「審美」視爲「被左翼所輕視的話題」，「在左翼作家中存在著一種帶普遍性的問題，他們過分強調文學作爲社會意識的能動作用，認爲文學創作需要的只是作家的政治傾向性和革命的熱情，卻輕視審美活動在整個文學創作過程中的重要作用，錯誤地認爲形式美和藝術技巧是屬於資產階級的東西。」〔註43〕

事實上，左翼文學並不是一種被政治因素「干擾」的存在，它在一開始就「從對文學的階級性和宣傳性質的揭示出發，從文學與政治、時代的關係，從文學作爲階級鬥爭和政治宣傳的角度來重新建立了文學批評的標準」。而這樣一種新的「文學批評的標準」從一開始就僭越了文學的範疇，他們「注重的是作品的題材的時代意義和社會意義，作品內容和意識的正確與否」。〔註44〕1928年「革命文學」肇始的標誌是「創造社」、「太陽社」的理論家們所寫的批評文章，而非某個具體的文學作品，左翼文學的「批評話語」並非「依

〔註40〕貫振勇，理性與革命——中國左翼文學的文化闡釋〔M〕，北京：人民出版社，2009：94。
〔註41〕陳紅旗，中國左翼文學的發生1923～1933〔M〕，廣州：暨南大學出版社，2010：24。
〔註42〕陳紅旗，中國左翼文學的發生1923～1933〔M〕，廣州：暨南大學出版社，2010：207。
〔註43〕林偉民，中國左翼文學思潮〔M〕，上海：華東師範大學出版社，2005：212。
〔註44〕曠新年，1928：革命文學〔M〕，濟南：山東教育出版社，2006：76。

助於特定的文學觀念對具體文學現象的剖析」，李初梨等人「一切的文學，都是宣傳」的口號業絕非對文學作品的評述與闡釋。這都表明左翼文學批評話語的建構自始至終都先於作品文本的產生，理性批評話語催生並形塑了作品文本，可以說「左翼文學創作是左翼文學主張的直接產物，它不像五四時期『人生派』或『藝術派』那樣自由鬆散各自為戰，而是在政治信仰與美學追求兩個方面都表現出了較為一致的高度自覺」。〔註45〕因此，左翼文學作品的產生決不能簡單地視為純粹的文學創作，「幾乎所有左翼文學創作的革命敘事，都是緊緊圍繞著左翼文學的理論條律而展開的」。所以從這個意義上說，左翼文學創作它不是文學的政治化形態，相反，它是政治理念的文學性表述。

2.3 左翼文學的「文以載道」傳統

如果說左翼文學作為一種政治理念的文學表述而存在，那麼「以意識形態的總體性要求壓抑了文學的自律性要求」就不能被視為它在「在意識形態方面所犯的最大的和最致命的錯誤」。因為左翼文學並非「簡單地、赤裸裸地退化為意識形態的附屬物和奴隸」〔註46〕，相反，它就是意識形態本身。應該說，左翼文學並不是「忽視」了文學的「審美屬性」，它的政治屬性根本就不以「審美」為訴求。在這裏要指出的是，有諸多學者已經注意到左翼文學的「政治本位」意識，但遺憾的是，他們往往將這種與五四文學「文學本位」相異質的「政治本位」意識視為左翼文學「現代性」、「先鋒性」的體現：「1928年發生的普羅文學運動，即使僅僅單純地從美學的方面來說，它也同與其共生的現代主義文學一樣，作為一種城市先鋒文學創造了一種美學上的強烈震撼與衝擊，有力地摧毀了傳統的美學範疇和標準，開拓了現代審美新空間」。〔註47〕由此，批評家們力圖將左翼文學納入世界文學潮流的進化序列，他們將無產階級文學視為「新興文學」，「它意味著無產階級文學是繼古典主義、浪漫主義、現實主義、自然主義、新浪漫主義之後文學上最新發展和最高的

〔註45〕宋劍華，論「言志」詩學對中國現代文學的內在影響〔J〕，中國社會科學，2010 年（6）。
〔註46〕賈振勇，理性與革命──中國左翼文學的文化闡釋〔M〕，北京：人民出版社，2009：127。
〔註47〕曠新年，1928：革命文學〔M〕，濟南：山東教育出版社，2006：51。

進化階段。」〔註 48〕這類觀點的問題在於：他們把一種「非審美」的「政治理念」理解爲一種「反審美」的話語言說，而又將這種「反審美」的話語言說視爲一種新異的「審美」品格，對文學品格的消解反倒成了文學本身「先鋒性」、「現代性」的表徵。

事實上，把左翼文學對文學審美功能的放棄以及對政治本位的強調視爲「現代性」、「先鋒性」這一點，只有研究者將「五四」所開創的新文學傳統視爲一個與傳統斷裂的封閉性體系時才能成立。但是，中國文學與文化一直都是整一連貫的，「現代文學」不管表現出多麼激進的反叛姿態，都不可能在此之外另起爐竈，而它所生成的種種所謂「現代」屬性，都將作爲一個子系統從屬於中國文學的大系統中。而左翼文學只有在「新文學」這一子系統中與「五四文學」對比，才能凸顯出它所謂的「現代性」與「先鋒性」，如果把它納入到整個中國文學的傳統之中，我們便會發現「這種將文學與政治、革命結合起來的做法並非什麼獨異的現象，在某種意義上，它不過是中國傳統士大夫『修身、齊家、治國、平天下』理想追求的現代翻版，或者說是在 20世紀歷史文化場景下的現代演繹。」〔註 49〕當學者們說「通俗到不成文藝都可以」的左翼文學強調政治、消解文學、忽視審美的時候，恰恰忘記了中國文學被視爲一種承載審美功能的藝術門類恰恰是在「五四」以後才開始的，而在這之前，中國文學始終承載著明確的政教功能——在春秋時期被列爲「孔門四科」之一的「文學」本身就是指儒家施行教化的「文章之學」，而與審美、藝術並無關聯。即使是在魏晉之後文學自主意識逐漸滋長，中國文學也未能擺脫政教色彩，「文以載道」的觀念一直都以不同的方式決定著中國文學的形態和品格。誠如茅盾所說：「主張文以載道的以爲文學必包含聖賢之大道，把古昔人的解說，奉爲圭璧；要是一篇文學作品中不包含道義的，便不能算是文學。這種主張，漢時已經有了；譬如楊雄的詩賦，文字較爲逸秀，在文學上看來，自然比他的楊子法言一書好些，但相傳銀側重『文以載道』的緣故，便看中揚子法言了。」〔註 50〕從這個意義上來說，新文學的發生從未在根本上背離「文以載道」的傳統，誠如王本朝先生所說：「無論是新文學革命初期，

〔註48〕曠新年，1928：革命文學〔M〕，濟南：山東教育出版社，2006：51。
〔註49〕陳紅旗，中國左翼文學的發生1923～1933〔M〕，廣州：暨南大學出版社，2010：182。
〔註50〕茅盾，什麼是文學〔C〕//中國新文學大系・文學論爭集，上海：上海文藝出版社，2003：153～154。

胡適、陳獨秀對文以載道的預設和防範，還是茅盾積極倡導新文學的『新使命』，就連反對文學工具論的梁實秋也有了理解和『後退』，郭沫若也明確爲它恢復名譽，朱自清給予了充分的理解和同情，另外，以學衡派、甲寅派、民族主義文學、三民主義文學以及鴛鴦蝴蝶派也在那裏或大張旗鼓或默默無聲地爲文以載道提供各自的理論和創作支持，它們都說明了這樣一個文學事實，不同文學流派和審美追求的新文學作家都不約而同地回到了新的『文以載道』，新文學在批判文以載道觀的同時也賡續和復活了文以載道傳統，如蚊子一樣飛了一圈又飛回了原地，形成了一個『文以載道』的意義循環。」〔註51〕正是在這個意義上，「在文學性質問題上，茅盾堅決反對以文學的宣傳作用取代藝術特性，這又源於『五四』反傳統鬥爭中對舊的文學傳統的認識。……在論爭中他一再指出無產階級文學走上了標語口號的絕路，正是看到了將文學與宣傳混同的要害，它是在復活『文以載道』的傳統。」〔註52〕「五四」之後，文學之爲文學，本身就是以茅盾等五四作家對「文以載道」的反對爲基礎。在他們看來，正是「文以載道」觀使得中國的文學與經學、文章之間難以劃出清晰的界限：「道義的文學界限，說得太狹隘了。他的弊病尤在把眞實的文學棄去，而把含有重義的非純文學當做文學作品；因此以前的文人往往把經史子集，都看做文學，這眞是我們中國文學掩沒得暗無天日了」。〔註53〕而在對「文以載道」的反對過程中，五四的文學批評家明確地指出：「人類情緒的流泄於文字中的看，不是以傳道爲目的」，而新文學的文章絕對不是「爲宣傳，教訓的目的而作之，而讀之。作者不過把自己的觀察的，感覺的情緒自然的寫了出來」。〔註54〕可以說，五四新文學運動之後，批評家借助西方文學批評話語的引入，方才較爲清晰地劃定出「文學」與「非文學」（經學、史學等）之間的界限。茅盾在對翻譯文學的論述中已經充分注意到「文學作品雖然不同純藝術品，然而藝術的要素一定是很具備的。介紹時一定不能只顧著這個這品內所含的思想而把藝術的要素不顧，這是當然的。文學作品最重

〔註51〕 王本朝，「文以載道」觀的批判與新文學觀念的確立〔J〕，文學評論，2010 年
　　　　（1）。
〔註52〕 艾曉明，中國左翼文學思潮探源〔M〕，北京：北京大學出版社，2007：155。
〔註53〕 茅盾，什麼是文學〔C〕//中國新文學大系・文學論爭集，上海：上海文藝出
　　　　版社，2003：153～154。
〔註54〕 鄭振鐸，新文學觀的建設〔C〕//中國新文學大系・文學論爭集，上海：上海
　　　　文藝出版社，2003：160。

要的藝術色就是該作品的神韵。」〔註55〕在對「文以載道」說的反對之中，文學的「藝術性」才得以凸顯，「文學」在中國才開始作爲一個藝術門類或科目漸次生成並最終確立。

　　而這種未曾背離傳統的「文以載道」觀念，對左翼文學而言自然也不例外，從整體上說，左翼文學「將文學等同於宣傳，實質上是復活被『五四』新文化運動早已批駁過的『文以載道』觀」。〔註56〕因此，郭沫若在左翼文學運動中聲稱大眾文藝「通俗到不成文藝都可以」的時候，他所指稱的「文藝」恰恰是指五四新文學傳統所確立的作爲一種藝術門類的「文學」。而他所謂「不成文藝」的「大眾文藝」，也就是中國傳統承載政教功能的「載道」之學。事實上，「正是這種堅信文學藝術促進社會革命進程之偉力作用的浪漫想像，將中國自古以來文學以來文學乃『經國之大業、不朽之盛事』的思想傳統推向了現代巔峰。」〔註57〕普羅小說及其整個左翼文學的理念——它與政治文化的密切關聯、它沉重的使命意識、它對審美的「輕忽」——無不彰顯著「文以載道」這一傳統文學的品格，它就是在這個層面上完成了對「五四新文學」的否定，又在「否定之否定」之中契合並重新接續了中國文學源遠流長的文學傳統。

　　當然，左翼文學對「文以載道」傳統絕對不是一種直接的順延，它不僅僅經過了西方現代話語的包裝，同時也在西方思想的激活之下對自己作出了有效地調整。首先，「文」已經不再是古文，而是現代白話文；而「道」也不再是「博愛之謂仁，行而宜之之謂義」的孔孟之道，而是新時期的種種「人文主義」精神。但是，我們所強調的承襲並非是「道」與「文」的具體內容，而是由「載」這一動詞所凸顯的「文」、「道」的關係。在這一關係之中，「道」爲本、「文」爲末，正是這種「道」重「文」輕的傳統意識，幾乎被左翼原封不動地承襲。誠如如郭沫若所說：「古人說『文以載道』，在文學革命的當時雖曾盡力的加以抨擊，其實這個公式倒是一點也不錯的。」〔註58〕林偉民先

〔註55〕茅盾，新文學研究者的責任與努力〔C〕//中國新文學大系·文學論爭集，上海：上海文藝出版社，2003：146。
〔註56〕林偉民，中國左翼文學思潮〔M〕，上海：華東師範大學出版社，2005：134。
〔註57〕貴振勇，理性與革命——中國左翼文學的文化闡釋〔M〕，北京：人民出版社，2009：128。
〔註58〕郭沫若，文學革命之回顧〔C〕//中國新文學大系 1927～1937·文學理論集一，上海：上海文藝出版社，1987：217。

生說得好,「郭沫若絲毫沒有貶低更沒有否定文學的『載道』之功能」,在他那裏,「『意識的革命』是『第一義』的,『形式的革命』才是『第二義』的」。〔註59〕

從這個意義上講,20 世紀 30 年代左翼文學「文學與政治一元論」之所以能夠被廣泛接受,其內在原因就在於它以「文以載道」的觀念爲傳統淵源。「文學與政治一元論」的理念貫穿整個左翼文學始終,直到 1933 年,周揚仍在強調「文學的真理和政治的真理是一個,其差別,只是前者是通過形象去反映真理的。所以,政治的正確就是文學的正確」。在他看來,「政治和文學的二元論的看法是不存在的」。〔註60〕如果我們在「新文學」這一子系統中審視這一觀念,那麼所謂「文學與政治都是人類意識與精神的總體化表現形態之一種,二者在人類精神、意識的版圖中都是獨立、自足的平等系統」。〔註61〕而周揚這種「政治與文學一元論」的看法就是在將兩個各自獨立、不同屬性的學科強行拼接與合併,這顯然違背了現代文化分科的基本屬性。但是,如果我們將「文學與政治一元論」的理念納入中國傳統的文論框架,就會發現「道」與「文」從來不是割裂的,它們實則是一體兩面、互爲表裏,即所謂「隱之則爲道,布之則爲文」。〔註62〕實際上,在「文以載道」的觀念體系中,左翼文學的「政治」就是「道」的層面,而文學的「文學」就是「文」的範疇,因此,在中國文學大傳統的框架之中,「政治與文學的一元論」本來就是不證自明、天然成立的。

反顧一下茅盾與陽翰笙、錢杏邨等人的爭論就會發現,只有通過「文以載道」的觀念,我們才能理解爲什麼「茅盾對文學內容形式的理解不能不與錢杏邨一派將階級性推及文學一切方面的觀點相牴牾」。〔註63〕事實上,茅盾對文學本位的恪守、對作家身份的強調以及對作品藝術性的主張,在陽翰笙、錢杏邨看來僅僅是拘囿於「文」的範疇。而茅盾所極力排斥的「革命情緒」、政治理念在錢杏邨、陽翰笙那裏恰恰是作爲其寫作核心的「道」的層面。陽

〔註59〕林偉民,中國左翼文學思潮〔M〕,上海:華東師範大學出版社,2005:43。
〔註60〕周揚,文學的真實性〔C〕// 中國新文學大系 1927～1937・文學理論集一,上海:上海文藝出版社,1987:40。
〔註61〕賈振勇,理性與革命——中國左翼文學的文化闡釋〔M〕,北京:人民出版社,2009:176。
〔註62〕陸賈,新語・慎微〔C〕// 中國古代文藝理論專題資料叢刊,北京:中國社會科學出版社,1997:538。
〔註63〕艾曉明,中國左翼文學思潮探源〔M〕,北京:北京大學出版社,2007:155。

翰笙對茅盾批評《地泉》的文章予以反駁時認為，茅盾的批評「看輕了作品的內容」，「抹煞了作品中的階級的戰鬥任務而不加以嚴厲的檢查」，「只片面的從作品的結構上，手法上，技巧上，即整個的形式上去著眼」。〔註64〕陽翰笙所謂的「形式」（結構、手法、技巧）恰恰是指涉著現代意義上的文學整體，而他所說的「內容」卻對應著左翼文學秉持的政治理念，文學內部「內容」與「形式」的矛盾，實際上是「文學」本身與「政治」的矛盾，陽翰笙的最終目的依舊是要將文學視為承載政治理念的工具。因此，從「文以載道」的觀念考察他的理論，那麼他對茅盾重視「形式」的批評，實際意指著「文章可以假道，道德可以長保，華而不實，君子所醜」，〔註65〕以及「故作者不尚其辭麗，而貴其存道也；不好其巧慧，而惡其傷義也」。〔註66〕表面上看，陽翰笙是批評茅盾重「形式」輕「內容」，但在骨子裏，所謂「形式」和「內容」不過是「文」與「道」的指代而已。所以，他才會認為茅盾的批評「和我們所公認的應走的『大眾化』路線有些原則上的分歧」，甚至上綱上線地說，茅盾「有離開我們新興文學運動正確的路線的危險」，這種「道」重「文」輕的理念，不正契合了「文所以明道也，文不足以明道，猶不文也」〔註67〕的文學傳統嗎？

2.4 普羅小說的「行道」屬性

誠如前文所說，左翼文學在其批評話語的建構中重新模糊了文學與政治的界限，從而在反撥五四新文學體系的同時接續並承襲了中國「文以載道」的古典詩學傳統。但是需要特別指出的是，1928 年肇始的普羅小說作為創作本身並不能直接視為「文以載道」在文學上的具體反映。無論是普羅小說作家，還是左翼文學運動的參與者整體，他們對文學作品與政治活動的關係的認識並不是那麼簡單。可以說，他們並沒有完全認同傳統的「文」、「道」關

〔註64〕陽翰笙，《地泉》重版自序〔C〕∥中國新文學大系 1927～1937・文學理論集一，上海：上海文藝出版社，1987：882～883。

〔註65〕梁肅，祭獨孤常州文〔C〕∥中國古代文藝理論專題資料叢刊，北京：中國社會科學出版社，1997：543。

〔註66〕桓範，世要論・序作〔C〕∥中國古代文藝理論專題資料叢刊，北京：中國社會科學出版社，1997：540。

〔註67〕方孝孺，送牟元亮趙士賢歸省序〔C〕∥中國古代文藝理論專題資料叢刊，北京：中國社會科學出版社，1997：567。

係，因爲對他們而言，作爲創作的「文」並不僅僅對「道」具有承載功能，事實上，「文」本身就具實踐意義，或者說，文學創作本身就是革命活動的有機組成部分。從這個意義上來說，具體文學創作中所呈現出的並非是傳統的「文以載道」，而是極具現代性意味的「文以行道」。正因爲此，在具體的創作實踐領域，小說才會成爲整個左翼文學作品序列中最爲興盛繁榮的體裁，因爲眞正能夠踐行「行道」傳統的「文」，不再是古典的詩文，而恰恰是小說這一敘事性的文體。

在整個左翼文學運動中，以「普羅小說」爲代表的敘事性文學在當時的上海文壇引發了熱烈的反響，蔣光慈的小說幾乎成爲僅次於魯迅雜文的暢銷作品，而如果考慮到蔣光慈的社會資歷與名聲遠遠低於魯迅的情況，那麼就能夠看到這樣一種潛在的影響力。有學者指出，左翼文學運動的參與者「站在無產階級的立場上，用充滿激情的革命話語來敘寫滿含『血與泪』的工人、農民和小資產階級知識分子的革命鬥爭。通過這種話語形式，承載共產主義信念，並把建立勞農、勞工社會的必然信念傳達到社會中去。」〔註68〕正是在此基礎上，「敘事文學（小說、戲劇、敘事詩）具有豐富的社會生活容量，理所當然第成爲當時左翼革命和作家表現『革命』的載體」。〔註69〕僅就這一點而言，普羅小說就不可能按照西方文學文類劃分的法則簡單機械地歸入「小說」的範疇。如果我們拘囿於此，那麼屬於「小說」類文學的「普羅小說」、「五四小說」以及「鴛鴦蝴蝶小說」就僅僅是風格上差異，而沒有本體意義上的區分。在左翼文學運動勃興的時代，新文化運動發軔已經接近十年，而此時的小說已經在大的文學場域中處於一個非常優勢的地位，當然這裏的優勢地位除了來自它對大眾讀者的廣泛影響力，也來自知識分子群體自身對它的重視和擡舉，可以說，小說已經成爲了知識分子表達自己政治啓蒙最爲理想的工具。

在既往的研究中，我們往往把小說地位的擡升追溯到晚清時代的「小說界革命」和梁啓超的那篇著名的《論小說與群治之關係》。但需要強調的是，這裏所謂地位的擡升與其是指小說本身在歷史中的地位，倒不如說是它在知

〔註68〕方維保，紅色意義的生成——20世紀中國左翼文學研究〔M〕，合肥：安徽教育出版社，2004：95～96。

〔註69〕方維保，紅色意義的生成——20世紀中國左翼文學研究〔M〕，合肥：安徽教育出版社，2004：96。

識分子心目中的地位。眾所周知，從魏晉時代的志怪，到唐代的傳奇，宋代的話本，小說在民間自始至終都有著相當的影響力，而這種影響力在明清兩代已經達到了極致，出現了《水滸傳》、《西遊記》這類成熟之作，更出現了像《紅樓夢》這類雅俗共賞的經典作品，以至當時有「開談不說紅樓夢，讀盡詩書是枉然」的說法。可以說，即使不經過梁啓超「小說界革命」以及後來陳胡諸人「文學革命」的大力鼓吹，中國古典小說也已經處於非常繁盛的地位，而從審美的角度來看，像《紅樓夢》、《金瓶梅》這類作品也具有非常的藝術價值和文學造詣。甚至如果僅僅從審美這一維度上來考量，《紅樓夢》已經成爲中國小說的巔峰之作，且不說「小說界革命」時代那種拉雜、凌亂的政治小說，即使在「文學革命」以至今天，也沒有任何作品的藝術成就可以望其項背。因此，所謂小說在晚清地位的擡升應該作如是觀，即並非因爲知識分子的鼓吹而導致了小說地位的擡升，而因爲小說本身的發達與興盛引來了知識分子的關注，對他們而言，小說與那些曲高和寡的「詩文」相比更能夠承擔起作爲啓蒙工具的使命。

　　誠如上文所說，知識分子根深蒂固的「文以載道」除了使文學與非文學之間的界限模糊不清，還有另一方面的「惡劣」影響，即它必然產生「詩文正宗」的先入之見，而將辭賦、小說、曲藝貶入邊緣地位——「他們以爲文非有關世道不作。於小說則卑之以爲不足道，於抒情性靈的小詩詞，則可持排斥的態度，於曲本則以爲小道不足登大雅之室。所以四庫目錄不錄《西廂》、《還魂記》諸曲本，亦不列小說一門」。〔註70〕也就是說，在中國古典文學內部，知識分子已經按照自身的標準和趣味將各個體裁分出了森嚴的等級，而「蓋出於稗官」的小說顯然處於一個非常卑微的地位上。但是，由於晚清大眾傳媒的發達，小說的發表也就獲得了更大的空間和場域，借助於此，它能夠在更爲廣泛的範圍中與大眾建立更爲直接的呼應關係。但是由於大眾傳媒本身的商業屬性，因此小說在這裏只能作爲消費品而存在，它既不在意自身的藝術構思，更與知識分子的啓蒙大眾的理想毫無關聯，而只能調動各種因素投合大眾的趣味。因此，儘管如王德威先生所言，晚清小說已經具有了某種「現代性」，但是這些「現代性」並不能構成整一的世界觀，而只能化作非常零散的「摩登」碎片，作爲一種新奇的、帶有異國情調的景觀呈現在讀者

〔註70〕 鄭振鐸，新文學的建設〔C〕//中國新文學大系·建設理論集，上海：上海文藝出版社，2003：159。

面前。而這種以娛樂爲旨歸的小說顯然是張揚啓蒙理想的知識分子所不能容忍的。但另一方面，也因爲這種「大眾娛樂」的旨歸，才使得知識分子看到了一種「寓教於樂」的可能性，而知識分子對小說看法的轉變也正是以此爲前提。

　　從這個意義上來說，梁啓超《論小說與群治之關係》一文對小說的重視並不是以西方的現代詩學理論爲依據，而是因爲他發現了小說作爲一種思想「載體」的強大功能。在他看來，「小說之爲體，其易入人也既如彼，其爲用之易感人也又如此，故人類之普通性，嗜他文不如其嗜小說，此殆心理學自然之作用，非人力之所得而易也。」〔註71〕正是小說「易入人」、「易感人」的屬性吸引了梁啓超，使他將小說視爲「新道德」、「新宗教」、「新政治」、「新風俗」、「新學藝」、「新人心」並最終「新一國之民」的工具。所以而從客觀效果上說，小說之所以能夠脫離「稗官者流」的卑賤地位，恰恰是因爲梁啓超將「小說」與「群治」綁定起來，這實際上是讓小說具備中國古代詩文的「詩可以群」的政教功能。由於所凸顯的是這樣一種社會啓蒙的功效，所以「小說界」革命一個最終要的結果，就是那種以啓蒙爲旨歸的政治小說的興盛。而這些政治小說的創作者，很多並非純粹的文學家，如梁啓超自己就是以政論家的身份創作了著名的《新中國未來記》，而政治小說創作的作家隊伍，也包括像陳天華這樣的革命志士，以及像陳獨秀這位後來的「文學革命」的發軔者，小說對他們而言，是一種政治理想的載體。

　　而與梁啓超等人相同的是，五四時代的新文學提倡者們之所以擡高小說的地位，也並非因爲小說本身的藝術價值，而是他們從整個思想文化運動的啓蒙策略考慮的結果。以胡適爲例，作爲白話文的發起者，它首先是把小說看成了一種白話文的典範形態，擡高《水滸》、《紅樓夢》等通俗小說的地位，最終是爲了奠定白話文寫作的合法性。另外，「五四」時代所提倡的「爲人生」的文學，也推動了包括小說在內的這類敍事性文類的發展，通過虛構一種人物形象和人生際遇，「五四」時代的啓蒙者也就能夠製造出一個理想的「人生範本」，以此作爲大眾模仿的對象，這實際上是一種現代意義上的、充滿了戲劇化的啓蒙方式。所以從這個意義上，小說地位的擡升並不在於小說創作本身的進步，而是小說具有了一種承載、實現知識分子啓蒙理想的功能，知識

〔註71〕梁啓超，論小說與群治之關係〔C〕//陳平原、夏曉紅，二十世紀中國小說理論資料（第一卷），北京：北京大學出版社，1989：35。

分子原來比較重視言志、載道的詩文，而在現在這樣一種語境之下，知識分子發現小說也完全具備詩文的功能，而且還能夠將這種功能在更大範圍上、更爲有效地傳播，所以小說的地位才會得到如此迅速的提升。從這個意義上來說，無論是晚清的「小說界革命」，還是五四時代的「文學革命」，如果追溯近現代文學史中小說地位擡升的淵源和軌迹，我們就會發現小說的發展演變實際是一個不斷「詩文」化的過程。王德威先生在推崇晚清小說「現代性」時，曾把「五四小說」指爲一種窄化的家國敘事，他認爲：「不客氣地說，『五四』精英的文學口味其實遠較晚晴前輩爲窄。他們延續了『新小說』的感時憂國敘述，卻摒除——或壓抑——其他已然成形的實驗。面對西方的『新穎』文潮，他們推舉了寫實主義——而且是西方寫實主義最安穩的一支——作爲頌習之的對象。至於眞正驚世駭俗的（西方）現代主義，除了新感覺派部分作家外，二三十年代的中國乏人問津。」〔註72〕但是誠如前文曾經說過的那樣，中國的文學從來不能視爲一個審美維度上的意義，而在晚清以迄民國的大背景之下，小說這一看似文學內部的體裁，其變化也並非單獨的風格流變問題，而是牽涉這諸多社會政治的複雜因素——小說自身內在容量的寬窄並不重要，重要的是它在中國社會的大變革中能夠處於怎樣一種地位，擔當怎樣一種功能。從這個意義上看，王德威先生所大力推崇的那種審美維度上的「現代性」，實際上恰恰是小說地位擡升的阻礙而非助力。相反，恰恰是在「五四」時代，那種強調思想啓蒙的、「窄化」的「感時憂國的敘述」，才能使得小說承載著「詩文」的教化功能，一路步入新文學主流的殿堂。

事實上，即使是就晚清小說本身而言，「雖然『小說界革命』意欲脫離傳統小說觀的藩籬，但無論是嚴復、康有爲抑或梁啓超依然注重的是小說的工具性，他們實質上還是從『有資於治道』的政教傳統來重新認識小說的地位。」〔註73〕因此從這一層面看，無論是「晚清小說」還是「五四小說」，它們在肇始之初就天然潛隱著「詩文」的政教功能，而左翼的「普羅小說」恰恰是把這種政教功能發揮到了極致狀態，完成契合「載道之文」的種種特徵。

〔註72〕王德威，被壓抑的現代性——晚清小說新論〔M〕，宋偉杰，譯，北京：北京大學出版社，2005：10。

〔註73〕劉暢，文學·政治·想像——晚清政治小說與普羅小說的同質化特徵〔J〕，中國現代文學研究叢刊，2011年（2）。

　　綜上所述，「普羅小說」本質上就是一種「載道之文」的變體，它儘管外在地保留著小說文體的敘事表徵，但是它「敘事」最終卻要爲最爲內在的「說理」功能服務。這個時候，我們就會想起晚清小說的諸多傳統。如劉暢先生所說，普羅小說與晚清政治小說具有鮮明的「同質化特徵」，在他看來，「晚清政治小說和普羅小說的一致之處在於，二者在文學與政治之間建立了一種絕對化的線性聯繫——簡言之，文學是政治的工具，必須爲政治服務——文學從而被劃入政治權力生產的畋域內，失去了自身的獨立性和主動性。」〔註74〕從這個意義上講，僅僅對「普羅小說」進行敘事學方面的藝術分析的研究是把「普羅小說」誤判爲簡單的文學文本，它只能拘囿於「文」的修辭意義，而忽視了它「行道」的基本功能。只有從「行道」的政教功能層面，我們才能解釋陽翰笙等人爲什麼要如此激烈地批判作家對小說人物「靜死的心理解剖」——「我們應該努力用人物的行動來反映他的心理，不應該離開了行動靜死的去解剖人物。」〔註75〕他把小說塑造人物形象時基本的心理描寫手法輕蔑地指斥爲「把作品中的人物關在房裏去說三天三夜的夢話還收不了場，有時我們更不講究說故事的本領，只喜歡把人物放在眠床上雲裏霧裏去作冥想」，就是因爲這樣一種頗具「現代意味」的藝術手法實際上大大削弱了「普羅小說」作品的「載道」的功能。因此，茅盾認爲太陽社的作家們把作品寫成了「宣傳大綱」和「論文」是正確的，只是「宣傳大綱」、「論文」本身就是普羅小說家們的主動追求，而不是由於理論素養和文藝技巧的匱乏而導致的無奈結果。因此在這種前提之下，作家在作品中塑造的人物形象必然是一種基於政治理念的範型，就像錢杏邨所說的，他們「獲得和個人相反的社會的觀點，把一切的個人問題也用社會的觀點來觀察的方法，去和那把社會問題也歸於人的本性的認識方法對抗」。所以，那些「臉譜化」、「概念化」的人物形象由於被取締了內心世界豐富性，才能夠作爲一個單一的符號，完美地楔入其革命合法性的論證過程。

　　劉暢先生這種晚清政治小說與普羅小說的同質性論述顯然是非常精到的，但是需要指出的是，「晚清政治小說」與「普羅小說」之間經歷了「五四

〔註74〕劉暢，文學・政治・想像——晚清政治小說與普羅小說的同質化特徵〔J〕，中國現代文學研究叢刊，2011 年（2）。

〔註75〕陽翰笙，《地泉》重版自序〔C〕//中國新文學大系 1927～1937・文學理論集一，上海：上海文藝出版社，1987：882～883。

新文學革命」這一歷史過程，因此，如果我們不對「文學革命」及其作爲實績的五四小說納入研究視野，就只能把「普羅小說」看成對「晚清政治小說」的隔代呼應，而無法從源流上將兩者貫穿起來。事實上，如果考察五四小說與晚清小說的差異，我們會發現，所謂「窄化」並非是政治性的收縮，而是創作者自身的生存處境所決定的。對於新文學，五四一代知識分子有著自己的設想，如陳獨秀在《文學革命論》中所說，排斥舊文學的原因在於，「所謂宇宙，所謂人生，所謂社會，舉非其構思所及，此三種文學公同之缺點也」，在他看來，「此種文學，蓋與吾阿諛誇張虛僞迂闊之國民性，互爲因果。今欲革新政治，勢不得不革新盤踞於運用此政治者精神界之文學。使吾人不張目以觀世界社會文學之趨勢，及時代之精神，日夜埋頭故紙堆中，所目注心營者，不越帝王，權貴，鬼怪，神仙，與夫個人之窮通利達，以此而求革新文學，革新政治，是縛手足而敵孟賁也？」〔註 76〕陳獨秀在此處提及革新政治，但並不意味著文學本身的政治性，他是將文學所改造的國民性視爲政治的前提，實際上已經使得文學借助思想文化超越了現實政治。從陳獨秀這些五四先驅者的批評上看，五四一代知識分子的文學理想反而在一定程度上超軼了晚清時代狹隘的政治範疇，在「人生」的層面上使得小說創作獲得了一種更大的可能性和豐富性。更需要指出的是，陳獨秀等人所設想的文學實際上是一種昂揚向上的積極精神，他們所不滿的正是那種「對落日而思暮年，對秋風而思零落，春來則惟恐其速去，花發又惟懼其早謝」〔註 77〕的文學抒情模式，他們希望作家能夠「不顧迂儒之毀譽，明目張膽以與十八妖魔宣戰」。〔註 78〕但不得不承認的是，「五四」具體的小說實績卻並沒有達到提倡者的理想，而遭遇了自己難以逾越的現實瓶頸。儘管五四時代出現了魯迅這位文學大師，但是考察當時的文學領域，以文學研究會和創造社爲代表的小說創作的成就是遠不能令人滿意的。這一點，即使是文學研究會的主要發起者茅盾自己也不否認：「現在我們可以看看『五四』產生了怎樣的文藝作品。我們檢查的結果，有一個現象是：慘淡貧乏。這也是當然的。動搖妥協而且前途暗淡

〔註 76〕陳獨秀，文學革命論〔C〕//中國新文學大系‧建設理論集，上海：上海文藝
　　　　出版社，2003：46。
〔註 77〕胡適，文學改良芻議〔C〕//中國新文學大系‧建設理論集，上海：上海文藝
　　　　出版社，2003：37。
〔註 78〕陳獨秀，文學革命論〔C〕//中國新文學大系‧建設理論集，上海：上海文藝
　　　　出版社，2003：47。

的中國新興資產階級的『五四』當然不會像法國資產階級革命那樣產生了絢爛的三十年代的浪漫主義文學。……在這些文學作品中，沒有發揚踔厲的的新興階級的氣概，沒有樂觀，只是苦悶，徬徨，頹廢。就是正在『五四』期中，也有了這樣色彩的作品。」〔註79〕甚至可以說，以創造社和文學研究會成員爲主體所創作的小說在文體上就是非常幼稚的，它甚至使得小說喪失了敘事性這一基本屬性，而出現了嚴重的散文化傾向，在我看來，所謂五四時代的這種「散文化」與後來的沈從文等京派作家有不同的內涵，與其說它是一種刻意追求的敘事風格，倒不如說它就是作家自身敘事能力欠缺的表現。這種敘事能力的欠缺一方面固然是作家自身藝術天分的限制，但在更大程度上也是他們囿於自身狹隘生活體驗的結果，由於陷溺在文人圈子或校園生活之中，這使得他們的創作往往成了個人化的瑣碎的生活記錄，他們無法從更爲廣泛的社會範圍內攝取小說的題材。

事實上，正是五四時代批評理論與其具體的創作實績之間巨大的差距，才爲普羅小說進入新文化的空間場域提供了可能性。如果我們參看左翼知識分子對五四的態度，就能夠發現他們在對「五四」的揚棄中對五四先驅的文學理想有著鮮明的順承乃至推進關係，從某種意義上說，他們所反對的並不是「五四」理念，而是反對這種理念的時代局限，如成仿吾在回顧五四時代時就指出：「本來我們的文藝界自從國語文學運動以來，僅在黎明時期有過純粹努力於表現的一個時候；那時候的作品雖然不免幼稚，但是大家的努力，就好像許久被人把口封住了的一旦得了自由的一樣，都是集中在自我的表現。」〔註80〕因此在他們看來，文學革命是一個未完成時態，他因此號召大家「看清時代的要求」，「不忘記文藝的本質」，「完成我們的文學革命！」，而這一點，也正是它從「文學革命」到「革命文學」轉變的內在邏輯。正是在這一點上，他們才對包括魯迅在內的諸多五四文學家提出批評，而將他們指斥爲一個「過時」的群體：「必有一種有特別嗜好的作者，有同類嗜好的刊行者與讀者，他們的同類的特別嗜好成了一種共同的生活基調，才有了這樣以趣味爲中心的文藝。而這種以趣味爲中心的生活基調，它所暗示著的是一種

〔註79〕茅盾，「五四」運動的檢討〔C〕//茅盾全集（第十九卷），北京：人民文學出版社，1984：241。

〔註80〕成仿吾，完成我們的文學革命〔C〕//「革命文學」論爭資料選編（上），北京：知識產權出版社，2010：15～16。

在小天地中自己欺騙自己的自足，它所矜持著的是閒暇，閒暇，第三個閒暇」。〔註81〕

　　事實上，五四時代的新文化先驅們通過批評理論為文學提供了一種無限的可能性，可以收羅廣大的社會生活，並且能夠對社會本身產生一種影響。但是顯然，五四小說囿於自身的諸多原因和問題，在這個場域中填充了過多的個人生活和個人情感，從而使得文學的題材大大縮小。而正是從這個意義上看，「普羅小說」試圖借助自己獨特的革命生活和政治經歷，重新充實五四時代的那種可能性。這不僅僅意味著普羅小說使得新文學獲得了本該具有的廣闊的社會空間，而且還在很大程度上恢復了「五四」小說匱乏的那種「敘事性」，而這種「敘事性」建立的基礎就是普羅作家自己動態的、與歷史共振的革命生活經歷。

　　因此，儘管在「政治」這一層面上，普羅小說與晚清小說有著很大程度上的同質性，但是作為「新文學」的一個有機組成部分，它對政治的看法和體認與晚清時代的政治小說還是有著非常鮮明的區別。晚清政治小說的作者都兼具政論家的身份，因此他們創作的政治小說更多具有政論化色彩，他們更多是以西方的現代政治學說為資源，搭建起一個本土化的政治理想國。以梁啟超的《新中國未來記》為例，這裏所指的中國顯然是一個帶有預言性的虛構的能指，它的時間指向了「未來」，充滿了知識分子的烏托邦想像和政治熱情，從這個意義上說，晚清的政治小說實際上應該是「政治幻想小說」。而與晚清小說不同，他們筆下的政治並非幻想，而是一種切實的、個人化的革命經歷。因此，他們的小說敘事並不在於利用某種政治敘說搭建一個烏托邦場景，而是利用政治信念將一段個人經歷嫁接在大歷史進程上，從而獲得一種更為崇高的歷史意義。因此從某意義上來說，普羅小說作家並不承認自身創作的虛構性，在他們看來，小說是一種更為本質化的歷史真實，歷史敘事和文學想像之間的界限已經消失了，因此，「演義」實際上成了歷史本身。

　　從小說敘事的時態上，我們就能夠看出晚清政治小說與普羅小說的區別。誠如前文所說，晚清政治小說在時間上有一種未來指向，他們所描寫的是一種歷史可能性，儘管作家對這種可能性充滿了熱情和自信，但是它依然與當下的現實處境有著一段相當長的距離。但是普羅小說作家的觸髮指點並

〔註81〕成仿吾，完成我們的文學革命〔C〕//「革命文學」論爭資料選編（上），北京：知識產權出版社，2010：17。

非來自己一個處於未來世界的烏托邦，而是一種在現實中已經終結的「革命」。從歷史事實上來講，他們寄託了無數理想的「大革命」已經結束，偉大的北伐也已經與自己的政治理想不相關聯，而大權在握的國民黨已經將「清黨」的工作大規模展開，而對共產黨的組織造成巨大破壞之後，其主要的精力已轉移到對付其他各個派系之上，而隨著「訓政」的開始，一個建構穩固政治秩序的過程也開始啓動。在這樣一種情況下，左翼知識分子事實上已經喪失了繼續革命的可能性，他們遭受慘重損失的組織在當時的情形下也不具備與國民政府叫板和抗衡的能力。但是如果我們審視早期的普羅小說作品，就會詫異地發現，在現實中已經終結的大革命依然在一個虛構的場域中轟轟烈烈地進行，而敘事者那種充滿動感的語言節奏更是表明普羅小說的敘事仍然處於現在進行時態——「在『五卅』運動之後，無產階級革命運動風起雲涌的社會文化背景之下，中國左翼文學對革命進行了合乎自己需要的想像和敘述」。在「無產階級革命運動」遭受重大挫折而大規模停滯的時候，恰恰是文學文本爲他們提供了一種新的「革命圖景」。

最後需要強調的是，本文對普羅小說政治啓蒙機制的研究，並不是探討其作爲一種政治宣傳品對社會大眾的鼓動，因爲那樣的話，就意味著政治成爲外在於文本形態，而政治啓蒙也就成了一種近似於讀者反應批評的外部研究。而在當時的情形之下，在文化消費市場中流通輾轉的普羅小說儘管具有極強的煽動性，但是這種煽動性本身在政黨組織力量匱乏的情況不可能真正獲得政治宣傳的效果。而誠如前文所說，當時的國民黨在政治上已經占據了絕對的優勢地位，他們已經完成對國家的控制，此時的左翼小說如果真的是以現實中的政治煽動爲主，真的實踐了他們那種文學就是宣傳的口號，真的契合了那種政治宣傳的話，那就根本不可能有容身之地。事實上，當時左翼知識分子最典型的宣傳手段乃是「飛行集會」，它有著更爲明確的政治目標、更爲直接的宣傳效果，因此與普羅小說相比，「飛行集會」的傳單顯然更具有宣傳品的屬性，而其本身也更契合革命實踐活動。普羅小說儘管也試圖實現「文學是宣傳」的理想，但是它與真正的革命實踐活動畢竟有距離乃至牴牾，著名的普羅小說作家蔣光慈最後被開除黨籍，很大一部分原因就是他不能夠積極參加「飛行集會」等具體的革命活動。

事實上，由於缺乏國家機器宣傳力量的參與，左翼文學運動參與者的「政治啓蒙」活動在 20 世紀 30 年代根本不可能實現。所謂「政治啓蒙」不過是

他們自身基於個體的生存處境和社會政治的具體形式而產生的一種理想，這個理想不是通過作為「宣傳品」的文學在社會現實層面上予以實施，而是作為一種個人化的話語投射在小說文本內部。正因為處在一種虛構的歷史情境之中，普羅小說作家更能夠表達或者流露出自己更加個人化的想法。而這個所謂的「政治啟蒙敘事」在真正歷史進程中的可能性與合法性問題，並不為普羅作家所關注，而作為知識分子，他們更加關注的是在這個「政治啟蒙敘事」中，自身的合法性問題。事實上，無論當時的政治環境還是他們自身的局限，都使得政治啟蒙存在著諸多問題。如知識分子究竟有沒有革命的資格，他們與大眾之間的關係究竟是一種什麼狀態？但是，綜觀小說文本，我們便會發現，知識分子自身從「文人」到「革命者」的改造和轉換，大眾從「愚昧」到「反抗」的覺醒，以及知識分子與大眾之間由「隔閡」到「結盟」的關係調整，都在普羅小說文本中呈現出來。事實上，與其說這樣一種啟蒙是一種對未來中國革命進程的規制，還不如說是對知識分子自身地位確立的想像。在很大程度上，知識分子這種想像脫離了現實，也並不符合那些真正來自政黨組織的初衷，他們流露出的種種色彩並無法契合現實的政治運行機制之中。可以說，小說文本中這樣一套「政治啟蒙敘事」乃是圍繞知識分子自身建構起來的，它所反映的並不是某個政黨的意識形態，而是折射出知識分子自身對政治、對革命的複雜心態。

所以從這個意義上看，所謂的「政治啟蒙」在當時的社會現實中並不存在，本文所說的普羅小說的「行道」，實際是指在普羅小說文本內部，潛隱著一個複雜的政治啟蒙過程，而這個啟蒙過程恰恰是通過小說的敘事予以呈現的。但是即便如此，這裏所謂的呈現也並不意味這虛構文本對現實的直接「反映」。事實上，普羅小說儘管被人戲稱為標語口號文學，但是這些標語口號遠沒有那麼直接，這也是他們為什麼能夠在小說場域中容身的原因。例如，對當時的左翼人士而言，當時國民政府推行的清黨運動才是他們直接反對的，但是幾乎所有的作家都沒有正面書寫清黨的慘烈過程。這個過程被省略了，而他們更多的是通過大量的筆觸來表現知識分子的個人遭際，而作為「反動罪魁」的國民政府的形象一直都處於一個非常模糊的狀態。而值得注意的是，現實中的「敵人」是缺席的，而作為小說主人公的「革命者」的對立面往往出現在知識分子群體內部，它所著重表現的並非敵我雙方的鬥爭，而是知識分子個體之間在革命前途、革命理想上的分歧。綜上所述，普羅小說所呈現

的「政治啟蒙機制」是具有內指性的，它並不是一種外在的政治活動在小說文本中的鏡象。

3.「自我」蛻變：個人與集體的鬥爭

　　很多普羅小說作家同時就是左翼文學運動的參與者，在這場運動中，他們需要在大眾面前扮演政治啟蒙者的角色。但對包括普羅作家在內的整個左翼知識分子群體而言，政治啟蒙的前提便是要將自身由「文人」轉變為「革命者」，從而確立政治啟蒙者的基本資格。但是，1928年革命文學肇始之時，「五四」個人主義的流波尚在，作家們「與舊世界的關係太深了，無論如何，不能即時與舊世界脫離」。〔註1〕因此，如何將「個人主義」這一被五四作家張揚的精神與左翼知識分子進行徹底的切分與剝離，並將新生的革命者形象呈現於小說文本敘事之中，是左翼作家首先要面臨的問題——「無產階級新人或英雄必須通過革命實踐才能產生而不是空想出來的，並且他們身上原本就存有『陳舊的骯髒東西』，只有經過革命實踐方可『拋掉』而變為新人。」〔註2〕這樣一種內在要求，使得左翼文學中的理論家們從一開始就標舉出反對「個人主義」的旗幟，他們通過基於馬克思主義的集體理念對盛行於「五四」時代的「個人主義」進行了激烈的抨擊和貶抑。而具體到普羅文學創作，我們就發現，普羅小說文本出現了大量「知識分子自我轉變」的作品，在這些作品中，對「個人主義」這一理念的反對，被文學敘事具象化為一系列帶有知識分子氣息的人物對自我的「精神排污」過程。在左翼批評中的「個人主義」作為一種意識形態被排斥，而普羅小說文本則將這種意識形態表述為「無行文人」的種種惡習，進而從社會道德的層面將「個人主義」與「自私自利」

〔註1〕 蔣光慈，現代中國文學與社會生活〔C〕//蔣光慈文集（第四卷），上海：上海文藝出版社，1988：161。
〔註2〕 朱德發，重新解讀左翼文學的「英雄理念」〔J〕，山東社會科學，2005年（1）。

等同，否定了「個人主義」的合法性。在我看來，知識分子對「個人主義」的否定，就是對作爲個體的「自我」的否定，這樣一種否定使得知識分子在某種程度上喪失了作爲知識分子的身份，但也使他們獲得了與「大眾」融合併最終獲得政治啓蒙資格的可能性。

3.1 從「個體精神」到「個人主義」

眾所周知，在「新文學運動」發軔之初，「個人主義」顯然意指著一股進步的思潮，它象徵著「個性解放」，也指涉著「人的覺醒」。胡適在《易卜生主義》一文中極力論證了「這種『爲我主義』，其實是最有價值的利人主義」，〔註3〕而周作人的《人的文學》一文也把他所提倡的「人道主義」明確地定性爲「個人主義的人間本位主義」。〔註4〕鑒於胡、周的這兩篇文章在「五四」時期產生的巨大反響，很容易便可推知「個人主義」作爲一種社會思潮在中國文學界風行的程度。更爲重要的是，「在五四時期，『個人主義』不僅僅是一個流行的褒義詞，而且還作爲一種精神滲透到政治、倫理、道德以及文學各個領域」。其中，「正是圍繞著『自我』的發現，五四文學從文學觀念到表現方式、人物形象的範式、情感類型等總體精神傾向上呈現出嶄新的面貌」。〔註5〕但是，這麼一股強勁的思潮，卻在1928年「革命文學」興起之後突然遭到了猛烈的抨擊，左翼作家對「個人主義」的態度與「五四」相比發生了巨大的逆轉。蔣光慈認爲，「無政府式的個人主義之發展的結果，只是不平等，爭奪，混亂，無秩序，殘忍，獸性的行爲……」〔註6〕而郭沫若則提出「個人主義的文藝老早過去了，然而最醜猥的個人主義者，最醜猥的個人主義者的呻吟，依然還是在文藝市場上跋扈」。〔註7〕「混亂」、「殘忍」、「獸性」、「醜猥」，這些極富情感色彩的詞彙凸顯了左翼作家對「個人主義」

〔註3〕 胡適，易卜生主義〔C〕//中國新文學大系·建設理論集，上海：上海文藝出版社，2003：189。

〔註4〕 周作人，人的文學〔C〕//中國新文學大系·建設理論集，上海：上海文藝出版社，2003：195。

〔註5〕 李今，個人主義與五四新文學〔M〕，哈爾濱：北方文藝出版社，1992：28。

〔註6〕 蔣光慈，關於革命文學〔C〕//蔣光慈文集（第四卷），上海：上海文藝出版社，1988：507。

〔註7〕 郭沫若，英雄樹〔C〕//中國新文學大系1927～1937·文學理論集二，上海：上海文藝出版社，1987：23。

的巨大反感，用錢杏邨的話來說再合適不過了——「個人主義已經變成了可
詛咒的名辭」〔註8〕

　　「個人主義」之所以能夠如此突然地迅速轉向，與五四時期的中國知識分
子對「個人主義」的本土化認識密切相關。在西方語境之內，「個人主義」立論
的根基在於「存在著一項根本的倫理原則：單個的人具有至高無上的內在價值
或尊嚴」。這一認知有著濃厚的基督教神學背景——「在上帝的最高意志下，個
人有著至高無上的價值這一觀念，在《福音書》中就曾明確地提出來過，用的
是這樣的說法，『這些事你們既作在我這弟兄中一個最小的身上，就是作在我的
身上了。』(《馬太福音》第25章) 其含義顯然是說，民族的和其他的社會範疇
都只有次要的道德意義，……一切都以上帝為中心，同時也暗示了上帝賜予的
靈魂具有至高無上的價值。」〔註9〕但反觀「五四」時期的「個人主義」思潮，
我們就會發現胡適等人所主張的「個人」與社會、國家等「集體」性概念之間
的密切關聯，「個人」與社會、國家等「集體」之間並沒有任何矛盾，恰恰相反，
「個人主義」的提倡恰恰是生成現代國家、建構文明社會的題中之義——「中
國式的個人更強調個體與社會、與人類的一致性」，「由於中國知識分子對於中
華民族的維護和發展的獻身遠遠超過對於其它價值與信仰的傾心，因此當他們
強調自我價值的時候，自動可以把個人置於君主政黨以及家庭之上，卻不能脫
離於社會人民或更大而稱之為的人類，這使中國式的個人主義並未走向極端」。
〔註10〕程文超先生則認為，這種溯源於梁啓超的「個人主義」觀念之下，「『民
族』與『私人』、『民族主義』與『個人權利』、『個人自由』才不僅不矛盾，反
而合為一個一體二面的統一體，構成你中有我、我中有你的結構體系」，而「『五
四』精神恰恰是這種思想結構體系的發展，形成了『民族主義』與『個人主義』
的二位一體」。〔註11〕正是這樣一種極具中國本土氣息的「個人主義」理念，才
能夠解釋那些「剛剛大談了『人的文學』的人突然可以大談『革命文學』，從『人
性』話語進入了『階級』話語」。〔註12〕

〔註 8〕錢杏邨，關於中國文藝的斷片〔C〕//阿英全集 (第一卷)，合肥：安徽教育
　　　　出版社，2003：6。
〔註 9〕史蒂芬・盧克斯〔英〕，個人主義〔M〕，閻克文，譯，南京：江蘇人民出版
　　　　社，2001：41～43。
〔註10〕李今，個人主義與五四新文學〔M〕，哈爾濱：北方文藝出版社，1992：21～
　　　　23。
〔註11〕程文超，1903：前夜的涌動〔M〕，濟南：山東教育出版社，2006：43。
〔註12〕程文超，1903：前夜的涌動〔M〕，濟南：山東教育出版社，2006：43～44。

　　李今與程文超兩位先生的論述點明了，在中國特殊的語境之中，「個人主義」和「集體主義」話語之間存在著內在的關聯，這無疑是正確的。但是具體到文學這個層面上，儘管在邏輯上那種由「個人主義」所激發的情感、想像，以及浪漫主義的審美品格有向「革命文學」轉變的可能性，但是，如果想在如此之短的時間內，以如此劇烈的方式完成轉變，那麼它的過程不可能那麼簡單和順暢。因此，必須通過對左翼文學批評話語的建構策略的仔細甄別與辨析，我們才能理清這一轉變的內在理路。

　　首先，「個人主義」對「五四」作家而言是一個開放性的詞彙，它一方面將「個人」的意義收攏到「生命個體」的畛域之中，另一方面又將「人」的概念擴張到整個「人類」的範圍之上。用周作人的話來說，就是「單位是個我，總數是個人」，或者「彼此都是人類，卻又各是人類的一個」，而除了「個體」和「人類」之外，一切其他的「畛域」都是「不必要的」——「我只承認大的方面有人類，小的方面有『我』是眞實的。『我』和人類中間的一切階級、民族、地方、國家等等，都是偶像。我們要爲人類的緣故，培養一個『眞我』」。在這裏，「五四」所力圖確立的「個人主義」是存在著某種自足性的，「雖然，即使在個人主義最盛行的五四時代也很難說哪位作家眞正形成了相對獨立的完整的個性理論，但無疑其精神已成爲五四作家的一種自覺的文學意識」，也就是說，「個人」雖然與「國家」、「民族」這類「集體」性概念關係密切，但「個人」卻並不以「集體」爲依託。這樣結果是，五四文學「表現出只有作爲一個精神個體才能充分體驗到的情感類型」，人以「生命個體」爲單位感知人生、社會、世界、宇宙，也以「自我」爲中心與「他者」交流、溝通，這種感知、交流的過程中不需要經過某個「集體」單位作爲語義換算的中轉站，因爲「個人主義」「把個體從共同觀念中解脫出來，人不再享有一個統一的意義的框架，人失去了自己的歸屬性，代替社會人的榮譽觀念，與類與祖國與事業相聯的永恆性偉大性，擺在個體面前的是人的有限性、孤獨性和渺小性」。〔註13〕

　　而如果參看左翼批評家們對「個人主義」的論述，我們就會發現，他們對「個人主義」思潮的否定首先並不是在道德層面上，而是在這種「個人主義」的「自足性」的可能性上。在這一批判過程中，他們非常嫻熟地動用了

〔註13〕李今，個人主義與五四新文學〔M〕，哈爾濱：北方文藝出版社，1992：34～35。

階級話語，如蔣光慈指出：「一個作家一定脫離不了社會的關係，在這一種社會的關係之中，他一定有他的經濟的，階級的，政治的地位，──在無形之中，他受這一種地位的關係之支配，而養成了一種階級的心理。」因此，「社會的關係上，他有意識地或無意識地，總是某一個社會團體的代表。」〔註14〕李初梨則強調「一切的作品，有它的意志要求；一切的文學，有他的階級背景。〔註15〕而瞿秋白更是直言不諱：「一個文學家，不論他們有意的，無意的，不論他是在動筆，或者是沉默著，他始終是某一階級的意識形態的代表。」〔註16〕蔣光慈、李初梨、瞿秋白等人在許多觀念上互有牴牾，但是在對「個人主義」的「自足性」的否定方面，他們卻保持著高度的一致。在他們看來，「個體」是虛妄的，「超時代或超社會（階級）的個人的幻影只配在空想家的腦中徘徊」。〔註17〕就這樣，五四文學張揚的「生命個體」，在革命話語的體系之中被取締了存在的現實可能性。事實上，革命話語在對「個人」予以取締的同時，也同樣取締了「人類」的概念。「超越的普遍的生活感覺，除了抽象的觀念裏面，當然沒有它的存在！『全人類的公同的人性』，這若是偉大的藝術家要表現的東西，可憐的，這架擔子太重了。……人間依然生活著階級的社會生活的時候，他的生活感覺，美意識，又是人性的傾向，都受階級的制約。」〔註18〕在左翼批評家眼中，「人類」的抽象等同於「個體」的虛妄，「人」的價值的彰顯必須以某個「集團」為依託──「他的歡樂與哀愁、驕傲與自信都必須源自團體的機運與權能，而不是源於他個人的前途和能力。……要讓他覺得，失去與群體的關聯不啻於失去生命」〔註19〕。就這樣，那種在五四時期被周作人抹掉的「畛域」，在這裏又重新被劃分出來，區別只是在於他們採取了一種新的社會學理念而已。

〔註14〕蔣光慈，關於革命文學〔C〕//蔣光慈文集（第四卷），上海：上海文藝出版社，1988：169。

〔註15〕李初梨，怎樣地建設革命文學〔C〕//中國新文學大系 1927～1937·文學理論集二，上海：上海文藝出版社，1987：51。

〔註16〕瞿秋白，文藝的自由和文學家的不自由〔C〕//瞿秋白文集（第一卷），北京：人民文學出版社，1985：85。

〔註17〕馮乃超，冷靜的頭腦〔C〕//中國新文學大系 1927～1937·文學理論集二，上海：上海文藝出版社，1987：228。

〔註18〕馮乃超，冷靜的頭腦〔C〕//中國新文學大系 1927～1937·文學理論集二，上海：上海文藝出版社，1987：233。

〔註19〕埃里克·霍弗〔美〕，狂熱分子〔M〕，梁永安，譯，桂林：廣西師範大學出版社，2008：92～93。

　　由此，「個人主義」不再是一個開放性的詞彙，而成爲一個邊界明晰的限定性的詞彙。在階級話語中，它成爲一個「意識形態」，隸屬於某個特定的階級集團，就像郭沫若所說的那樣：「個人主義就是資本主義社會中的根本精神。」〔註20〕而緊接著，這種「意識形態」也被左翼作家納入了其「社會進化」和「階級鬥爭」的範疇，「五四」時期由「個人」對「集體」的反叛，也就被左翼作家改寫成了「資產階級」對「封建階級」的權力鬥爭。誠如郭沫若所說，儘管「五四」運動具有「打破傳統，尊重個性，鼓勵創造」的進步屬性，但是所有的「自由」歸根結底都是「對於封建的所謂自由知識新興資產階級的自由」。〔註21〕所謂「個性張揚」，所謂「人的覺醒」，都只是「新興資產階級的暴發戶」的發迹而已。而在郭沫若看來，即使「五四」有進步性，那也只是在「一個階段上」，言外之意便是，在「革命文學」興起的今天，「個人主義」已經是一種腐朽、沒落、瀕臨死亡的「意識形態」。事實上，左翼批評家一方面消解了「五四」「個人主義」現實可能性，一方面偷換概念，使得作爲落後階級「意識形態」的「個人主義」受到道德上的批判，正是在這種話語操作之下，「個人主義」才會成爲「醜猥的」、「可詛咒的」的名辭。

3.2 反「個人主義」：集體理念的「否定性」邏輯

　　在批評理論的建構中，左翼批評家們完成了對「個人主義」的否定。但是，對「個人主義」的否定本身並不是他們最終的目的——「革命的作家不但一方面要暴露舊勢力的罪惡，攻擊舊社會的破產，而並且要促進新勢力的發展，視這種發展爲自己的文學的生命。」〔註22〕批判「個人主義」，是爲了要在文學上確立「集體主義」的價值理念，誠如蔣光慈所說：「革命文學應當是反個人主義的文學，它的主人翁應當是群眾，而不是個人；它的傾向應當是集體主義，而不是個人主義。」〔註23〕但在這裏要著重指出的是，「反個人

〔註20〕郭沫若，文學革命之回顧〔C〕//中國新文學大系 1927～1937．文學理論集一，上海：上海文藝出版社，1987：226。

〔註21〕郭沫若，文學革命之回顧〔C〕//中國新文學大系 1927～1937．文學理論集一，上海：上海文藝出版社，1987：221～222。

〔註22〕蔣光慈，關於革命文學〔C〕//蔣光慈文集（第四卷），上海：上海文藝出版社，1988：170。

〔註23〕蔣光慈，關於革命文學〔C〕//蔣光慈文集（第四卷），上海：上海文藝出版社，1988：172。

主義的文學」並不意味著「無個人主義的文學」，而「主人翁當是群眾」也未能指涉「個人」在文學作品中的退場。

　　事實上，三十年代的中國左翼知識分子，處於「大革命失敗」的陰影中，而中華民族本身也遭遇了日本侵華戰爭巨大危機，在這樣一種情況下，那種純粹的「集體主義」的價值理念只能指涉一個靜態的烏托邦遠景，這本身就是與現實語境格格不入的。而對於剛剛開始接觸馬克思主義學說的中國左翼知識分子來說，他們的思想資源和理論素養也不足以完成對這個遠景的建構。因此，在二、三十年代，「集體主義」並不能構成指導思想，這一點跟中國共產黨人當時在野的地位相符，因為前者必須依託強大的國家機器進行與社會改革同步的「話語建構」，而後者卻可以配合革命鬥爭的實踐進行使用「否定性話語」對既定的權力體系進行破壞、消解。就此而言，「集體主義」在二、三十年代只能作為一個「傾向」而存在，誠如郭沫若所說「無產階級文藝是傾向社會主義的文藝」，「她是一道橋——不必是多麼華美的橋——架設到彼岸」，〔註24〕無產階級作家需要的是「趕快造橋，不要做夢」。當然，左翼作家在其文本創作中，也對這種「烏托邦」圖景做了一定的嘗試，但是一般而言，這些嘗試都是失敗的，甚至在某些作品中，作家那些力圖消泯的「小布爾喬亞」思想也參與其中，如胡也頻的小說《同居》中，作家把文人浪漫氣息的幻想灌注在農民身上，使得人物的外在身份與內在心理產生了嚴重錯亂。

　　綜上所述，左翼文學的價值理念在本質上並不是純粹的「集體主義」，而是一種否定性的話語；正因為此，左翼小說中凸顯的並不是一個靜態的、基於「集體主義」描繪出的烏托邦遠景，而是一個動態的、不斷「鬥爭」的革命過程。因此，儘管左翼批評家一再聲稱「個人主義的精神是死亡了」（錢杏邨語），「個人主義的文藝老早過去了」（郭沫若語），但是「個人主義」作為一種意識形態從來沒有從普羅小說文本中消失，這種意識形態像僵屍一樣橫陳於普羅小說的敘事場域之中，甚至可以說，它本身就是作為一種「瀕死狀態」的「鬥爭」對象而存在。因此，普羅小說中呈現的不是純粹的「集體主義」，而是「集體主義」與「個人主義」的雙向「衝突」，作家「必須在文學藝術的領域中去尋找他們搏擊的對手和拼殺的敵人，並與他們形成水火不容

〔註24〕郭沫若，英雄樹〔C〕//中國新文學大系 1927～1937・文學理論集二，上海：
　　　　上海文藝出版社，1987：25。

的鮮明敵對姿態」。〔註25〕提倡「集體主義」就是反對「個人主義」，作為主題的「集體主義」精神換算成了一種「階級鬥爭」的觀念，它在對「個人主義」的清算、袪除、掃蕩之中確證了自身。可以說，那種「醜猥的」、「可詛咒的」「個人主義」恰恰是左翼作家在思想層面為自己創造的敵人，他們皈依革命的過程，被表述為對自身思想改造的過程，而思想改造的過程又呈現為對「個人主義」意識形態袪除的過程。

其實，當我們今天能夠以客觀的歷史眼光重新審視左翼小說創作時，竟發現這樣一條讓左翼作家們自己尷尬萬分的事實——恰恰是這種作為歷史殘留物的「個人主義」，以及由它與「集體主義」之間構成的「衝突」，構成了普羅小說作品一息尚存的審美品格。當郭沫若們叫嚷著「通俗到不成文藝都可以」的時候，他們並沒有意識到革命文學之所以在當時的青年讀者中產生巨大共鳴，並作為文學流傳於後世，其根本原因就在於這些未被摒除的「個人主義」。對「個人主義」的鬥爭過程貫穿了幾乎整個知識分子題材的普羅小說作品，只有在這種慘烈、激進的鬥爭過程中，而不是在集體主義價值觀念的教條之上，普羅小說才有可能部分地保留一絲作家內心最本真的氣息。知識分子在小說文本中用革命倫理壓抑個人情感，用民眾意識消解文人浪漫，他們對「個人主義」的決絕和對「個人情感」的悵惘交織在一起，家國之恨、兒女之情在去彼取此的抉擇中激發出對靈魂的拷問，從而使得左翼文學在這種「情」與「理」的激烈衝突中煥發出某種異樣的魅力。可以說，正是滯留在左翼文本中的「個人主義」使得左翼小說中的人物沒有完全淪為時代和集團的傳聲筒，它保留那些知識分子形象鮮活的一面。但遺憾的是，對左翼作家自身而言，作品的「文學性」並不是他們的初衷，「在現今工農大眾爭鬥長足進展的時候，一種作品的是否具有藝術基礎條件，以及他的藝術價值的大小，我們絕對不能再用從來布爾喬亞的藝術規定來估量，而應該根據這種作品對與解放運動所以的實際效果來評價。」〔註26〕因此，左翼作家沒能成為「人的靈魂的偉大的審問者」，他們沒有像陀思妥耶夫斯基那樣「把小說中的男男女女，放在萬難忍受的境遇裏，來試煉他們，不但剝去了表面的潔白來，

〔註25〕宋劍華，論「左翼」文學現象〔J〕，文藝理論研究，2000年（6）。
〔註26〕夏衍，到集團藝術的路〔C〕//中國新文學大系1927~1937‧文學理論集一，上海：上海文藝出版社，1987：455。

拷問深藏在底下的惡善，而且還要拷問出藏在那罪惡下的真正的潔白來」。〔註27〕對於這種內心衝突，他們雖未完全迴避，卻大多採取了簡化的態度，從而使得「武器的批判」遮蔽了「靈魂的試煉」。這也正是丁玲的《阿毛姑娘》、蔣光慈的《螞蟻》等作品相對於它們的範本《包法利夫人》和《罪與罰》而言最大的差距所在。

對於人物內心，普羅小說作家們只能按照革命倫理、階級觀念予以界定，由多種情感交織、多種意念纏繞的靈魂搏鬥的過程，最終被階級話語簡化成一個粗陋不堪的二元對立模式，個人內心的衝突外化為個人與他者的衝突，而個人與他者的衝突又被換算成階級與階級的衝突。各種複雜的因素在這個二元結構中各從其類，被強行劃分出新舊、是非、真假以及善惡。

3.3 精神「排污」：「個人」與「自我」分離過程的文本呈現

在對「個人主義」的批判問題上，左翼作家面臨一個多少讓他們有些尷尬的局面。因為在五四時期，「審美個人主義文學觀的確立標誌著作者的個體意識的增強，作為個體的價值的提高，它把一個全新的原則——表現自我，獨具特色提到美學中心，從而帶動了文學各方面的要素都圍繞著一個潛在的中心點——作者自己——旋轉」。』〔註28〕在此基礎之上，革命文學作家所力主的對「個人主義」的批判，實則就是對「自我」的批判，即便「個人主義」被視為一種意識形態，它也無法擺脫其作為知識分子「自我」的秉性的身份。事實上，「小資產階級」這一名詞本身在很大程度上是知識分子的自我指涉，它準確地表達了那種在「無產階級」和「資產階級」之間灰色地帶徘徊的狀態。誠如馮雪峰在《革命與智識階級》一文中所說：「他也承受革命，嚮往革命，但他同時又反顧舊的，依戀舊的；而他又懷疑自己的反顧與依戀，也懷疑自己的承受與嚮往，結局他徘徊著，苦痛著——這種人感受性比較銳敏，尊重自己的內心生活也比別人深些。」〔註29〕

〔註27〕魯迅，陀思妥耶夫斯基的事〔C〕//魯迅全集第6卷，北京：人民文學出版社，2005：425。
〔註28〕李今，個人主義與五四新文學〔M〕，哈爾濱：北方文藝出版社，1992：37。
〔註29〕馮雪峰，革命與智識階級〔C〕//中國新文學大系 1927～1937・文學理論集二，上海：上海文藝出版社，1987：177。

當知識分子試圖用階級理念把世界和人類劃出「畛域」的時候，卻發現「自我」的身份是如此模糊、歸屬是如此曖昧。因此，如果知識分子想要獲得政治啓蒙的資格，他們首先必須在一個鳳凰涅槃的過程中將「自我」和「個人」進行一個徹底的分離。

事實上，「五四」文學在後期面臨的種種困境已經爲階級話語的介入提供了可乘之機，當然也爲「個人」與「自我」的分離奠定了合理性的依據，「個人主義在中國最大的功效就是作爲一種武器，或說是工具，以達到反傳統的目的。因而隨著批判熱情的消退，這個工具被拋置一旁，以至成爲再批判的對象也在所難免」。〔註30〕其實從根本上來說，「五四文學不僅缺少自傲、自狂、自我肯定的激情和熱力，而且還少有在自我認識和自我評價基礎上進一步而達到的自我發展，自我實現這一行動層次」。〔註31〕因此，隨著五四帶來的新思想漸漸落潮，「五四」文學中對「自我」無限制的張揚，也就導致了個人情感的泛濫，而在中國嚴酷的社會現實面前，這種唯情主義只能將「個人」引向頹廢和絕望。「『人間百行皆以自我爲中心』，是『五四』啓蒙者早已明確規定的人格指針，可是在『五四』創作中卻少有回應，觸目所見的不是自我哀憐、自我毀滅，就是自我在肯定與否定、失落與尋找的漩渦中沉浮，迷失了思想和行動的應有方向，當然也失去了對自我應有的把握」，這使得「絕大多數的『五四文本』提供的人格形態與當初的自我主體人格理想相距甚遠」。〔註32〕不可否認，早期的「五四」作家，尤其是創造社的作家往往將這種頹廢與絕望的情緒看做審美觀照的對象，他們不厭其煩地玩味失戀、墮落乃至自殺，這種流風餘韻即使在許多左翼早期的文學作品中仍舊微波尚存。但是，嚴酷的現實已經無法讓作家繼續在「藝術的象牙塔」中沉迷陶醉，他們反顧人生時，發出的是對人生徹底否定的哀鳴，「人生是一個完全的病者呵，它終只喝著人間的苦味的藥，戀愛就是使他吃藥的微菌！」〔註33〕（《不能忘的影》）胡也頻這篇帶有鮮明五四特色的小說尚未出現階級話語明顯的痕跡，可見在階級話語參與之前，「五四」文學中由情感生發的「自我」世界已經暴露了自身的虛浮和脆弱——「他們在現實中處處碰壁，不僅求自我表現、自我發展

〔註30〕李今，個人主義與五四新文學〔M〕，哈爾濱：北方文藝出版社，1992：165。
〔註31〕李今，個人主義與五四新文學〔M〕，哈爾濱：北方文藝出版社，1992：153。
〔註32〕倪婷婷，「五四」文學論集〔M〕，北京：人民文學出版社，2007：50～51。
〔註33〕胡也頻，不能忘的影〔C〕// 胡也頻作品集，鄭州：河南大學出版社，2006：28。

而不能，甚至連保存自我，維持自己的生活都困難重重，他們每一次失敗似乎都在證明著自我的渺小、脆弱和無能」。〔註34〕

而錢杏邨《一個青年的手記》中，主人公也描寫了自己墮落、混亂的私生活，但是這其中的頹廢情緒已經不再作爲一種審美對象被作家玩味，在文章的末尾，作者有了自責和反思，並試圖尋找救贖之道：「今天一天，心理上起了一個極大的內疚，覺得我近來的生活太不成話了，太浪漫了。我不是浪漫主義時代的文人了，我爲什麼還要過浪漫主義時代的文人的生活呢？我的生活應該科學化，應該有規則。……應該痛改，痛改，不然要永遠墮落了！」〔註35〕在這裏，作家將那種頹廢的生活命名爲「浪漫主義的時代的文人的生活」，而「痛改」的呼籲也昭示了其已經意識到自己「昨非而今是」的狀態。但是，錢杏邨這篇文章僅僅是用「科學化」隱含了某種社會生活的嚮往，階級話語雖然呼之欲出，但是尚不明確。

而洪靈菲《蛋殼》裏 P 君的自白，則已經在利用明確的階級話語進行的「一段嚴格的自我批判」——「我們的在社會上的特殊的地位都像我們的鷄蛋殼。這樣的鷄蛋殼在保護著我們，也即在使我們和真理隔絕。」他對自己的身份、地位以及生存狀態都有著清醒的認知和明確的定性：「我們確是曾經動搖過，曾經幻滅過，曾經悲觀過，這說明我們的小資產階級的意識還在作祟，這說明我們還沒有獲得無產者的堅強的人生觀，這說明我們對於革命還存著一種享樂的態度，這說明我們之參加革命還只是出於一種浪漫諦克。而，這根本是要不得的！革命不需要這樣的人物啊！」〔註36〕

與《不能忘的影》和《一個青年的手記》相比，《蛋殼》主人公已經可以嫻熟地運用馬克思主義的階級理論對自己的「人生」進行分析，「個人」不再尋求「人生」的意義，而是試圖實現其「社會」的價值。比較以上三個文本，我們發現這種階級話語參與的越多，個人對自我的反思就越有效，當左翼作家把「小資產階級」的帽子扣在自己頭上的時候，他們實際是在對自己的人生病症進行「確診」，空泛的人生問題在階級話語中變得具體而明確，並且納入了革命話語的運作體系。而這個革命話語的運作體系，就是知識分子自身

〔註34〕李今，個人主義與五四新文學〔M〕，哈爾濱：北方文藝出版社，1992：149。
〔註35〕錢杏邨，一個青年的手記〔C〕//阿英全集（第三卷），合肥：安徽教育出版社，2003：331。
〔註36〕洪靈菲，蛋殼〔C〕//洪靈菲選集，北京：人民文學出版社，1982：278。

「精神病症」的理療程序，在此之中，他們「逐步接受了革命對自身的道德敘述（『小資產階級劣根性』），並把它當作自我內在的本質一一裸呈出來，爲之懺悔、省察，希望藉此獲得新生」。〔註37〕具體到《蛋殼》這篇小說，P君的痛苦已經不是一種生命存在意義上的痛苦，而是一個傾向革命的青年在革命理論和自我狀態之間的隔閡，儘管他爲這種「隔閡」焦灼不已，但對他而言，這種隔閡是可以用階級理論和實踐予以消泯的，因此他的痛苦不再導向對人生的絕望，而是可以用革命行動予以祛除。

在小說中，諸多知識分子的人物都利用這種自我批判完成了自己從一個文學青年向一個革命青年的轉變。在這裏，對個人的救贖與對社會的改造已經巧妙地綁定在一起了，誠如馮乃超所說：「你的不幸就是社會的缺陷，然而你們底幸福不是迴避現實的苦痛可以獲得的，事實上你們的幸福只有根本的鏟除社會的矛盾才可以獲得。」〔註38〕在左翼作家的思維邏輯之中，這樣一種與社會綁定的自我，便不再是「個人主義」所說的「個人」，而只能是一個社會成員了。

由此，普羅小說中「自我」與「個人」不再是一個對等的概念，它們使得「個人」成爲「自我」的一部分，錯綜複雜的情感和意念被整合成了個人主義的意識形態，封印在階級話語之中，它們在一個明晰、簡潔的二元話語體系之中各從其類。但是，這種「分離」模式依然局限於「自我」內部，階級的劃分併不是對某個抽象的人群分類，而是對個體的「人」本身從其內部進行切分，知識分子首先在自己的內心劃分出了涇渭分明的界限，才能使得「個人主義」成爲明確、固定的標的。這意味著，左翼知識分子對個人主義的鬥爭和批判，依然以個體內心衝突的方式呈現，因此不管他們多麽小心謹愼，都難免有投鼠忌器之嫌。

對此，左翼作家的選擇是，爲這種「個人主義」的意識形態在「自我」之外設置承載體，將自我內心的衝突予以外化，惟其如此，「個人主義」才能夠成爲徹徹底底的他者存在，也才能無所顧忌地充當起「武器的批判」的標的。綜觀左翼小說，我們發現一批描寫知識分子「爭辯」場景的作品最早體

〔註37〕張均，中國現代文學與儒家傳統（1917～1976）。〔M〕，長沙：嶽麓書社，2007：233。

〔註38〕馮乃超，藝術與社會生活〔C〕∥中國新文學大系 1927～1937・文學理論集二，上海：上海文藝出版社，1987：53。

現出這一思維理路。如錢杏邨《人生》，陽翰笙《兩個女性》，丁玲《一九三零年春上海之一》、《一九三零年春上海之二》，蔣光慈《衝出雲圍的月亮》，以及胡也頻《北風裏》，等等。在這些作品中，爭辯的雙方往往是關係較爲親密的人，如《人生》中主人公以兄弟相稱，《一九三零年春上海之一》中的若泉和子彬是朋友，而《一九三零年春上海之二》中的望微和瑪麗、《衝出雲圍的月亮》中的王曼英和柳遇秋都是戀人。但令人詫異的是，他們的基於情感乃至血緣的親密關係卻因爲政治傾向的差異產生了裂痕，而對話使得他們之間的關係的親密程度更是讓人疑寶叢生，就像丁玲《一九三零年春上海之一》中所說的，「談話談到十點鐘，越談越不精彩，因爲題目不能集中，大家都覺得精神上隔了一座墙，都不願意發揮自己的意見，也不給別人發揮的機會。這是太明顯了，一發揮，破裂便開始了。每人都更深的感到這脆弱的友誼是太沒有保障，彼此更距離得遠了，而且無法遷就」。〔註39〕這樣一種窘況使得雙方的爭辯不可能是朋友、戀人之間個體衝突，它從一開始就是兩種政治理念的激烈碰撞。在這個過程中，雙方對彼此政治理念的蔑視消解了愛情和友誼，而在起初觀點的交鋒往往也在不斷的升級之中導向對彼此人格的攻擊，而其最終的結果也必將是戀人的分手和朋友的絕交。因此，我們與其把這種爭辯視爲語言上的交鋒，倒不如說這是一場階級鬥爭在意識形態層面上的預演。儘管這類題材也確實反映了大革命失敗之後知識分子的分化過程，但是這種分化以及由此產生的衝突與鬥爭，又何嘗不是作者自我內心矛盾的外化呢？價值觀的碰撞之後，朋友、戀人這類基於個體自然生成的關係破裂了，而與此同時，一種以對抗爲特徵的階級關係卻被成功地建構起來。在這樣一種關係中，左翼作家將內心矛盾導向了外在，敵我矛盾也在階級話語中變得漸次明朗化，因爲那條劃分「畛域」的界限已經涇渭分明了。

3.4 「靈肉」分割：「個人主義」非道德化過程的文本呈現

　　左翼小說中「爭辯」的場景暗示左翼知識分子在「自我」中對「個人主義」所進行的排污過程，內心衝突外化爲階級矛盾。但值得注意的是，在此

〔註39〕丁玲，一九三零年春上海之一〔C〕//丁玲全集（第三卷），河北：河北人民出版社，2001：279。

過程中，不僅僅是「階級關係」趨於明朗化，「階級關係」還與中國傳統的「道德理念」出現了某種程度上的契合。且以錢杏邨的《人生》為例，小說中的反派人物首先做出一個「人生如蝦仁」的比喻，他主張人生「應當新鮮化，白淨化，使人愛悅，使人對你感到一種甜蜜蜜的滋味。」〔註40〕而後他又做出一個「人生應該像柚子」的比喻，因為「這樣才能四通八達，到處不吃虧」。這兩個極為輕浮的比喻象徵了一種為中國正統倫理所不恥的道德價值。相反，正派人物則用義正言辭的氣概表達了自己的價值觀，他對朋友的謾罵也表現出幾分「割席斷義」的凜然與決絕。事實上，當作者將內心的衝突用一個朋友絕交的傳統形式表現出來時，其所確立的階級二元也自然而然地進入了中國傳統道德二元對立的框架，即前者是見利忘義，後者則是捨生取義，兩者可謂正邪不兩立。在這樣的一個基礎之上，「個人主義」被徹徹底底地等同於自私自利的「利己主義」，它的道德根基已經被完全抽空了。

在30年代，馬克思主義的階級鬥爭學說被中國知識分子視為最先進的價值理念，但是這種價值理念在進入中國現實語境的過程中，卻對接了中國傳統最為保守的倫理道德。在表面上看，左翼作家將「人的文學」推進到「革命文學」，但在實質上講，卻是「克己復禮」的價值代替了「個性解放」的理想，「五四」文學中「靈肉一體」的「人」的觀念也隨著「階級話語」的介入而被重新分割成「靈」與「肉」的二元。

在《人的文學》中，周作人最早提出了這種靈肉二元一體的文學理念：「人性有靈肉二元，同時並存，永相衝突。肉的一面，是獸性的遺傳；靈的一面，是神性的發端」。在這個基礎上他指出，「這靈肉本是一物的兩面，並非對抗的二元。獸性與神性，合起來便只是人性」。〔註41〕所以他認為，「人類正當生活，便是這靈肉一致的生活。」許紀霖先生在評述周作人「靈肉一體」的「個人主義」價值觀時，一方面認為他「受到西方心理學家藹理斯的影響，調解天理與人欲的對立，使人生免於靈肉糾纏而歸於藝術，從而獲得自然人的自信與尊嚴」，但另一方面更強調其思想源頭的另一方面「與朱子學、陽明學和道家的個人思想觀念有著血脈上的承繼關係」，它「源於道家的審美自由

〔註40〕錢杏邨，人生〔C〕//阿英全集（第三卷），合肥：安徽教育出版社，2003：464。
〔註41〕周作人，人的文學〔C〕//中國新文學大系·建設理論集，上海：上海文藝出版社，2003：194。

與藝術人生」。〔註42〕事實上，「靈肉二元論」確是一種「古人的思想」，並非周作人所作。事實上，誠如周作人所說，靈肉二元論是一種「古人的思想」，周作人所作的無非是對其灌注了「人道主義」的價值理念。不可否認，這樣一種借屍還魂的做法本身就有某種疏漏——他所倡導的「人性」是由「獸性」和「神性」拼貼出來的，所以只能力圖在兩者之間的平衡之中尋找「人性」，而無法確立「人之爲人」的牢固的思想根基。尤其重要的是，「中國五四時期的思想家和文學家們雖然喜歡以啓蒙者自居，甚至把新文學運動比作歐洲的文藝復興，但從文學上的表現來看，他們對自然的衝動和欲求仍是不敢大膽地肯定，更不用說像《巨人傳》和《十日談》那樣，滿懷生命躍動的激情去歌頌讚美和展覽人的食色欲。儘管五四文學中存在著大量描寫性愛的作品，但其中仍充滿著一種罪惡感和不潔感」。〔註43〕因此，「肉欲」在五四文學中並沒有眞正掙脫傳統道德的框架，它依然是作爲一種「悖德」的存在爲人們所不齒。

而普羅小說作家的階級話語正是沿「靈」與「肉」之間那道拼接時就已存在的隱秘縫隙將「人性」重新撕裂成「獸性」與「神性」的兩半。對普羅作家而言，所謂「靈」的一面已經被「革命」所指稱。革命話語就是一種神祇語言，這表現在「革命」作爲普羅作家言說的前提是不容置喙的。「革命」是先驗的、絕對的眞理，它不只是不能被反對，甚至不能被懷疑和討論。像洪靈菲《家信》中的主人公在奉勸母親理解的那樣：「如果你一定非信神不可，那你可以相信『革命』便是一位公正無私的神，他對於一切受災難，遭不幸的人們是極其慈愛的。他對於他們是有求必應的。母親，相信我的說話吧，如果你一定非信神不可的說話，那便請你虔誠地相信這位公正無私的『革命神』吧。」〔註44〕當「革命」被奉爲神祇予以崇拜和供奉的時候，「革命者」自然也便成了「神之子」，而「個人主義」者顯然就被歸入了「肉欲」和「獸性」的一維。這樣一來，五四文學所張揚的個人情感被還原成自然主義的欲望衝動，而五四文學中典型的「落魄文人」形象也成了「墮落文人」形象。

〔註42〕許紀霖，個人主義的起源——「五四」時期的自我觀研究〔J〕，天津社會科學，2008年（6）。
〔註43〕李今，個人主義與五四新文學〔M〕，哈爾濱：北方文藝出版社，1992：147。
〔註44〕洪靈菲，家信〔C〕//洪靈菲選集，北京：人民文學出版社，1982：246。

　　且以作爲五四文學的主題之一「戀愛」在普羅小說中的變異爲例。與「五四文學」對「愛人」的讚美不同，「左翼文學」中的戀愛者，十之七八是見色起意的嗜欲之徒。如丁玲小說《一個女人和一個男人》中，主人公薇底就發出感慨：「所謂自由戀愛的結合，竟沒有一個女人不是把經濟列爲條件的第一條的。」因此，他才會撕心裂肺地高呼：「愛情，愛情是什麼呢？是享受，是享受呀！」〔註45〕而錢杏邨《那個委員》中的女職員在委員先生醜態畢露之後也明白了他不過「是要利用它自己所謂的漂亮，他的委員的地位，他的來源不清的黃金，他在社會上的名譽，來玩弄我一回而已」。《下等動物》更是將戀愛直白地概括爲：「請她看電影，上菜館，小旅行，還有逛公園，開旅館，實行暴動，先把性欲問題解決再說。」男主人公從戀愛美好的夢幻中驚醒，看到的卻是「地彷彿在旋轉，眼前好像有幾十個若芬在對他獰笑，周圍的色調完全變了，誰內的人都是些魔物。他怔住了，舉起右手拉著自己的頭髮，兩眼突出了，猛然的頭向下一低，眼淚滾了出來，漸漸的坐立不住。地下全是些裸體的下等動物躺在那裏，若芬也是這些下等動物中的一個。」〔註46〕這樣一種乖戾、猙獰的圖景，顯然會讓五四時期高呼「戀愛神聖」的男男女女們大跌眼鏡，因爲崇高的「精神戀愛」已經墮落成爲醜惡的「肉體交歡」。這種對「戀愛」的「獸性」描寫有時候甚至到了不近情理的地步，如陽翰笙在《兩個女性》中描寫的丁君度教授，全然沒有高級知識分子的風度和氣質，他的書房甚至被描寫成假模假式的淫窟，對於妻子玉青，「教授的心中卻只燃燒著色情的烈火，教授的眼中卻只看見處女般的風情，那少婦特有的可人的風韵」。〔註47〕讓人匪夷所思的地方在於，玉青對這個整天與自己朝夕相處的合法丈夫，竟然是一副冰清玉潔的姿態！她在自己的家中痛斥丈夫「你這人眞肉麻，眞不要臉！」事實上，小說中充滿了肉體欲望的「戀愛」本身就是「個人主義」這一「醜猥的」意識形態在小說中的文學性表述。這就是爲什麼玉青對丈夫充滿了道德上的蔑視和同情：「難道你這樣醉生夢死的過活，你還絲毫不覺得可憐麼？」由此可見，在普羅小說中，革命理性話語中侵入了

〔註45〕丁玲，一個男人和一個女人〔C〕//丁玲全集（第三卷），河北：河北人民出版社，2001：165。

〔註46〕錢杏邨，下等動物〔C〕//阿英全集（第三卷），合肥：安徽教育出版社，2003：502。

〔註47〕陽翰笙，兩個女性〔C〕//陽翰笙選集（第一卷），四川：四川文藝出版社，1982：231。

男女床幃之中、臥榻之側，將「愛情」與「婚姻」做出了基於階級話語的道德評判。

在普羅小說這樣一種「靈」與「肉」的分離之中，與「個人」相互脫離的「自我」呈現出一副冰清玉潔的神聖姿態，從而在「存天理，滅人欲」的革命化演繹之中獲得了道德批判的合法地位。以蔣光慈《衝出雲圍的月亮》為例，王曼英和柳遇秋這對昔日的戀人重逢在上海淫靡的「大世界」房間「弔膀子」。蔣光慈通過這樣一個乖戾的場景把聖潔的戀情降格為妓女與嫖客的肉體交易，就像曼英對柳遇秋的表白：「從前你是我的愛人，現在你可是我的客人了」。〔註48〕但讓人哭笑不得的是，蔣光慈使得一個妓女借助革命倫理在一個嫖客面前建立一種弔詭的道德優越感，這種優越感來自於「我」只是「出賣身體」，而柳遇秋卻是「出賣靈魂」。顯然，「出賣靈魂」就是指柳遇秋「背叛革命」的行為，「靈魂」就是「革命」，二者完全等值。這樣一來，「出賣身體」的曼英可以大義凜然地斥責柳遇秋「出賣靈魂」的行為：「不錯，我是在賣身體，但是我相信我的靈魂是純潔的，我對於我自己並沒有叛變……她的身體可以賣，但是她的靈魂不可以賣！可是你，遇秋，你已經將自己的靈魂賣了……」〔註49〕曼英在昔日戀人面前的痛哭，並不是感慨自己的悲慘身世，反而惋惜著對方的「墮落」：「她痛哭得是那般地傷心，那般地悲哀，彷彿一個女子得到了她的愛人死亡了的消息一樣。她所熱烈地愛過的柳遇秋已經死了，永遠地不可再見了，而現在坐在她旁邊的人，只是她的客人而已」。〔註50〕這也就能夠理解為什麼曼英最後執意索要過夜費用，這樣一筆錢證明著那種「戀愛關係」的虛無，在她與「反革命者」之間，只有肉體上的齷齪關係，而沒有情感上的任何糾葛，而這筆錢拿過來也要扔掉，因為這是「賣靈魂混來的錢，污辱了我」。不管我們在今天的語境中對蔣光慈的小說筆法如何反感，都不能忽視，他通過對革命倫理的建構，通過對「個人主義」意識形態的精神排污過程，已經使得自己小說中的「革命者」建立起政治啟蒙的資格，而這一資格本身也契合著傳統道德。

〔註48〕蔣光慈，衝出雲圍的月亮〔C〕∥蔣光慈文集（第二卷），上海：上海文藝出版社，1988：87。
〔註49〕蔣光慈，衝出雲圍的月亮〔C〕∥蔣光慈文集（第二卷），上海：上海文藝出版社，1988：88。
〔註50〕蔣光慈，衝出雲圍的月亮〔C〕∥蔣光慈文集（第二卷），上海：上海文藝出版社，1988：89。

值得強調的是，這樣一種「靈肉分離」過程所消解的絕不僅僅是「戀愛」、「肉欲」的一維，它其實包括了整個世俗生活。群眾運動「貶低歡樂和舒適，歌頌嚴格律己的生活。它視尋常享樂爲微不足道，甚至是可恥的，把追求個人歡樂視爲不道德」。〔註51〕可以說，世俗生活本身已經完全被納入了「個人主義」的範疇，並在「享樂主義」的名義下遭到了左翼作家和革命者徹底的批判。在普羅小說中，存在著這樣一個沉迷世俗生活的人物序列，如《家長》中的張先生，《子敏先生》中的子敏，《兩個女性》中的丁君度教授，以及《長白山千年野狐》中的江志尼等等。這些人的共同特點就是他們都放棄了革命而退入了家庭與書齋，他們蠅營狗苟的生活，小富即安的心態，都成了理想主義革命者鄙夷、排斥的對象。

在左翼作家眼中，沒有所謂「世俗生活」，而只有「革命」的生活和「不革命」生活。而「不革命」的生活，很可能就意味著「反革命」的生活。如錢杏邨的短篇小說集《革命的故事》，所描寫的就是一批革命投機者爭權奪利的場景，「革命的故事」實際上是「不革命的故事」、「反革命的故事」。《兩個女性》中，丁君度在妻子面前爲自己辯解說：「我之所以毅然的斬斷一切政治的關係，而退回到我教書的舊業上來，我只爲的是你能享點清淡的幸福和國電和平的生活。我想我們處在這樣暴亂的時代，只要能平平安安的快快樂樂的過一生一世也就夠了，旁的我們還要去企求什麼呢！」但是玉青卻對此予以強烈反對，在她看來：「你分明還是一個怯弱者，你分明還是一個自私自利的個人主義者呀！」〔註52〕正是因爲丁君度堅持「理論」脫離「實際」，只在紙上搞革命，因此他們並不是一個眞正意義上的「革命者」，那麼，這個丈夫與自己之間的關係沒有了「革命」的支撐，也就只能成爲一個與自己貌合神離、同床異夢的陌路人。在一個風雨如晦的時代裏，知識分子卻選擇「平平安安的快快樂樂的過一生一世」，再沒有比這更墮落的生活了！與玉青對丁君度的態度一樣，《一九三零年春上海之一》中的若泉對朋友子彬亦是如此，他不願意跟子彬交談，是因爲與他「只能談一點飲食起居的話，或者便是娛樂的話。若說到正題，他不是冷著臉不答辯，便是避開正面的話鋒，做側面的

〔註51〕埃里克·霍弗〔美〕，狂熱分子〔M〕，梁永安譯，桂林：廣西師範大學出版社，2008：98。

〔註52〕陽翰笙，兩個女性〔C〕//陽翰笙選集（第一卷），四川：四川文藝出版社，1982：234。

嘲諷了。」〔註53〕「飲食起居」的話已經被排斥在了「正題」之外，成爲一種「娛樂」，而他對子彬之所以「恨他，又爲他難過」，僅僅因爲「他不是一個勇敢的戰士」。綜觀左翼文學，左翼作家對那種「世俗」生活可謂嗤之以鼻，他們對其極盡調侃、諷刺、戲謔，因此，世俗生活在左翼文本往往呈現出一副怪誕、荒淫、墮落的景象。陽翰笙的《大學生日記》就呈現出這樣一種與五四大不相同的校園景觀，在這所革命活動遭到殘酷壓制的學校裏，大學生要麼成了「且趣當生，奚遑死後！」〔註54〕的縱欲者，要麼淪爲「恐怕還要永遠孤僻下去」的孤獨者。一切非革命的校園活動都是不堪入目的，曹道心對京劇的沉迷被說成是「一天到晚都在學著梅蘭芳做貓叫」，而鐵牛代表的運動只不過是「引發了一場劇烈的混戰」，即使是自己摯愛的表妹也只是一個「純粹從戀愛的觀點來談戀愛的」資產階級小姐而已。因此，作者不悲憤地諷刺學校道：「啊，學校，學校，你這神聖之地啊！」

　　事實上，左翼作家對世俗生活的態度按照他們自己的革命倫理來講是完全適當的。對革命者而言，「在十字街頭豎起象牙之塔的人是有產者社會的走狗」。〔註55〕「我們現在處的是階級單純化，尖銳化了的時候，不是此就是彼，左右的中間沒有中道存在」。〔註56〕「固執著構成有產者社會之一部分的上部構造的現狀維持，爲布魯喬亞泛當了一條忠實的看家狗」。〔註57〕在左翼作家看來，「革命」，而且是作爲實際鬥爭的「革命」，是左翼知識分子擺脫「小資產階級」頭銜的唯一渠道。殷夫說：「文化運動應視爲實際鬥爭的一部分，有密切關係的部分。做文化運動的人，也即是參加經濟鬥爭的人，政治鬥爭的人。」〔註58〕李初梨認爲：「我們的文學家，應該同時是一個革命家。他不是

〔註53〕丁玲，一九三零年春上海之一〔C〕//丁玲全集（第三卷），河北：河北人民出版社，2001：276。

〔註54〕陽翰笙，大學生日記〔C〕//陽翰笙選集（第一卷），四川：四川文藝出版社，1982：454。

〔註55〕成仿吾，全部批判之必要〔C〕//中國新文學大系 1927～1937・文學理論集二，上海：上海文藝出版社，1987：72。

〔註56〕郭沫若，留聲機的回音〔C〕//中國新文學大系1927～1937・文學理論集二，上海：上海文藝出版社，1987：91。

〔註57〕李初梨，請看我們中國的 Don Quixote 的亂舞〔C〕//中國新文學大系 1927～1937・文學理論集二，上海：上海文藝出版社，1987：118。

〔註58〕殷夫，過去文化運動的缺點和今後的任務〔C〕//中國新文學大系 1927～1937・文學理論集一，上海：上海文藝出版社，1987：213。

僅在觀照地『表現社會生活』，而且實踐地在變革『社會生活』。〔註 59〕在這樣一種邏輯之下，一個知識分子如果自外於革命，而去過那種所謂的世俗生活，那麼也就意味著自己對一個反動社會秩序的妥協和認同，意味著自甘於「小資產階級」的身份。正是基於此，左翼作家才會將「世俗生活」納入「個人主義」範疇並予以嚴厲批判和徹底鏟除。

〔註 59〕李初梨，怎樣地建設革命文學〔C〕//中國新文學大系 1927～1937・文學理論集二，上海：上海文藝出版社，1987：62。

4. 政治啟蒙：主體與客體的確認

4.1「留聲機」與「鵝毛扇」：左翼知識分子的自我定位

通過對「個體」與「自我」的分離，左翼作家把「個人主義」整合為一種落後、反動的意識形態予以排斥，從而使得「小資產階級」這個曖昧、含混的身份與「資產階級」劃出了相對清晰的界限。照郭沫若的話來說，就是他們「從小有產者意識的繭殼中蛻化了出來」。〔註1〕但是這一「蛻化」動作的完成並不意味著知識分子已然重塑「自我」，因為「小資產階級」最終完成向「革命者」的轉變，還需要讓自身融入無產階級的隊伍，需要在「工農大眾」的群體之中「獲得大眾的意識，大眾的生活情感」。〔註2〕正因為此，左翼文學批評中才出現了眾多「貼近大眾」、「融入大眾」呼籲，知識分子的革命必須以站在大眾的立場上為標誌，他們「不但應該脫了大衣，拉了眼鏡，到工農中去，並且要積極地做他們最忠實、最勇敢的朋友，和他們一起呼吸，和他們一起爭鬥。」〔註3〕也就是說，左翼作家不僅要通過對「個人主義」批判消解自身的「個體性」，還要通過「貼近大眾」、「融入大眾」的行為消泯自身的「主體性」，而這似乎凸顯出兩者之間難以調和的矛盾。

〔註1〕 郭沫若，留聲機的回音〔C〕//中國新文學大系1927～1937·文學理論集一，
上海：上海文藝出版社，1987：95。
〔註2〕 鄭伯奇，關於文學大眾化的問題〔C〕//中國新文學大系 1927～1937·文學
理論集一，上海：上海文藝出版社，1987：288。
〔註3〕 殷夫，過去文化運動的缺點和今後的任務〔C〕//中國新文學大系1927～1937·
文學理論集一，上海：上海文藝出版社，1987：214。

　　就知識分子的「自我」轉變而言，這種對「主體性」的摒除似乎必須是
徹底的、無條件的，郭沫若用他的「留聲機」理論生動地表述了這樣一種相
對極端的理念：「你們不要亂吹你們的破喇叭，暫時當一個留聲機罷！」這種
「留聲機」理論的核心是它的三大必要條件──「要你接近那種聲音」，「要
你無我」，「要你能夠活動」。知識分子的革命實踐過程「剛好像一個留聲機器
的攝音發音的過程一樣」，只有這樣一種完全客觀的過程才能保證他們「克服
自己舊有的個人主義，而來參加集體的社會活動」。〔註4〕但是，這種對「客
體性」的極端強調遭到了理論家李初梨的批判，在他看來，郭沫若「接近那
種聲音」的主張根本就不具備現實可能性──「無論你如何接近那種聲音，
你終歸不是那種聲音」。〔註5〕如果說「留聲機」理論的提出昭示著郭沫若等
左翼知識分子力圖消泯自身的「主體性」，那麼在《新興大眾文藝的認識》一
文中，他卻堂而皇之地張揚了知識分子的「主體性」：「你要去教導大眾，老
實不客氣的是教導大眾，教導他怎樣去履行未來社會的主人的使命。」「你是
先生，你是導師，這層責任你要認清！」〔註6〕而對於這種「導師」理論，左
翼陣營內部卻從來不乏反對的聲音，陽翰笙就曾撰文「堅決反對那些不到大
眾中去學習只立在大眾之上的自命『導師』。」〔註7〕郭沫若一方面主張當「留
聲機」，一方面主張當「導師」，而兩者都遭到了激烈的反對，乍看之下，郭
沫若乃至左翼作家群體似乎是在「主體性」和「客體性」陷入了自相矛盾的
窘境。

　　事實上，與陽翰笙和李初梨相比，郭沫若顯然帶有更多的文人氣質，他
的文章充滿了激情，但是缺少陽、李二人的理論體系，也沒有形成相對嚴密
的言說策略。但恰恰因爲這樣，郭沫若卻在不經意之中暴露出左翼作家內在
的、深層的、不願爲外人道的思維理路。歸其根本，「留聲機」理論和「導師」、
「先生」的提法根本就不存在任何矛盾，因爲它們根本就不在同一個層面上。
「留聲機」論對「客體性」的強調是針對的是知識分子亟需「自我轉變」的

〔註4〕郭沫若，英雄樹〔C〕//中國新文學大系 1927～1937・文學理論集二，上海：
　　　　上海文藝出版社，1987：25。
〔註5〕李初梨，怎樣地建設革命文學〔C〕//中國新文學大系 1927～1937・文學理
　　　　論集二，上海：上海文藝出版社，1987：64。
〔註6〕郭沫若，新興大眾文藝的認識〔C〕//中國新文學大系 1927～1937・文學理
　　　　論集二，上海：上海文藝出版社，1987：283。
〔註7〕陽翰笙，文藝大眾化與大眾文藝〔C〕//陽翰笙百年紀念文集（第三卷），中
　　　　國戲劇出版社，2002：49～50。

文人身份，而「導師」、「先生」指涉的「主體性」則是針對知識分子「政治啓蒙」的革命者角色。「留聲機」昭示的左翼知識分子貼近大眾、融入大眾，無非是爲了表現自己對革命理念的認同和對革命實踐的參與熱情，而「導師」和「先生」則揭示了左翼知識分子貼近大眾、融入大眾的最終目的就是爲了對大眾進行「啓蒙」——再進一步說，左翼知識分子不僅僅是參與革命，他們還要成爲革命的發起者、倡導者、宣傳者乃至領導者。正因爲此，郭沫若在對李初梨的回應文章裏，不僅沒有反駁李初梨，反而「老實不客氣」地說：「我們的思想是完全一致的」，他一方面繼續強調「客觀存在什麼，我們發出什麼甚麼聲音」，一方面則補充：「我們當 Marx-Engels 的留聲機器，並不是完全如字義上攝取他們的聲音，是要攝取他們的精神，以他們的精神爲精神而向前發展」〔註8〕。而陽翰笙的文章眞正反對的也並不是「導師」本身，而是反對「導師」站在「大眾之外」和「大眾之上」的立場，他反對的是那些「不參加大眾鬥爭，只站在大眾之外的自覺清高的旁觀者」，而「生活在大眾之中，自身就是大眾裏的一部分」的「導師」和「先生」，正是半遮半掩地指向了左翼知識分子群體自身。

從這個意義上講，中國左翼文學陣營在 30 年代所提倡的「大眾化」問題，實際上包含著兩個層面：一方面，「大眾」是知識分子進行自我身份置換的手段；另一方面，「大眾」是知識分子政治啓蒙的客體對象。在這其中，前者是後者的前提條件，而後者則是前者的最終目的。

只有在「知識分子自我」改造這個層面上，「貼近大眾」、「融入大眾」的極端傾向才是無條件的、徹底的。這其中所彰顯的是左翼作家無力祛除的、對「脫離群眾」的內心焦灼——我們「始終把『我們』與『大眾』分開，沒有決心到大眾中去學習，去同大眾共同生活著，幫助大眾自下而上的自己起來幹自己的大眾文藝革命運動」，〔註9〕從「文人」向「革命者」的轉變，實際上指涉了「小資產階級」向「無產階級」陣營的皈依。在這一過程中，「大眾」成爲「無產階級」的當然代表，它既是消解「資產階級」意識的神兵利器，又是檢驗「無產階級革命者」資格的試金石。但是，在「政治啓蒙」這

〔註8〕 郭沫若，留聲機的回音〔C〕//中國新文學大系 1927～1937・文學理論集二，上海：上海文藝出版社，1987：95～96。

〔註9〕 陽翰笙，文藝大眾化與大眾文藝〔C〕//陽翰笙百年紀念文集（第三卷），中國戲劇出版社，2002：49～50。

個層面上，「貼近大眾」、「融入大眾」卻成了獲取「啓蒙者」資格的行為，是知識分子群體潛伏入工農大眾陣營進行言說的策略。因此與作為知識分子身份轉變手段的「大眾」不同，這裏「貼近大眾」、「融入大眾」顯然是有條件的，也是有限度的。可以說，左翼作家從一開始就對這種言說策略保持著高度的警惕，在他們看來，「大眾」並不是完美的樣板，相反，「大多數群的民眾所享受的是些文藝圈外所遺棄的殘渣，而且這些殘渣又都滿藏著支配階級所偷放安排著的毒劑」，〔註 10〕因此，如果一味強調「客體性」，強調「大眾化」，那麼左翼的提倡的「大眾文學」很容易與「通俗文學」相互混淆，因此必須有一條清晰的界限將「普羅小說」與「禮拜六派」區別開來。正是在這個邏輯之下，左翼作家高揚起「主體性」的大旗，用鄭伯奇在《關於文學大眾化的問題》一文中的話來說就是「中國目下所求的大眾文學是真正的啓蒙文學」。〔註11〕可以說，正是洋溢著精英意識的「啓蒙」二字，凸顯了左翼知識分子的「主體性」，從而使得他們的「客體性」不至於在「貼近大眾」、「融入大眾」的過程中滑向與「禮拜六派」夾纏不清的泥淖。

但是這裏有一個新的問題出現了。「啓蒙」理念顯然是由「五四」新文學繼承而來，左翼知識分子藉此在「貼近大眾」「融入大眾」與「禮拜六」所指涉的庸俗文化之間劃出了清晰的界限。但是，既然「啓蒙」的理念借自五四先賢，那麼他們又如何在左翼的「啓蒙」與「五四」的啓蒙之間劃出界限？鄭伯奇所謂「真正的啓蒙文學」又「真正」在哪裏？其實一般而言，「啓蒙」與「文學」隸屬於兩個完全不同的範疇，「啓蒙」未必以「文學」為手段，而「文學」也未必以「啓蒙」目的。只是在中國充滿功利主義色彩的「文以載道」詩學傳統之中，兩者才產生了結合的可能性。尤其是在五四新文學上，「一方面，思想啓蒙引導著、制約著新文學的走向，並為新文學賦值；另一方面，新文學在詮釋著啓蒙的同時又內置了質疑與逆轉，或者說，文學是以一種情感文本訴說著啓蒙主體在情與理方面的結構」。〔註 12〕但這裏要強調的是，五四時期的所謂思想啓蒙發生在民族文化的層面上，所以知識分

〔註10〕鄭伯奇，關於文學大眾化的問題〔C〕//中國新文學大系 1927～1937·文學理論集一，上海：上海文藝出版社，1987：286。

〔註11〕鄭伯奇，關於文學大眾化的問題〔C〕//中國新文學大系 1927～1937·文學理論集一，上海：上海文藝出版社，1987：289。

〔註12〕王桂妹，文學與啓蒙——《新青年》與新文學研究〔M〕北京：中國社會科學出版社，2010：108。

子對大眾所謂的「啟蒙」實際就是所謂「國民性批判」，即通過對其精神上刺戟達到「改造國民性」的目的。有學者論述過，辛亥革命的實際失敗「既徹底打破了單純靠政治革命、制度變革實現目的的一廂情願的幻想，同時又恰好驗證了一些啟蒙者們所反覆強調的『倘國民性不改造，則中國的民主共和永無指望』的警告」。〔註 13〕在現實層面的革命失敗之後，中國左翼知識分子在開始注重「更為必要的『心理建設』的途徑」，「這一思想取向在五四新文化運動期間得到了進一步的發展。陳獨秀、李大釗、魯迅、胡適等先驅者傾其全力圍繞國民性探討這一中心命題，展開了更為廣泛更為深入的探討。一方面他們認為中國封建時代的國民性十分缺乏西方民族縮具備的自由、平等、博愛的精神，民主的精神，進取的精神以及科學的精神等素質，而當時人民大眾的思想性格仍然是封建時代的延續，在此前提下，任何政治革命也無法真正取得成功；另一方面他們又從歷時的進化觀念出發，認定國民性格必須在新的社會文化氛圍下，重新加以塑造，即通過思想革命運動，運用啟蒙手段來轉變人們的思想、性格和氣質，徹底改造在長期的封建統治下積澱而成的國民劣根性，從而推動中國『人的解放』的歷史進程」。〔註 14〕但是，以魯迅為代表的「五四」知識分子最終卻發現「大眾」實則是廣裏、空虛的「無物之陣」，「啟蒙」喪失了言說對象，成為一場鏡花水月的徒勞，而「啟蒙者」自身也陷入了啟蒙無效的絕望，在《狂人日記》中，「魯迅讓『狂人』由『發狂』到『病愈』，其實就是他對思想啟蒙的絕望情緒與悲劇語言」。〔註 15〕與「五四」的「思想啟蒙」不同，左翼「革命文學」所張揚的所謂「政治啟蒙」卻是一種對「政治革命、制度變革」的復歸，李澤厚在總結中國現代思想史發展歷程時指出，中國知識分子是「從新文化運動的著重啟蒙開始，又回到進行具體、激烈的政治改革終」，在 30 年代，「政治，並且是徹底改造社會的革命性的政治，又成了焦點所在」，整個過程實際是「繞了一個圈」。〔註 16〕在這一轉變與復歸的過程中，對「大眾」的認知與定性起到了至關重要的作用，也正是這一點，使得左翼文學將自身的「政治啟蒙」與五四文學的「思想啟蒙」區分開來。

〔註13〕張光芒，啟蒙論〔M〕上海：上海三聯書店，2002：44。
〔註14〕張光芒，啟蒙論〔M〕上海：上海三聯書店，2002：45～46。
〔註15〕宋劍華，生命閱讀與神話解構——20世紀中國文學經典文本的重新釋義〔M〕廣州：廣東人民出版社，2010：15。
〔註16〕李澤厚，中國現代思想史論〔M〕天津：天津社會科學出版社，2003：20。

　　但是對左翼作家而言,「五四時期的反對禮教鬥爭只限於智識分子,這是一個資產階級的自由主義啓蒙主義的文藝運動。我們要有一個『無產階級的五四』,這應當是無產階級革命主義社會主義的文藝運動,這就是反對青天白日主義」。〔註17〕瞿秋白強調,這種鬥爭必須「思想上武裝群眾,意識上無產階級化」。馬克思主義的社會學框架,使得「愚昧的國民」變成了「工農大眾」,這當然不是簡單的語詞更換,因爲「工農大眾」被納入了階級話語的體系,從而使得魯迅徬徨無地的「無物之陣」突然被加工成了「有形之物」。同樣,「啓蒙」也就不再是「鐵屋子裏的吶喊」,而演變成了一套明確的、規範的、可操作的革命程序。必須強調的是,瞿秋白所極力反對的「青天白日主義」並不是群眾本身的蒙昧意識,而是「反革命的武斷的宣傳」的結果。這一點尤爲重要,因爲如此一來,群眾的愚昧、落後,不再是自身的原因,也不是空泛意義上民族文化的原因,而是由於他們「受著宗法社會和封建觀念的束縛」,是「豪紳階級的『大眾文藝』正在供給他們以各式的毒藥,迷魂湯」。〔註18〕這樣一來,「大眾」內部的某種不良屬性被外化到反動統治階級身上,左翼作家的啓蒙不再是「國民性的批判」,他們把批判的矛頭從「國民」所指涉的大眾,導向了那些落後反動的階級。因此,瞿秋白強調「看清群眾的日常生活經常的受著什麼樣的反動意識的束縛」,在這裏,「政治啓蒙」的過程,實際上就是啓蒙者將「封建觀念」、「宗法意識」從大眾屬性中祛除的過程,「大眾」被「啓蒙者」淨化爲理想的政治啓蒙對象。

　　簡而言之,五四對「國民」的啓蒙是文化層面上的「教化」,而左翼作家對「工農大眾」的啓蒙則是政治層面上的「鼓動」。瞿秋白創造性地將「鬥爭」視爲工農大眾的核心內容——「工農的人生是和鬥爭不可分離的」,從而取代了「民族劣根性」。如錢杏邨在《大眾文藝與文藝大眾化》一文中認爲:「我並不反對從工人大眾的一些壞的個人的習慣方面下手,然而,這不應該成爲我們的主要題材。」他所主張的,是「鼓動他們的鬥爭情緒」。〔註19〕由此可見,「鼓動鬥爭情緒」已經代替了「國民劣根性批判」。而左聯的綱領性文件

〔註17〕瞿秋白,普洛大眾文藝的現實問題〔C〕//瞿秋白文集(第一卷),北京:人民文學出版社,1985:438。

〔註18〕瞿秋白,普洛大眾文藝的現實問題〔C〕//瞿秋白文集(第一卷),北京:人民文學出版社,1985:437。

〔註19〕錢杏邨,大眾文藝與文藝大眾化〔C〕//阿英全集(第二卷),合肥:安徽教育出版社,2003:418。

《左翼作家聯盟的意義及其任務》已經明確地將「鼓勵他們鬥爭的勇氣和情緒」〔註 20〕視爲自身的重要任務。所謂「鼓動」是指左翼作家對「大眾」的希冀有所改變，他們不再希望大眾獲得「思想覺醒」，而是希望大眾明確自身的「利益訴求」。它意味著知識分子將空泛的文化問題，置換成具體而明確的政治問題，進而延伸到與工農大眾生活息息相關的經濟問題，惟其如此，才能保證「啓蒙」的成功和革命的勝利。因爲「中國民眾的『革命想像』與關涉他們切身利益的權力、金錢、性資源等息息相關，而與實現『大同社會』和『共產主義』這樣的『終極理想』並無切實的關聯」。〔註 21〕因此，夏衍明確提出了「普洛文學決不是『從上向下』的施與，而是應用這種大眾化的方式，『從下向上』地組織大眾感情」。〔註 22〕只有在「『從下向上』地組織大眾感情」這一意義上，知識分子的主體性和客體性才完成了統一。

4.2「士人」形象：「無產階級英雄」的本土化表達

在社會實踐過程中，建立知識分子自身主體性和客體性的統一是左翼批評家們理論話語建構的重要課題。而左翼小說創作中出現的「革命者」形象，便可看成這種主客體統一的知識分子在文本中的演繹。可以說，左翼作家試圖把對他們對「無產階級」這一觀念的理性認知，用文學的語言塑造成符合其革命理想和階級理論的人物範型。他們利用小說這一偏重敘事的文學體裁，將革命者的形象置於虛擬的革命場域裏，並賦予他們「融入大眾」和「政治啓蒙」的雙重職能。具體說來，他們一方面要通過「融入大眾」來屏蔽知識分子出身的革命者身上的文人情結、精英氣質和貴族味道，使得他們混迹於群眾運動的潮流中而不顯得突兀；另一方面，他們要隱蔽地描述革命者的「政治啓蒙」角色，使得他們成爲兼具導師、先知和領袖風範的「英雄人物」。當然，這種「英雄人物」要有充足的平民氣質，他們不能淪爲「比平民高出一等的人物」，更不能陷入「個人的英雄決定一切的公式」，從而與「變相劍

〔註 20〕潘漢年，左翼作家聯盟的意義及其任務〔C〕//中國新文學大系 1927～1937·文學理論集一，上海：上海文藝出版社，1987：391。

〔註 21〕陳紅旗，中國左翼文學的發生 1923～1933〔M〕，廣州：暨南大學出版社，2010：16。

〔註 22〕夏衍，文學運動的幾個重要問題〔C〕//中國新文學大系 1927～1937·文學理論集二，上海：上海文藝出版社，1987：296。

仙和變相武俠」〔註23〕相互混淆。簡而言之,「革命者」在左翼小說文本之中,既不能有「鶴立雞群」式的孤高,又不能有「泯然眾人矣」的失色。

必須承認,「無產階級」是馬克思主義理論話語的重要範疇,而普羅作家乃至整個左翼文學群體都在強調他們對馬克思主義的信仰與尊奉,但是問題在於,「馬克思主義文藝思想從其誕生的文化場橫向移到我國文化場,是一個跨越不同文化時空的接受和重構過程,外來的馬克思主義文藝思想既可能因此而在中國得到新的豐富和發展,又可能因誤解或曲解而導致不同程度的『變形』和『失眞』。」〔註24〕而除了時空語境的巨大差異之外,文學理論還存在無法直接對基於作家的體驗的創作進行指導的困難,更何況,馬克思主義首先是一種關於政治、經濟的社會學說,也是一套基於辯證唯物主義和歷史唯物主義的實踐哲學,它從來都不是一種系統的、完善的文藝理論。這裏就涉及到所謂「馬克思主義理論指引下理解和實踐現實主義的問題」,顯然,普羅小說作家是「把現實主義作爲『自外而內』,從『外面』加於文學的原則規範,如各種抽象的『精神』、『世界觀』、『公式』、『規矩』等去約束文學」。〔註25〕因此,當一個小說家力圖在文學文本中塑造「革命者」的文學形象時,批評家們所張揚的階級理論都只能作爲一個世界觀供自己參照,而不可能形成一種行之有效的、貫穿於小說創作過程的方法論,「創作方法作爲作家自覺地或不自覺地用來指引他們進行創作的凉則和途徑、精神和手法,與作家對現實的審美態度和傾向關係密切,因此,是否對時代生活有眞切的感受和深切的把握,是掌握迸步的創作方法的重要一環」。〔註26〕左翼文學從文學批評到文學創作的過程,意味著知識分子的言說方式由理論建構置換成了文本虛構,用小說來演繹的「革命者」只能是一組具體可感的文學形象,而不能只是像理論家一樣對概念本身進行闡釋、分析和推論。左翼批評家通過理論的操作確證了「革命者」的身份和職能,而左翼作家卻要將「革命者」生成爲一個個生動的人物,而革命也必須在這些人物的語言、動作、性格、行動之中才能得以凸顯。

〔註23〕瞿秋白,普洛大眾文藝的現實問題〔C〕//瞿秋白文集(第一卷),北京:人民文學出版社,1985:440。
〔註24〕黃曼君,中國20世紀文學現代品格論〔M〕武漢:武漢大學出版社,2007:315。
〔註25〕黃曼君,中國20世紀文學現代品格論〔M〕武漢:武漢大學出版社,2007:316。
〔註26〕黃曼君,左翼文學創作方法問題略議〔J〕,山東社會科學,2005年(1)。

　　所以，縱觀整個普羅小說創作，左翼作家筆下的「革命者」形象很難說是對馬克思主義理論所指涉的「無產階級革命者」的直接描述。那種純粹意義上的「無產階級革命者」或許只能在社會學理論中勉強得到某種程度的定義或闡釋（這種定義或闡釋本身也是模糊的），但是作爲一個文學人物的形象，「無產階級革命者」在當時的社會情境之中無法找到其眞實的人物範型。可以說，30 年代左翼知識分子對「無產階級革命者」的理解僅僅是建立在他們所掌握的馬克思主義理論（包括哲學和政治經濟學）的「知識」之上，而非中國本土的革命現實極其革命體驗之上。因爲，中國在 30 年代左翼文學所倡導的所謂革命，並不是西方原初意義上的無產階級革命，「在中國現代文學史上，二十年代末和三十年代初，早期共產黨人和革命文學工作者提出無產階級革命文學口號，倡導無產階級文學，是應該肯定的。但這裏，『倡導』是一條臨界線，一條必須防守、不可超越的臨界線。然而，『左聯』成立時，綱領的起草人卻沒有嚴格把守住『倡導』這條防線；而是輕易地便跨越了這條理論防線，超前地、錯誤地提出要實踐無產階級文學，『從事無產階級藝術的產生』，從而犯了『左』傾冒進與『左』傾盲動的錯誤」。〔註 27〕也正是基於這一點，後世的研究者如李何林、王瑤等人都將包括普羅文學在內的左翼文學視爲「新民主主義性質的文學」。〔註 28〕在毛澤東的論述中，新民主主義革命是由「無產階級」領導的，但同時也是「人民大眾」的，可以說「無產階級」並沒有成爲革命的主體，反倒是被馬克思斥之爲落後的農民成爲革命的「主力軍」。這樣一種本土化的革命自然不缺乏「革命者」，但是它很難爲左翼文學提供「無產階級」的人物範型。對於這一點，曾經被左翼理論批評家們猛烈批判的創造社作家郁達夫的論斷似乎道出某些眞理：「在無產階級專政的時期未到達以先，無產階級的文學是不會發生的」。〔註 29〕不可否認，郁達夫的觀點不無偏激和片面，但是如果我們從文學審美的一維審視，如果我們假定左翼小說家眞的像他們自身所宣揚的那樣採用了所謂「現實主義」的寫實手法，那麼他們確實無法從當時的社會環境與革命現實中尋找到「無產階級革命者」的模特與範型。正是在這樣一種意義上，郁達夫苛刻地把左翼文

〔註 27〕諶宗恕，左聯文學新論〔M〕武漢：武漢出版社，1996：61。
〔註 28〕諶宗恕，左聯文學新論〔M〕武漢：武漢出版社，1996：60。
〔註 29〕郁達夫，無產階級專政和無產階級的文學 // 中國新文學大系 1927～1937・文學理論集二，上海：上海文藝出版社，1987：12。

學視爲「幾個人在那裏抄襲外國的思想」的結果，把左翼的種種藝術主張視爲一種「不忠於己的行爲」，他們「想勉強製作些似是而非的無產階級的作品出來」。〔註30〕

　　當然，說 30 年代的左翼小說中不存在「無產階級革命者」的形象，並不意味著對「革命者」本身的否定。我們對蔣光慈等人筆下的「革命者」所體現出的那些優良品質和獻身精神並無異議，而對是那些「革命者」們的「無產階級」頭銜提出某種程度的質疑。也就是說，左翼小說的「革命者」的優良品質、獻身精神是古今中外的英雄人物共同具備的，也是人類一起心嚮往之的，我們很難說它是「無產階級」獨占的美德，僅憑這些，似乎也無法把「無產階級」和其他的所謂「落後」的階級區分開來。左翼知識分子力圖「融入大眾」的渴望，必須通過其作品文本中的人物形象予以實現，因此，如何將「無產階級」的頭銜提前加冕於「新民主主義」的「革命者」，是他們所面臨的巨大挑戰。

　　考察左翼小說創作可知，爲應對這一挑戰，左翼知識分子並無外國理論資源可用，他們調動的是本土的「士人」精神傳統。傅東華在《十年來的中國文藝》一文中曾經客觀地論及了中國左翼文學思潮，同時他對左翼文人做過一個比較中肯的定位：「中國讀書人的傳統觀念裏面，本來就包含著『清高』和『氣節』的成分，所謂『不事王侯，高尚其志』，在封建時代便已成爲『士』一階級的信條，及經五四以來反封建思想的輸入，在朝和在野的鴻溝就劃得更加清楚。」〔註31〕傅東華的論斷從一個側面揭示出，30 年代的中國左翼知識分子在內心是以「在野」的「士」即「寒士」自居。「士」這一階層往往和西方的「知識分子」相互對舉，但在實際上，他們之間並非是可以互相替換的同義詞彙，因爲「士」在中國傳統語境中有著鮮明的本土特色。歷史學家顧頡剛曾經指出：「士爲低級之貴族」，而余英時則進一步提出：「我們可以確知『士』是古代貴族階級中最低的一個集團，而此集團中之最低的一層（所謂『下士』）則與庶人相銜接，其職掌則爲各部門的基層事務。」〔註32〕顧、余二人的觀點提供給我的信息在於，「士」由於處在貴族等級序列最爲微末的

〔註30〕郁達夫，無產階級專政和無產階級的文學 // 中國新文學大系 1927～1937・文學理論集二，上海：上海文藝出版社，1987：13。

〔註31〕傅東華，十年來的中國文藝〔C〕// 中國新文學大系 1927～1937・文學理論集一，上海：上海文藝出版社，1987：276。

〔註32〕余英時，士與中國文化〔M〕，上海：上海人民出版社，2002：8。

一層，因此他們與「庶民」之間的界限是極為模糊的。正如余英時指出的那樣——「士階層適處於貴族與庶人之間，是上下流動的匯合之所」，而「士的身份有流動的迹象，即士有時也可以下儕於庶人了」。〔註33〕科舉制度的廢除固然對「士」這一階層產生了巨大的沖激，但是「士」的階層及其精神道統在中國不可能短時間予以消除。

自「五四」以來，包括左翼小說在內的中國現代文學往往以反傳統自居，但事實卻是它們從未擺脫傳統的籠罩和制約。從這一點上看，我們與其把古「士」稱之為古代「知識分子」，倒不如把所謂新文化運動以後的知識分子稱之為現代的「士」。至少對於左翼作家而言，他們確實是以「下儕於庶人」的「寒士」自居，而「寒士」與「庶民」之間的界限固有的模糊性，天然地為他們與「工農大眾」相互「融合」的可能性。他們只需將這種「士」與「民」的關係用馬克思主義的階級話語稍加包裝，就能夠將兩者納入既有的話語體系之中，從而實現左翼知識分子「融入大眾」、「貼近大眾」的迫切渴望。茅盾曾在一篇文章中這樣描述滬上文學研究會作家的生活：「在帝國主義者和中產階級最有勢力的大都市上海，切膚地感受著帝國主義的橫暴，資產階級的無人道的剝削，勞動者的死裏求生的鬥爭，而且自身又是資本家的雇員薪工勞動者」。〔註34〕在這裏，作為「小資產階級知識分子」的作家「大都是薪工勞動者，除了每日的薪工而外，更無所謂產，並且也像勞動者一樣，一天不工作便沒一天的飯量」。〔註35〕這些生活困頓的現代「寒士」用「薪工勞動者」進行自我定位，使得他們與工農大眾在政治、經濟地位上處於等同地位，從而自覺或不自覺地歸附近到了無產階級的隊伍之中。「寒士」形象的啓用對於左翼作家而言是極為關鍵的，一方面近乎完美地契合了馬克思主義的階級話語，而另一方面也更真實地傳達出作家自我的生命體驗。這樣的結果就是，「寒士」作為語言的「能指」可以輕易地被「無產階級」革命話語遮蔽和替換，而它本身的「所指」卻可以在文學作品創作中用中國傳統固有的藝術技巧予以呈現。這樣一種「新瓶裝舊酒」言說策略，使得左翼文學中的「革命者」既表現出「無產階級」的某種面相，又能從深層文化心理上與中國本土的讀者產生巨大的共鳴。

〔註33〕余英時，士與中國文化〔M〕，上海：上海人民出版社，2002：10。
〔註34〕茅盾，「五四」運動的檢討〔C〕∥茅盾全集（第十九卷），北京：人民文學出版社，1984：245。
〔註35〕同上。

　　事實上，茅盾「薪工勞動者」的定位在很大程度上是 30 左翼作家的共識，這種共識非常鮮明地表現在他們的小說敍述之中。在 30 年代的上海，左翼知識分子大多從事的是寫作、教育、出版等於文化相關的職業。〔註 36〕儘管在批評理論中，左翼作家常常從思想層面強調自己「小資產階級」的屬性並予以批判。但是在具體的文學作品中，他們卻常常利用自己從事的這些具有現代城市氣息的職業淡化乃至迴避自己作爲「小資產階級」的群體存在。如果將城市的生產與消費視爲一個體系，那麼知識分子所從事的相關職業確實在其分工之中處於較低的等級，他們往往忍受書商、政府當局的盤剝，經濟生活處於不穩定狀態。因此，像作家、教師這種在傳統話語中帶有某種貴族意味的身份，突然被轉換成了一種安身立命、養家糊口的職業，這樣一來，作家成了「碼字工」，而教育家則成了「教書匠」，他們與泥匠、木匠、石匠的區別也就悄然模糊了。如錢杏邨寫教師 L 君之死：「所謂教育家！所謂替社會工作的教育家！牛馬生涯！這是一個老教育家的末路！」「我的憤慨並不是無病呻吟，事實上確實是如此。教書的有幾個不是窮漢，那一個不是做經濟之神的傀儡，供他玩弄？一點精神並沒有爲書用掉，完全在『沒有錢怎麼辦』，一個思想上用掉了！那裏還有什麼自由！始終是做著經濟的奴隸，又始終缺著錢，除非有一天能打到現代經濟制度，不然我們的將來誰知到不和他一樣呢？」〔註 37〕在這裏，「教育家」成爲窮漢，成爲「經濟之神的傀儡」，他與無產階級的地位悄然等同。而陽翰笙《枯葉》中說的更爲直白：「文藝家，著作者，是什麼東西？也不過是一個普通的腦力勞動者罷了。」〔註 38〕而在另一篇小說《一個青年的手記》中，他寫道「以前的東西雖不好，但都是在單純的藝術衝動時所寫定的，現在卻不然了，現在卻不然了，現在不是做藝術，現在是做經濟了，也許要永久的這樣下去。唉！我想到這些爲經濟而寫定的東西，我覺到我的寫作動機就資本化了，那裏有什麼藝術可講？」〔註 39〕寫作的動機既然已經資本化，那麼寫作者也就不再是一個作家，而是一個受到

〔註 36〕程光煒，左翼文學思潮與現代性〔J〕，海南師範學院學報，2002 年（5）。

〔註 37〕錢杏邨，義冢〔C〕//阿英全集（第三卷），合肥：安徽教育出版社，2003：294。

〔註 38〕陽翰笙，枯葉〔C〕//陽翰笙選集（第一卷），四川：四川文藝出版社，1982：128。

〔註 39〕錢杏邨，一個青年的手記〔C〕//阿英全集（第一卷），合肥：安徽教育出版社，2003：325。

商家剝削和壓迫的碼字工人，因此它慨歎「文人和其他職業，同一是末路而已！」

綜觀普羅小說，這樣一種「寒士列傳」的題材並不鮮見，錢杏邨的《石膏像》、《一個青年的手記》，胡也頻的《北風裏》，潘漢年的《白皮鞋》，洪靈菲的《在木筏上》，陽翰笙的《枯葉》，蔣光慈的《少年漂泊者》、《野祭》等等。以上作品大用第一人稱描寫，或帶有極為強烈的「自敘傳色彩」，其中的「寒士」形象往往是左翼作家們自我的寫照。這些作品大多都在不厭其煩地描摹知識分子物質生活的困頓和窘迫，「無產階級革命者」的「無產階級」特色被解讀成了中國傳統「寒士」的「貧寒」，這樣一種對應使得「知識」表述轉換成了「體驗」表達出之於左翼作家筆下，因此那些在現實中找不到原型的「無產階級革命者」終於獲得了用文學形象予以言說的可能性。

「寒士」的「貧寒」在文學上表述當然不存在技巧上的困難，作家只需要對人物的外貌、衣著或者生活環境等進行簡單的描寫，就能夠讓一個「寒士」的形象躍然紙上。以陽翰笙《兩個女性》描寫主人公雲生的文字為例：「從衣著講，那人物並不來的闊綽，一套對襟紐扣的藍布短衣衫，襯著一雙青布薄底鞋，頭上是一定污舊了的鴨嘴帽，簡直像一個靠做工吃飯的工人模樣。」而「從面容上來說，那人物並不漂亮不白淨，不溫文爾雅，但是那張黑褐得發光的臉，也就很夠證明他的文采並不風流，他的容色的粗暴了」。〔註40〕在玉青的想像之中，他應該是「在一間狹小的室內看書」或者「在一個甚寬潔的地方辦事」。客觀地說，這些文字從藝術角度看都顯得粗陋甚至做作，他並沒有表達出一個人物形象的神韵。但是「藍布短衣衫」、「青布薄底鞋」、「粗暴」的容色以及「狹小」、「不甚寬潔」等文字都是直白的，它們的目的是為了有力地昭示出一個「靠做工吃飯的工人模樣」，為了點明這個青年的「寒士」氣，最終也就是使其契合「無產階級革命者」的身份。

這裏值得注意的是，「寒士」並不是一個概念，它是作為一個文學形象出現在作品文本中，而不像「無產階級革命者」作為一個術語出現在批評理論裏。文學形象的模糊性和多義性恰恰為作家對它的有意誤讀和曲解提供了可能性。如果嚴格地說，「寒士」與「庶民」在本質上是極為不同的概念，但是「寒」與「庶」這兩個修飾詞之間卻有著語義上的相似性和可替代性，而左

〔註40〕陽翰笙，兩個女性〔C〕//陽翰笙選集（第一卷），四川：四川文藝出版社，1982：236。

翼作家在作品文本中恰恰是用這種「寒庶」一體的格式將知識分子與工農大眾統攝其中，從而遮蔽了「士」與「民」之間的分野。錢杏邨筆下的教師以「工人」自居，「我們勞心勞力的工人除去反抗只有死！」〔註41〕，他以此將自己納入了無產者的行列。但是，「勞心」與「勞力」的強行拼貼還是讓我們看到了牽強，孟子所謂「勞心者治人，勞力者治於人」，已然被他悄無聲息地篡改。也正是在這種模糊的文學形象裏，在「寒士」與「庶民」的混同之中，知識分子在文本中悄然實現了他們「融入大眾」、「貼近大眾」的熱切希冀。陽翰笙《枯葉》一文中，主人公便因此而高呼：「我眞的和你們不一樣嗎？我的貧苦的兄弟姐妹！你們靠兩手吃飯，我也靠兩手吃飯，你們生產出來的東西是商品，我生產出來的作品難道又不是商品？你們被資本家吃去了你們血汗製成的剩餘勞動，難道我就是一個不被人剝削的嗎？」〔註42〕

　　殷夫曾經把知識分子融入大眾的過程形象地說成是「脫了大衣，摘下眼鏡」的過程，這個過程在本質上是一個去文人化的過程。中國古代的「士人」與「文人」之間常常是重疊了的，「士人」往往通過文學的形式表達自己的道德理想，而「文人」則也往往是「學而優則仕」進入士人的體系。而在左翼作家看來，所謂的小布爾喬亞情調，往往就是一種自傷自憐的文人氣息。因此，左翼作家筆下的無產階級革命者形象實際是「去文人化」的「士人」形象。正如陽翰笙《兩個女性》中的雲生「不漂亮不白淨，不溫文爾雅」，「文采並不風流」，這種看似畫蛇添足的否定式寫法，凸顯了他內心的底氣不足，也正是這樣一種強調，凸顯了他對文人氣質的泯滅意向，粗暴的容色成為他加入無產階級陣營的通行證。洪靈菲在《在木筏上》一文中將作爲知識分子的「我」與一群底層民眾聚合在「木筏」上，「住在這木筏上以後，我和他們算是度了同樣的生活，他們的脾氣和性格我愈加懂得多一點，我的心便愈加和他們結合起來了。」〔註43〕正是在木筏上這樣一種極端困苦的環境之中，知識分子開始反思自己。他開始檢視自己的個人主義情緒，並退掉了身上的文人色彩。「我們彼此之間實有了共通之點，那便是同是離鄉別井的流浪者，同是在人籬下的寄食者，因此我們彼此間總覺得異常親熱，談話的時候，也

〔註41〕錢杏邨，義冢〔C〕//阿英全集（第三卷），合肥：安徽教育出版社，2003：295。

〔註42〕陽翰笙，枯葉〔C〕//陽翰笙選集（第一卷），四川：四川文藝出版社，1982：129。

〔註43〕洪靈菲，在木筏上〔C〕//洪靈菲選集，北京：人民文學出版社，1982：158。

特別談得痛快些了。」錢杏邨《石膏像》的主人公高呼：「藝術喲，你守著銅臭的支配了！你已說不上神聖了！你早變做富兒們的妝飾品了！」因此，「談什麼藝術！藝術，在目前還是讓富兒們去講吧，我不買石膏像了！我想向富兒們報仇去！」〔註44〕在這些描述中，作家都用最傳統的方式對「無產階級革命者」的形象做了最樸素的理解和表達。

儘管這樣一種方式使得「無產階級革命者」契合了中國的「士」傳統，但這種契合也僅僅是在閱讀方面造成的錯覺而已。理性觀照之下，「寒士」與「庶民」並不一樣，「寒」「庶」的同義不能消泯「士」「民」之別。因此，普羅小說的敘事儘管相對嚴密，但它終究會不經意地流露出某種文本破綻。如蔣光慈《衝出雲圍的月亮》中的李尚志就是「雖然也穿著黑色的短褂褲，形似工人模樣，但他的步調總還顯得有點知識分子的氣味」。〔註45〕而《咆哮了的土地》中的李杰也一直沒有摒除自己身上的知識分子習氣而陷入深深地自責之中。知識分子這些獨具的秉性都是工農大眾所無的，「無恒產者有恒心，惟士為能」。〔註46〕用余英時的話說，在「哲學的突破」完成以後，「知識分子的主要構成條件已不再其屬於一特殊的社會階級，如『封建』秩序下的『士』，而在其所代表的具有普遍性的『道』。因此，『士』也可以為某一社會階層的利益發言，但他的發言的立場有時則可以超越於該社會階層之外。」〔註47〕

基於這樣一點認知，我們便可識別，左翼作家筆下通過所謂「貼近大眾」、「融入大眾」而獲得的無產階級品格，甚至包括「貼近」與「融入」這兩個動作本身都是「士人」固有的品性。在《衝出雲圍的月亮》中，李士毅稱自己「最大的頭銜是糞夫總司令」，「我在糞夫工會裏做事情……你別要瞧不起我，我能叫你們小姐們的繡房裏臭得不亦樂乎，馬桶裏的糞會漫到你們的梳裝臺上」。〔註48〕李士毅的樂觀與積極的心態，使得他在穢臭之中找到了人生的理想。對他來說，一個人墮入了社會底層，似乎並不是一種無奈的命運使

〔註44〕錢杏邨，石膏像〔C〕// 阿英全集（第三卷），合肥：安徽教育出版社，2003：289。

〔註45〕蔣光慈，關於革命文學〔C〕// 蔣光慈文集（第二卷），上海：上海文藝出版社，1988：119。

〔註46〕孟子，梁惠王章句上〔C〕// 楊伯峻，孟子譯注，北京：中華書局，2003：17。

〔註47〕余英時，士與中國文化〔M〕，上海：上海人民出版社，2002：55。

〔註48〕蔣光慈，衝出雲圍的月亮〔C〕// 蔣光慈文集（第二卷），上海：上海文藝出版社，1988：119。

然，反倒成了一種主動的人生選擇。李士毅周身的「穢臭」似乎使得他獲得了群眾的身份，而與小姐的繡房劃分出了明晰的界限。但是，這種作為糞夫而積極樂觀的狀態還是泄露了他的真實身份：一個真正的糞夫不會以作為糞夫為樂的，他必然渴望一個乾淨、體面的工作，因此這樣一種積極樂觀的心態不是一個糞夫所有，它只能被視為中國傳統「寒士」們「安貧樂道」和「窮且益堅」的美好節操。實際上，李士毅斷然不是一個「糞夫」，而是「糞夫總司令」，兩者的差別可謂天壤。中國古代的士人為了追求自己的理想，從來不怕捨棄對現實物質的享受，所謂「君子憂道不憂貧」，所謂「君子食勿求飽，居勿求安」都表明了這一點，因為對他們而言，「士志於道，而恥惡衣惡食者，未足與議也」。

同樣，蔣光慈曾在《野祭》中寫道：「當我每進入到裝潢精緻，布置華麗的樓房裏，我的腦子一定要想到黃包車夫所居住的不蔽風雨的草棚及污穢不堪的貧民窟來。在這時我不但不感覺到暢快，而且因之感覺到一種懲罰。」〔註49〕這種情懷之中既包含著「處廟堂之高則憂其民」的悲憫，又有著一種「朱門酒肉臭，路有凍死骨」的憤懣，這種情懷與其說是馬克思普遍真理神光普照的結果，倒不如說是左翼知識分子基於自身的士人傳統對馬克思一種最為樸素的認知乃至誤讀。誠如王實鵬先生所說：「對生命的捨棄成了革命者『殺身成仁』、『捨生取義』的象徵儀式，只是此時的『仁』、『義』是中國的馬克思主義，是『解放全人類』的期許。這個普遍存在的敘事模式是中國革命特質的一個極好的隱喻。」〔註50〕

與蔣光慈等人不同，丁玲的《田家沖》尋找了一種與蔣完全不同的方式「融入大眾」。丁玲在寫三小姐時描述她「一點不驕矜，不華貴，而且不美好。……她比她想像中的更可愛，容易親近。麼妹覺得媽也喜歡她，姊姊也喜歡她，而且爹也不像那末憂愁了。他很高興同她講著一些城裏的事。大家都不受一點拘束，都忘記了她的小姐的身份，真像是熟朋友呢」。而他對農民的認同表現在他對美好鄉村生活的讚美，她「貪婪的望著四周，用力的呼吸，望著麼妹的天真的臉叫道：『你真有福啊！』」「她掉轉身去望，只覺得這屋子

〔註49〕蔣光慈，衝出雲圍的月亮〔C〕//蔣光慈文集（第一卷），上海：上海文藝出版社，1988：327。

〔註50〕王實鵬，左翼至抗戰：文學英雄敘事的當代闡釋〔M〕，濟南：齊魯書社，2005：92。

有點舊了。當然在另一種看法上，這是這景色中一種最好的襯托，「那顯得古老的黑的瓦和壁，那茅草的偏屋，那低低的一段土墻，黃泥的，是一種乾淨耀目的顏色呵！」「美的田野，像畫幅似的伸在它的前面，這在她看來，是多麼好的一個桃源仙境！」〔註51〕在這裏，丁玲試圖通過三小姐對鄉民的親近描摹她作為革命者的「無產階級」品性，但是她那種恬然自得的「田園情懷」也同樣暴露出中國古代「士人」心態。只是丁玲的失誤在於，她這裏所復活的「士」是「隱逸之士」，這使得它與大革命的時代背景和革命者的身份出現了嚴重衝突。在革命如火如荼的鬥爭中，丁玲對田野、鄉民的讚美讓自己陷入了「猶恐天陰咽管絃」的尷尬，她把一個充滿了鬥爭的革命場域書寫成了用以「歸去來兮」桃源勝景，正是在這個意義上，《田家沖》才被馮雪峰認為是「浪漫主義的曲解」。〔註52〕儘管她的古典書寫逸出了「革命理性」的話語範疇，但是這也恰恰從反面證實了，中國作家對「革命者」形象的塑造必定是以中國本土的「士」文化為基礎的。

在大革命失敗以後，左翼知識分子實則被甩出政治權力中心，淪落到了文化等級秩序的最底層。政治、文化乃至經濟生活上的重重困境，很容易使他們以「寒士」自居。「寒士」情懷激發了他們「自古聖賢盡貧賤，何況我輩孤且直」的清高與憤激，使得他們獲得了一種莫名的「道德優越感」，富貴即墮落、清貧即崇高的奇怪邏輯在普羅小說文本中相當普遍。也正是通過這樣一種描寫，左翼作家在自己與那些納入體制的知識分子之間劃出了一道清晰的界限。他們一方面有著「世冑攝高位，英俊沉下潦」的悲憤，而另一方面卻又有著「彼爵我義，彼富我仁」的道德自信。如潘漢年的《白皮鞋》：「當代革命的大人物，為了自己的利益，是不惜誣陷無辜民眾，殘殺了人家，滿足自己的欲望」。〔註53〕在他們看來，那些體制內的人已經成為了「衣冠禽獸，吸血鬼的上等社會」裏一班「不勞動而自名為生產主人」的寄居者。這樣一種對自我的身份確證，使得中國左翼知識分子「融入大眾」的理想和傳統中「憂國憂民」的情懷對接起來，而這兩者的互為表裏，從而構築起他們「無

〔註51〕丁玲，田家沖〔C〕∥丁玲全集（第三卷），河北：河北人民出版社，2001：376。

〔註52〕馮雪峰，關於新小說的誕生〔C〕∥中國新文學大系 1927～1937・文學理論集一，上海：上海文藝出版社，1987：825。

〔註53〕潘漢年，白皮鞋∥中國新文學大系 1927～1937・第三集小說集，上海：上海文藝出版社，1987：322。

產階級革命者」的身份。也就是說，在階級話語的包裝之下，一種中國本土傳統中既有的「寒士」情懷復生了，他利用這種行為，在其自身重返權力中心的路上邁出了重要的一步，那就是他在這個所謂現代社會的序列之中重新為自己找到了位置。那個在五四文學中與社會對立的個體消失了，重返社會秩序之中。或者說，他們在一種理想的社會形態中給自己預留了一個位子，在正在進行的革命運動為自己找到了角色。這個角色是如此的「現代」和「進步」，但是這種「現代」和「進步」恰恰用當時最先進的理念進行的包裝，其實質卻是中國傳統的文化最為核心的部分。事實上，中國左翼知識分子之所以在當時的上海文壇獲得巨大的反響，恰恰是因為後者而不是前者。

4.3 老去的阿 Q：「落後農民」的革命之路

通過「士人」形象，左翼作家在政治啓蒙機制中確立了自身的主體地位，而「大眾」則成為他們啓蒙的客體。但是這一啓蒙對象在文本中的呈現卻遭遇了巨大的難題。因為在「五四」時期，知識分子張揚「個人主義」，對「大眾」所採取的是批判態度。胡適在《易卜生主義》一文中指出「一切維新革命，都是少數人發起的，都是大多數人所極力反對的。大多數人總是守舊麻木不仁的」。〔註 54〕而「五四」文學成就最突出的魯迅，更是早在 1908 年就提出了「任個人而排眾數」〔註 55〕的主張並一以貫之。就中國新文學而言，魯迅樹立了「國民性批判」的傳統，「五四」小說湧現出一大批「落後農民」的形象——孔乙己、祥林嫂、閏土、華老栓、七斤等等，他們都在當時及其後的文壇上產生了巨大的影響。因此，但凡提及大眾，尤其是農民，20 年代的讀者首先聯想起的便是守舊、愚昧、落後這些貶義詞彙。因此，左翼文學試圖將「大眾」指涉工農，賦予他們「無產階級」的屬性，並將這一階級與進步、革命、科學聯繫在一起的時候，就必然會出現諸多牴牾。如何在革命話語中為這些「落後農民」找出一個適當的位置，用什麼樣的價值尺度去確證他們在階級體系中地位，並用文學的形象的語言演繹在小說文本中，必然會讓左翼的批評家和作家煞費苦心。

〔註 54〕 胡適，易卜生主義〔C〕// 中國新文學大系·建設理論集，上海：上海文藝出版社，2003：186。
〔註 55〕 魯迅，摩羅詩力說〔C〕// 魯迅全集第 6 卷，北京：人民文學出版社，2005：47。

　　事實上，「落後農民」形象並不僅僅是在「五四」的小說文本中存在，也是在客觀現實中存在。瞿秋白在《「我們」是誰？》一文中，一方面批判何大白犯了脫離群眾的錯誤，一方面也不得不承認，「中國幾萬萬勞動群眾之中，甚至於大工業的無產階級之中，還有許多人受著地主資產階級的奴隸教育的束縛和欺騙，──反動的大眾文藝正是這種奴隸教育的一種工具。因此，並不是每一個工人或者農民都是覺悟的」。〔註56〕由此可見，將「落後農民」納入階級話語，是左翼作家和批評家不容迴避的問題，這一問題的解決不僅要悖逆五四文學傳統，更要在相當程度上遮蔽客觀現實。當然，那種「感情主義」的五四描寫法已經不再適用，那樣一種「民眾文學」已經被左翼知識分子視爲「洋車夫文學和老媽子文學」予以猛烈批判，「站在統治階級剝削階級的地位來可憐洋車夫老媽子，以至於工人，農民，這也會冒充革命文學。」在普洛大眾文藝裏，「尤其要防止這種感情主義的訴苦，憐惜，悲天憫人的名士氣」。〔註57〕因此，林伯修在《一九二九年急待解決的幾個關於文藝的問題》一文中著重強調，左翼作家「不僅要『描寫他們的各種苦痛』，來『爲他們訴苦』，緊要的是要明顯地或暗示地寫出他們這些苦痛的由來，他們在歷史進展過程當中的運命和氣所負的使命，指示給他們以出路，鼓舞著他們的革命的熱情和勇氣，使他們走上歷史所指示的革命底光明大道上去」。〔註58〕對於左翼作家而言，這些「落後農民」形象不再是同情、憐憫、人道主義關懷的對象，而是革命進程中「政治啓蒙」的客體。左翼作家是在魯迅等人「思想啓蒙」失敗的節點上，重新尋找對其「政治啓蒙」的可能性。

　　在這裏，我們有必要提及錢杏邨在 1928 年寫下的那篇直指魯迅的宏文《死去了的阿 Q 時代》。錢杏邨以一個批評家的理論素養，敏銳地發現了阿 Q 與無產階級革命話語的嚴重衝突。當「農民」成爲革命話語中的重要詞彙，當它被賦予了一種革命、進步的先進理念之後，阿 Q 這個「國民性批判」的箭靶子就不能再堂而皇之地與其發生關聯了。事實上，阿 Q 在魯迅眼裏根本與社會學意義上的「農民」無關，他就是一個生命個體，代表魯迅對中國傳統文

〔註56〕瞿秋白，我們是誰〔C〕//瞿秋白文集（第一卷），北京：人民文學出版社，1985：489。

〔註57〕瞿秋白，普洛大眾文藝的現實問題〔C〕//瞿秋白文集（第一卷），北京：人民文學出版社，1985：477。

〔註58〕林伯修，一九二九年急待解決的幾個關於文藝的問題〔C〕//中國新文學大系1927～1937・文學理論集一，上海：上海文藝出版社，1987：362。

化的深刻體驗與反思。但是錢杏邨卻將這樣一個個體納入了自己革命話語的
體系之中予以猛烈批判。在《死去了的阿 Q 時代》一文中，錢杏邨勉爲其難
地承認了《阿 Q 正傳》藏著「中國的病態的國民性」，但是這種「病態的國民
性」被嚴格限定在「過去了的」時間範疇裏。他說：「根據文藝思潮的變遷的
形式去看，阿 Q 是不能放在五四時代的，也不能放在五卅時代的，更不能放
到現在的大革命的時代的。」〔註 59〕在這裏，小說文本也被強行納入了社會
進化論的序列之中，而作品中的人物形象被整合到一個發展、變化的革命進
程之中，誠如他後來說的那樣，「阿 Q 的對於革命的認識和他的性格是不曾停
滯的著，它是一天一天的逐漸的得到了發展；只要展開一九二八年以後的創
作，我們便可以看到老羅伯、陸阿六一班人——辛亥革命（一九一一）的阿 Q
——是以著怎樣進展了的思想與性格在創作中出現，給予當年的阿 Q 以怎樣
的一種強烈而尖銳的對照」。〔註 60〕這樣一種對文本的認知，顯然是與當時無
產階級的革命理念完全契合的，毛澤東在《湖南農民運動考察報告》中寫到
「事實上，貧農領袖中，從前雖有些確是有缺點的，但是現在多數都變好了」，
〔註 61〕而錢杏邨也堅持認爲「十年來的中國農民是早已不像那時的農村民眾
的幼稚了」，農民不再代表著愚昧、守舊、落後，而是意味著「反抗地主，參
加革命」，而他們的行爲「不是莫明其妙的阿 Q 式的蠢動，他們是有意義的，
有目的的，不是泄憤的，而是一種政治的鬥爭了」。〔註 62〕一種政治的鬥爭
了」。』在這裏，「農民」尤其是貧農買際就成了革命天然的主力軍，誠如毛
澤東所說，「沒有貧農，便沒有革命。若否認他們，便是否認革命。若打擊他
們，便打擊革命」。〔註 63〕

　　在以後的文章中，錢杏邨又有過若干次對魯迅的論述，儘管鋒芒有所收
斂，但是基本觀點卻從未改變，他對魯迅作品耿耿於懷不僅僅在於魯迅筆下

〔註 59〕錢杏邨，死去了的阿 Q 時代〔C〕//阿英全集（第二卷），合肥：安徽教育出
　　　　版社，2003：16。
〔註 60〕錢杏邨，關於中國文藝的片段〔C〕//阿英全集（第一卷），合肥：安徽教育
　　　　出版社，2003：501。
〔註 61〕毛澤東，湖南農民運動考察報告〔C〕//毛澤東選集（第一卷），北京：人民
　　　　出版社，1991：22。
〔註 62〕錢杏邨，死去了的阿 Q 時代〔C〕//阿英全集（第二卷），合肥：安徽教育出
　　　　版社，2003：16。
〔註 63〕毛澤東，湖南農民運動考察報告〔C〕//毛澤東選集（第一卷），北京：人民
　　　　出版社，1991：21。

人物的愚昧、落後、守舊，更在於他「每一篇反封建的創作裏都存在著」的「傷感主義情緒」。因此，即使他能夠承認「落後農民」的在文本和現實中的客觀存在，也無法容忍因「落後農民」而滋生的絕望與感傷，因爲這顯然是與高亢、激揚的革命話語格格不入。「我們的態度是很顯明的，我們認定健全的革命文藝是要能夠代表這個時代的精神的。我們要暴露社會的黑暗，同時還要創造社會的未來的光明。文學家不應該專走消極的路線」。在錢杏邨看來，「所謂暴露黑暗，並不是盲目的暴露」，〔註64〕因此，他不僅需要這種「暴露」「出發於集體」，需要以「給於革命的利益」爲尺規。事實上，這樣一種「黑暗」不僅僅要有明確的社會學內容，還要有明確的邊界，在文本中，他只能被「光明」的革命話語所籠罩、包容、和消解，而不能反過來吞噬「社會的光明」。因此，這樣一種批判不再是一種「國民性批判」，因爲它背後不再意味著文化的反思和個體靈魂的拷問，它被拉入了革命話語的形而下層面，也被賦予了明確的立場、具體的內容以及「科學」的方法論，就像他所指出的那樣，「要去進一步的取得無產階級的立場，暴露這種力量怎樣的與帝國主義以及資產階級相勾結和妥協，作了他們的工具，怎樣的憑藉著宗法社會的觀念去利用落後的民眾，以阻礙革命的發展，同時也要指示出封建勢力必然崩潰的最近的特徵，盤踞在農村的封建基礎不摧殘是革命的最大的障礙，以及封建勢力肅清後必然產生的社會主義的前途」。〔註65〕這樣一來，那些意指著守舊、落後、愚昧、冷漠的農民，以及由此而生的絕望情緒，不再是一種整體意義上的指涉，而是收縮在了某個階級、階層，乃至特殊的人群之上，他們可以被批判，但是更需要被「政治啓蒙」而覺醒，那些「落後農民」形象就不再指涉整個「工農大眾」，而是只能指稱某一部分人，以這樣一種形式，他們被左翼批評家成功地楔入了革命話語的體系中。

在這樣一種理念的指導下，左翼作家有充足的依據將「落後農民」代入小說文本，他們被當成某種封建勢力的殘餘力量予以觀照，作爲一種個別的、過時的人物襯托「革命者」的偉大，而他們最終的「覺醒」，也確證著革命話語的「啓蒙」威力遠勝於「五四」時期。在這樣一種理念之下，「落後農民」

〔註64〕錢杏邨，死去了的阿Q時代〔C〕//阿英全集（第二卷），合肥：安徽教育出版社，2003：16。

〔註65〕錢杏邨，關於中國文藝的片段〔C〕//阿英全集（第一卷），合肥：安徽教育出版社，2003：504。

在整個無產階級群體之中成爲少數，這樣一種保守、落後與愚昧，不屬於現代工農群眾的主體部分，它們是「五四」啓蒙不徹底的產物，是封建時代在「革命」時代的的遺留。

正是根據這樣一種認識，普羅小說家將「落後農民」在小說創作過程中收縮在「老人」這具體的人群之中，也就成了順理成章的事情。蔣光慈等革命作家已經意識到，「老人」已經成爲了「五四」那種「落後農民」形象的天然載體。而在文本中，這些「老人」與「青年」形成了對立的「父子關係」模式，成功演繹了「政治啓蒙」的話語邏輯。魯迅筆下那種不分男女老幼共同具備的「國民劣根性」，在左翼小說中完全收攏在「老年農民」的形象上。在普羅小說文本中，「老人」顯然成了一種愚昧、守舊的代名詞，他們無一例外地向兒女宣揚著「本分」：

> 「從盤古開天闢地到現在多少萬年了，人也才到這樣兒，我們現在要把這世界打一個轉，可能嗎？我們祖宗都是這末活下來了，我們爲什麼要不安分？（丁玲《田家沖》）
>
> 「革命軍來了又怎樣？我們守我們的本分要緊，決不要去瞎鬧。（蔣光慈《咆哮了土地》）
>
> 生來就是當工人的命，生來就是受苦的命，好好地在廠裏做工也就罷了，偏偏要幹些什麼不相干的事情，什麼工會，唉！不安分！……
>
> （蔣光慈《最後的微笑》）
>
> 兒子的不按本分，是最使他傷心的一件事情啊！（葉紫《楊七公公過年》）
>
> 「我們應該曉得我們的『本份』」……（洪靈菲《金章老姆》）

這樣一種「安分守己」的道德倫理，在「革命話語」中顯然已經成爲保守和愚昧的象徵，因此，左翼作家筆下這些「本分」的老人形象無疑成了被批判的對象。而對這樣一種對象的批判，左翼作家承襲了「五四」時期「國民性批判」的傳統，他們所調動的藝術手段，也可以鮮明的看出魯迅筆法的痕迹。因此，在左翼文本中，出現了這樣一種極富趣味的形象：青年農民的形象往往成爲更鮮明的政治符號，他們的言行更具煽動性，但是從藝術性上來看，反倒是雲普叔、王榮發這類「老年農民」更具有意味深長的鮮活氣息。葉紫在《電網外》中寫那些老人認爲那些吃大戶的造反者「成不了氣候」，說革命

者「同長毛一樣，造反哪，又沒有個真命天子」。〔註66〕把革命當成「長毛造反」的老人，也正是阿 Q「各個白盔白甲：穿著崇正皇帝的素」〔註67〕的翻版。語氣之傳神可以說順接了魯迅《藥》中那些嘲笑夏瑜「發了瘋了「的茶客，唯一不同的只是，在《藥》中嘲笑夏瑜「發了瘋了」的不只有「花白鬍子」，還有那個「二十多歲的人」，而到了葉紫筆下，那種嘲笑者只有「老人」而已。再看《咆哮了的土地》，王榮發與李杰的相遇場景，正是《故鄉》場景的植入。在《故鄉》中，閏土「的態度終於恭敬起來，分明地叫道『老爺』，〔註68〕但是在《咆哮了的土地》裏，王貴才對李杰這個同齡人的態度卻是「親密的，熱誠的」，而毛姑甚至還對李杰「帶著一點傲意」。這個時候只有王榮發「恭恭敬敬地將迎接他的李杰扶到上橫頭坐下，向後退了兩步，向著李杰說道；『大少爺是什麼時候回來的？』……」〔註69〕魯迅筆下「我」和閏土主僕之間的「厚障壁」在李杰和王貴才這些青年之間已經轟然瓦解，卻樹立在「青年」和「老人」之間。

　　需要強調的是，老人們這種「本分」思想，在階級話語中被視為守舊，但這不是因為文化上的束縛，而是因為階級壓迫以及由此而導致的思想欺騙，這一點高度契合了左翼批評家在「大眾化」討論中對「大眾」的認識。蔣光慈筆下的王貴才並不對父親「發生什麼惡感」，而是「向他起了一種憐憫的心情：真的，他是太老了，吃苦吃得慣了！受了敵人的欺壓，而反來以為是應該的事，生怕放了一個不恭的屁，這不是很可憐嗎？」〔註70〕洪靈菲在《一封家信》中講的更加明白；「母親，你和父親都是年紀太老了，你們不但所有的精力都給舊社會的特權階級剝奪淨盡，便連你們的頭腦———一切思想的機能———也都給他們剝奪去了。你們都不相信我們有消滅特權階級的權利，你們都不相信我們有把一切資本家，地主，惡紳，貪官污吏都趕跑，都殺盡的權利。你們只想忍耐，便是敵人們把刀拿到你們的頸子上，你們也想

〔註66〕葉紫，電網外〔C〕//湖上，北京：華夏出版社，1999：69。
〔註67〕魯迅，藥〔C〕//魯迅全集第 1 卷，北京：人民文學出版社，2005：463～472。
〔註68〕魯迅，故鄉〔C〕//魯迅全集第 1 卷，北京：人民文學出版社，2005：501～510。
〔註69〕蔣光慈，咆哮了的土地〔C〕//蔣光慈文集（第二卷），上海：上海文藝出版社，1988：220～222。
〔註70〕蔣光慈，咆哮了的土地〔C〕//蔣光慈文集（第二卷），上海：上海文藝出版社，1988：170。

忍耐。」〔註71〕老年人顯然指代了一種「陳腐透頂也毒辣透頂了的思想」——
—「很顯然的是要大眾拼命忍受現世的痛苦，資本家的嫉妒剝削，死了到天
堂裏去算帳，或者來生去掉轉來投胎做大亨享福，其實是十足的奴隸主義！」

在用老人指代了「落後農民」的同時，「青年」與「革命」的對等關係也
被確立起來，在左翼批評理論中，「青年」代表著新生力量，代表著國家的未
來、民族的希望以及革命的前途。錢杏邨寫到：「舉國的青年有了民族的覺醒，
有了階級的覺醒，有了對於帝國主義的認識，同時有了很強烈的革命的要求，
個人的家族的觀念在青年的心裏差不多完全死亡了」。〔註72〕在左翼批評家筆
下，青年不僅僅意指著年齡，更意味著他們「對於一切的懷疑，懷疑社會，
懷疑家庭，懷疑社會上的一切舊勢力，舊制度」，〔註73〕他們可以與「個人的
家族的」觀念切斷聯繫，一身輕裝參加無產階級革命。在左翼批評家的想像
的革命圖景中，他們似乎成為天然的革命者。

而在普羅小說文本敘事中，那些意志堅定的革命者幾乎全是青年形象：
《豐收》中的立秋、《陸阿六的故事》中的阿六、《咆哮了的土地》中的張進
德和李杰、《兩個女性》中的雲生、《地泉》系列中的汪森、林懷秋，等等。
在對這些「革命者」形象的塑造中，他們都著意強調人物的年輕力壯、朝氣
蓬勃，如陽翰笙對雲生的描寫：「然而他卻有副壯健的體格，有一雙長而有力
的臂腕，有一對鋒銳的明耀而又炯炯攝人的眼睛，有滿面多血的，健康而又
極其活潑的顏色」。〔註74〕而《暗夜》中的農會領袖汪森也是一位「面色清臞
的壯年漢子」，〔註75〕他同樣也有一雙「炯炯攝人」的眼睛。在整個普羅小說
的文本系列中，青年不是作為一個個個體，而是作為一個群體成為「革命」
最堅定的擁護者。在蔣光慈的小說《咆哮了的土地》中，「青年」就是一個指
涉革命的專有名詞——「青年們在路中唱著山歌，一壁想著關於革命軍的事

〔註71〕洪靈菲，家信〔C〕//洪靈菲選集，北京：人民文學出版社，1982：267。

〔註72〕錢杏邨，死去了的阿Q時代〔C〕//阿英全集（第二卷），合肥：安徽教育出
版社，2003：6。

〔註73〕錢杏邨，死去了的阿Q時代〔C〕//阿英全集（第二卷），合肥：安徽教育出
版社，2003：6。

〔註74〕陽翰笙，兩個女性〔C〕//陽翰笙選集（第一卷），四川：四川文藝出版社，
1982：236。

〔註75〕陽翰笙，暗夜〔C〕//陽翰笙選集（第一卷），四川：四川文藝出版社，1982：
368。

情……在年青的心靈裏，活動著光明的，希望的波浪。」〔註76〕對於革命的消息，「年輕的鄉人們卻與他們的前輩正相反。這些消息好像有什麼魔力似的，使他們不但暗暗地活躍起來，而且很迫切地希望著，……又似乎他們快要赴歡娛的席筵，在這席筵上，他們將痛痛快快地卸下自己肩上的歷史積著的重擔，而暢飲那一種爲他們所渴望的、然而爲他們所尚不知道是什麼滋味的美酒。」〔註77〕左翼作家在小說敘事中將五四文學中「農民」共有的落後守舊特徵收縮在老年農民身上，而用青年農民指代了革命者對傳統積習的掙脫和對歷史負累的卸載，他們的青春氣質被解讀爲新時代的風氣，他們的反叛心理被闡釋爲革命衝動，他們代表未來，因而也在相應代表了「中國農民」的整體傾向。在左翼政治啓蒙機制中，作爲啓蒙客體的「工農大眾」不再指涉五四鄉土小說中蒙昧、野蠻、守舊的農民整體，而首先指涉著這種以「青年」形象呈示的「新型農民」。而原有的「農民」整體，已經收縮到「老年」這一小群體之中，他們在整個階級團體中是少數和支流，處於邊緣化地位，他們不僅無法構成「政治啓蒙」的阻力，而且還會在「青年」的感召之下最終納入革命程序。

最後要說的是，普羅小說在文本中一直都在凸顯「青年」和「老人」的之間涇渭分明的分野，這當然沒有個體差別，而是兩個群體的整體劃分。蔣光慈《咆哮了的土地》中寫到張進德回鄉建立農會時村民的反應：「如果老年人以組織農會無異是犯法的行爲，那青年們便以爲這農會是他們的唯一的出路」。〔註78〕葉紫在《電網外》中幾乎複製了蔣光慈這種分野「老年的，在懷疑，在驚恐！年輕人，都浮上了歷年來的印象；老是那麼喜歡的，像安排著迎神集會一般。」〔註79〕但是值得注意的是，「老人」與「青年」之間的對立，並不是階級的對立，而是一種在革命態度上激進與保守的相對差別。在左翼作家筆下，無論是「青年」還是「老人」都處於被壓迫狀態，他們也都必然走向反抗的征途。從這個意義上來說，老人並不是五四文學的「冥頑不靈者」，

〔註76〕蔣光慈，咆哮了的土地〔C〕//蔣光慈文集（第二卷），上海：上海文藝出版社，1988：165。
〔註77〕蔣光慈，咆哮了的土地〔C〕//蔣光慈文集（第二卷），上海：上海文藝出版社，1988：157。
〔註78〕蔣光慈，咆哮了的土地〔C〕//蔣光慈文集（第二卷），上海：上海文藝出版社，1988：254。
〔註79〕葉紫，電網外〔C〕//湖上，北京：華夏出版社，1999：69。

而是在階級革命上的「後知後覺者」。實際上，左翼作家筆下老年人與青年之間形成一種新型「父子對立」關係，青年兒子由於認同革命而忤逆老年父親，但是父親最終卻在兒子的感召之下改變了「安分守己」的傳統觀念而認同了革命，在這裏，「老人」通過「青年」這一媒介皈依了革命，從而使兩者的階級關係置換了「父慈子孝」的宗法倫理。《豐收》裏的雲普叔，《咆哮了土地》中的王榮發，以及《暗夜》裏的老羅伯等等，這些老人最終都認同了兒子的革命理念，丁玲小說《消息》甚至寫出了「老太婆們也組織起來了」的故事。而這些最終「覺醒」並起而反抗的老年人，也從另一個側面彰顯了政治啓蒙的徹底性。

就是在這樣一種敘事邏輯之中，「農民」褪掉了五四「鄉土小說」中愚昧、落後、野蠻的種種秉性，他們作為一個整體納入了「工農大眾」的體系，從而成為左翼政治啓蒙最為完美的客體。

4.4 性別與革命：作為政治啓蒙客體的女性形象

在上一節中，我們分析了人物的年齡（老年和青年）如何在小說敘事中成為區分啓蒙主體與客體的界限，而在這一節中，我們將分析另一條界限，即性別標準。眾所周知，無論在生理上還是心理上，女性都與男性存在明顯的差別。而在中國具體的現實語境中，「革命」無論如何都是一種充滿陽剛之力的男性話語，所以在有關「革命」的敘事之中，「男性」與「女性」就處於一種非常微妙的不平等的地位。具體而言，小說中男主人公的形象往往能夠天然契合革命話語所塑造的形象，「男性」往往成為「天然」的革命先行者，而與此相反，女性因其自身的生理、心理「弱點」，則被先在地排斥於革命序列之外，所以女性如何走向革命道路，如何成為合格的革命者，不僅僅在現實匯總構成了巨大的挑戰，也在小說敘事之中成為令作家們頭疼的問題。而在普羅小說的作品文本中，女性形象與革命話語之間的牴牾往往會自覺不自覺地表現出來。

當然不可否認，普羅小說文本中出現了大量的「女性革命家」形象，甚至形成一個相對完整的序列。這其中的代表性人物包括，陽翰笙《馬林英》中的的馬林英，殷夫《小母親》中的主人公，洪靈菲《路上》的主人公「我」，蔣光慈《野祭》中的淑君，《短褲黨》中的翠英，等等。但是，當女性本身成為革命

家的時候，作家無一例外地選擇對女性革命者的性別特征和性別意識予以遮蔽。甚至從某種意義上來講，革命性的凸顯就是通過對性別的遮蔽來實現的。如陽翰笙在塑造「革命英雄」馬林英的時候，特地強調她在學生時代就已經是一個「男性化了的女性美少年」，還發生過被警察錯認爲男子的「頗饒風趣的滑稽事」，作家寫道：「要是你不看她的面龐，只看她大踏步朝前直走的背影，誰也不會把她當成是女性。」而丁玲在《一九三零年春上海之二》中，描述的革命者馮飛心目中的理想女性形象是一個女售票員，她「那麼樸素，那麼不帶一點脂粉氣」。其《田家沖》中的革命者三小姐也「穿著男人的衣裳！」殷夫《小母親》中的女主人公，甚至將「洗臉這椿十分女性的事情」，也寫成了「異常的男性」的行爲——「她沒有搽粉的習慣，雪花膏在桌上有一瓶，這是因爲，她要終日地在寒風中奔跑，說是爲了『美學』的目的，毋寧還是說是爲『衛生學』的，來得確當。」而洪靈菲《路上》竟然寫道妓女向女兵獻媚，「她們見我們穿著軍裝，都誤會我們是男人呢。我們眞個像男人一樣嗎？這眞有趣極了！」這樣一種「木蘭從軍」式的描寫，使得女性喪失了女性的心理和生理特徵，誠如《路上》裏的女兵所宣稱的那樣：「一般人們說，女人們喜歡流泪。至少，在我自己便覺得這話有些不對，我們那裏喜歡流泪，我們喜歡喋血哩！」由此可以看出，女性納入革命話語的困難，對於普羅作家而言，他們很難表現出一個革命者既具有革命的豪氣，又具有女性本身的風情，在革命話語和女性話語激烈的衝突中，他們選擇的是遮蔽女性，凸顯革命，所以他們筆下的所謂「女性革命者」實際上都是男性化的女性革命者。

但是，普羅小說作家在描寫女性的時候，如果他不對女性本身的心理和生理予以遮蔽，那麼女性往往會被指涉爲「小資產階級」這一比較曖昧的群體。馮雪峰在論述「智識階級」的時候，談到智識階級所扮演的角色，便認爲智識階級除了一部分人可以「決然毅然」地完成轉變外，另一部分人卻會有猶疑不定的現象，「他也承受革命，嚮往革命，但他同時又反顧舊的，依戀舊的；而他又懷疑自己的反顧與依戀，也懷疑自己的承受與嚮往，結局他徘徊著，苦痛著——這種人感受性比較銳敏，尊重自己的內心生活也比別人深些」。在這些理論家們眼中，小資產階級一方面不具有革命的積極性，一方面又具有革命的可能性，只是這種可能性最終成爲現實，需要更先進階級的引導和鼓勵。而具體到小說創作過程中，「女性人物」形象便成爲「小資產階級」這一屬性的理想載體。

　　事實上，左翼作家之所以遮蔽女性本身的生理特徵和心理意識，本身就是因爲，所謂女性本身就是小資產階級的代表。如《路上》中的楚蘭，作爲女性就遭到了作家無情的批判，「楚蘭居然由小姐式變成少奶式了，她一路不是坐轎便是騎馬，沒有好東西便不吃，沒有好衣衫便不穿。有些時候，她甚至調脂弄粉起來呢！唉！放棄著偉大的工作不做，她只願做一個玩物！」而在蔣光慈《衝出雲圍的月亮》中，曾經與主人公曼英一同戰鬥過的女性楊坤秀在革命失敗後退入了家庭生活，她對仍在繼續堅持革命的曼英坦言：「難道你還管嗎？那些事情，什麼革命，什麼……那不是我們的事情呵。我們女子還是守我們女子本分的好。」按照這樣一種邏輯，「女子本分」天然就是不革命的。而在《一九三零年春上海之二》中，女性特徵明顯的瑪麗也遭到了作家的批判，瑪麗在參加革命者的聚會時，「精意打扮，以便使他們『驚詫』，『將那些革命者的頭腦擾亂』」，「她驕矜地，擺出貴婦人專有的一總步調，走出了大門。」由此可見，在革命作家筆下，女性天然貪圖享受，愛慕虛榮，不思進取，他們的生理和心理本身就是小資產階級的表徵，就是革命的障礙和阻力。

　　當然，爲了完成這樣一種對女性的批判，作者往往會將小說的敘事時空設置成「鬥爭」場域，以便在世俗場域之外確立以一套評判女性的標準。如洪靈菲《路上》的題目本身就是在指涉，這是在行軍路上，楚蘭的種種行爲在世俗中無可厚非，但在行軍路上卻會顯得如此不合時宜。普羅小說中有大量軍旅作品，作家們將女性與革命的矛盾，置換成了女性對軍旅生活的不適應，這種場景尤其顯得觸目驚心。在軍營之中，「女子」在這樣的場景中必須符合戰士的身份，符合這一身份對女性而言並非那麼簡單，——「這幾天正是我月經來潮的時期……天哪，我爲什麼要生爲一個女子呢？女子爲什麼一定要有這樣討厭的事情呢？這該是多末地不方便！……女子要做一個戰士，是怎樣困難的事情呵！」在「極端機械化和紀律化」的軍隊生活中，她們消磨了多情善感的性情，軍隊像一個大熔爐，將她們這些「嬌小姐」鑄煉成剛性十足的革命者，她們變得「粗野」了，「可是她們的大多數對於她們這樣『粗野化』都並不後悔」。誠如蔣光慈在《衝出雲圍的月亮》寫道的那樣：「在日常的生活之中，差不多完全脫去了女孩兒家的習慣，因爲這裏所要造就的，是純樸的戰士，而不是羞答答的，嬌艷的女學生。」顯然，「這裏完全是別的世界，所過的完全是男性的生活！如果從前的曼英的生活，可以拿綉花針來

做比喻，那末現在她的生活就是一隻強硬的來福槍了。」「軍營」、「路上」顯然都是中國左翼作家對當時整個中國革命環境的指涉，可以說，整個中國社會就是一個戰場，在這個戰場上必須分出敵我，必須鬥爭，所以根本沒有任何空間能夠排除在這個戰場之外，即使是那些日常的凡俗生活也已經失去了依據，成為一種對革命力量的反動存在。因此，對於一個革命的女性而言，「一切日常生活的精神的肉體的嚴格訓練，她都赤誠的忍受」。在這樣一種環境之中，以楚蘭、瑪麗為代表的女性，才會成為反面人物。這凸顯了左翼時代與五四時代氣質的不同，如果我們把瑪麗和子君比較，就會發現子君的高傲為作者讚揚，而瑪麗卻因此成了被人嘲諷的「貴婦」。

由上述可知，在普羅小說作家所確立的政治啓蒙機制之中，女性成為天然的啓蒙客體，她們必須被一個作為「革命先覺者」的男性主人公所引導，才有可能走向革命道路。在普羅小說作品中，出現了大量的男性啓蒙女性走向革命的敘事，代表作品是《到莫斯科去》中的素裳，《光明在我們的前面》裏的白玲，《流亡》中的黃曼曼，陽翰笙《兩個女性》中的玉青，蔣光慈《衝出雲圍的月亮》中的曼英，《咆哮了土地》中的何月素，以及丁玲《一九三零年春上海之二》中的美琳，等等。在這些作品中。女性的性別特徵與革命的激進程度形成了一種成反比例增長的關係，愈是革命的女性，女性的性別特徵就越是趨於男性化。女性某些通行的天性，被作家以一種漫畫、誇張的手法突出出來，被當成了一種資產階級的小姐脾性予以批判。因此，儘管女性世界是豐富多彩的，但是在階級的話語的框架之內，只有「小資產階級」、以及「女革命者」這兩個固定的範型，沒有內心世界的指涉，而她們與男性革命者之間的關係及其變化，也就決定了她們作為革命者的成色。可以說，在左翼作家筆下，女性與革命的關係，就是通過其與男人的關係建立起來的。《到莫斯科去》中素裳就這樣評價女人：「然而她一想婦女在這社會中的生活地位，便不得不承認幾乎是全部的女人還靠著男人而度過了一生的。並且就是在託福於『三民主義』的革命成功中，所謂婦女運動得了優越的結果，也不過在許多官僚中添上女官僚罷了。或者在男同志中選上一個很好的丈夫便放棄了工作的。似乎女人全不想這社會的各種責任是也應該負在自己的肩上，至少不要由男人的領導而幹著婦女運動的。中國的女人不仍然遺傳著根性的懦弱，虛榮，懶惰麼？女人在社會失去各種生活的地位，從女人自己來看，是應該自己負責的。」這種評價本身也就是將女人納入了「革命話語」予以

審視。女人在革命話語的體系中找不到自身的位置，這才是女主人公內心焦慮的根源。在素裳的客廳裏，葉平之所以對素裳有高度評價，是因爲「她給我的印象完全不是女人的印象。我只覺得她是一種典型。我除了表示驚訝的敬意之外沒有別的」。而對徐大齊的攻訐卻是因爲：「他不配瞭解她，因爲他從前只知道『根據法律第幾條』，現在也不過多懂了一點『三民主義』，他在會場中念『遺囑』是特別大聲的。」而在這種情形之下，必然產生將這一女性導向革命之途的衝動：「她常常批評法國人的文學太輕浮了，不如德國的沉毅和俄國的有力。可惜她只懂得英文。她常常說她如果能直接看俄文的書，她必定更喜歡俄國的作品」。這裏本來是一個女對於文學私人的好惡，與趣味，但是作者卻給她賦予一種強烈的思想傾向，將俄國內化爲一種無產階級革命話語。事實上，胡也頻的《到莫斯科去》和丁玲的《一九三零年春上海之一》形成一種極爲默契的關聯。如果說丁玲還是讓美琳呼喊出「我要到社會上去的話」，那麼胡也頻則極爲明確地提出「我的思想要我走進唯物主義的路」，並且告訴施洵白：「我對於現在的生活是完全反感——我已經厭惡這種生活了。我只想從這生活中解放出來的，至少我的思想要我走進唯物主義的路。我是早就決定了的。所以，這時是我開始新生活的時候了。我並且需要你指導我。」所以他們的相愛和結合併不能簡單地解讀成一種男女之間的情愛，而是一種革命理念的結合，正如素裳所說：「我自己和他處於同等地位的人，我們將要彼此接近起來，彼此握著手，彼此把熱情，思想，信仰，毅力，互相勉勵著，交彙著，走進社會最深的一面，在那裏，我們將發現一種光明照耀著一切生命，這也就是對於全人類最偉大的創造」。男女之間的情愛已經被昇華，納入了革命的神聖話語，使得男女之間的世俗的情感具有了某種革命的神聖性。在素裳看來，「愛情在我的工作裏面！至少在我想念著洵白的時候，我是要加倍努力的。這就是一個證明：我看見洵白之後我的工作就等於開始了」。男性不再僅僅是情侶，是戀人，而是一個革命的領路人和指導者。與之同理，胡也頻《光明在我們前面》中，劉希堅和白華的愛情也不是單純的愛情，構成他們愛情阻力的，恰恰是「他們的思想」，雖然他們互相愛慕，但是「她那些烏托邦的迷夢把他們的結合弄遠了」。而他依然堅定的以爲「她有一天會覺醒」。「他的職責只是乘機去幫助她，去把她從歧路的思想中救出來」，使她「把剛毅的信仰從克魯泡特金的身上而移到馬克思和列寧來」。

綜上所述，普羅小說作家既有革命衝動，又有男權意識，這兩者相互融

合，使得他們在敘事中描寫政治啟蒙時自然將男女性別設置成劃分啟蒙者與被啟蒙者關係的界限。在這樣一個充滿男權意識的政治啟蒙模式中，男性成為革命的先覺者，而女性只能作為被啟蒙者呈現出來，而他們被啟蒙的過程，也恰恰呈現為一個不斷被「去女性化」的過程，而性別消失的時刻，也就是她們真正被啟蒙完成、成為真正革命者的時刻。

5.「古典主義」：理性對情感的節制

5.1 左翼文學的古典主義特徵

　　左翼批評家王任叔曾經說過，優秀的文學作品需要「在這嚴密組織中能產生緊張的情感，使讀者像著了魔似的奮興起來」。〔註1〕或許正是因為這種「緊張的情感」，包括普羅小說家在內的左翼知識分子往往被論敵視為一群極富「煽動性」的「狂熱分子」，他們的作品也往往遭到「非理性」、「濫情」的訴病。徐志摩就把左翼的「狂熱」與五四的「感傷」同樣視為情感的泛濫：「感情不經理性的清濾是一注惡濁的亂泉，它那無方向的激射至少是以中精力的耗廢。」〔註2〕他提倡「標準，紀律，規範」，要為「情感」這頭「駿悍的野馬」「謹慎的安上理性的鞍鎖」。而梁實秋則批評革命作家「在熱狂的潮流裏面」「失去了清醒的頭腦」，因而「不能『沉靜的觀察人生，並觀察人生的全體』」。〔註3〕甚至連左翼陣營內部的理論家瞿秋白等人，也將普羅文學稱之為「革命浪漫諦克」予以嚴厲批判。而在傳統的左翼文學研究中，評論者也往往據此將左翼文學和普羅小說定性為「浪漫主義」文學思潮。方維保先生認為，「發端於20世紀20年代中後期的中國左翼文學，一開始就帶有浪漫主義

〔註1〕趙冷，革命文學之我見〔C〕//中國新文學大系1927～1937·文學理論集一，
　　　　上海：上海文藝出版社，1987：158。
〔註2〕徐志摩，《新月》的態度〔C〕//中國新文學大系1927～1937·文學理論集一，
　　　　上海：上海文藝出版社，1987：202。
〔註3〕梁實秋，文學與革命〔C〕//中國新文學大系 1927～1937·文學理論集一，
　　　　上海：上海文藝出版社，1987：214。

的氣息」，而「浪漫主義者是易感的，情緒性地對待世界，對待敵人，對待自己的朋友，甚至對待自己。浪漫主義者有著小資產階級的狂熱性，他們熱情，他們脆弱，他們缺少理性精神（自我控制性）。」〔註4〕同樣，曠新年先生也將普羅小說認定爲「浪漫主義的一種特殊形態」，在他看來，蔣光慈的作品「沒有細密的描寫，沒有嚴謹的結構，只有作者主觀情緒直線式的傾瀉，以至成爲一種濫情的表演」。〔註5〕

　　不可否認，左翼小說中充溢著昂揚激越的「革命情緒」，但是這種「情緒」決然不是「五四文學」中「個人」的情感，它是一種狂熱、粗暴、氣勢洶湧的「政治激情」。徐志摩等人把這種「政治激情」與「個人情感」混爲一談，只看到了普羅小說中「緊張的情感」，卻忘記了這種「情感」是在「嚴密組織」中產生的。這種將左翼文學僅僅視爲「浪漫主義的一種特殊形態」的看法，實際在很大程度上遮蔽了普羅小說文本中複雜、規範而嚴密的政治啓蒙機制。左翼文學運動所倡導的「政治啓蒙」是以「鼓動情緒」和「組織情感」爲宗旨的，這與「五四文學」中以魯迅爲代表的「批判國民性」的「思想啓蒙」有著本質的區別。當然，這並不是說「政治啓蒙」排斥作品的思想內涵，而是說它所指涉的「思想」不再是指一個開放的、多元的、充滿無限可能的眞理的呈現過程，而是指一個既定的「意識形態」──它「力圖以革命文化取代內容紛歧的五四啓蒙文化，以有效地將思想混雜、戰爭連綿的中國社會整合爲一個統一的同質體」。〔註6〕這一「意識形態」在一開始就被視爲不容質疑與反思的預設眞理，所謂「啓蒙」的過程不過是對這種預設眞理的著意強調與反覆演繹。因此從這個意義上來說，周揚所謂「文學與政治的一元論」在根本上就是文學的「政治本體論」──文學不再是一種基於個體的獨立創作，而更像是一個黨政宣傳工作者組織按照預設的黨性、革命性而進行的協同製作，它被完全納入了政治鬥爭的範疇，成了政治鬥爭的綱領、方針、宣言以及守則。如果說，「思想啓蒙」之下的文學尚且能在對「思想」與「啓蒙」的個體化反思中保留一個相對自足的情感空間，那麼「政治啓蒙」機制之下的「情感」卻已被徹底意識形態化，從而喪失了「自然流露」的浪漫主義屬性。

〔註4〕方維保，紅色意義的生成──20世紀中國左翼文學研究〔M〕，合肥：安徽教育出版社，2004：45～47。

〔註5〕曠新年，1928：革命文學〔M〕，濟南：山東教育出版社，2006：116。

〔註6〕張均，中國現代文學與儒家傳統（1917～1976）。〔M〕，長沙：嶽麓書社，2007：275。

事實上，左翼小說中的政治激情與浪漫主義所指涉的「情感」是完全不同的概念，後者是出之於個體生命對世界的感知，它有著極為豐富的內涵和非常微妙的變化，它在文本中的呈現是自足的，自由自在的，同時也可能是混亂和蕪雜的。而左翼文學中的「政治激情」在小說中卻有著整飭、規範的形態，它不是出之於生命個體，而是出之於政治啟蒙機制對個體的激發和規約，這種「熾烈」的所謂「情感」有著巨大的能量和衝擊力，它從根本上無法表現個體生命的「哀」與「樂」，而只能是一個階級群體或其成員的「喜」與「怒」。所以，儘管在左翼小說文本中，我們看到了波瀾壯闊的時代風雲，看到了劇烈變遷的社會生活，看到了知識分子「轉變」的迅速，工農群眾「覺醒」的突然，以及各種革命行動的「摧枯拉朽」，但是所有這些都是在這種政治激情的嚴格掌控之中。

陽翰笙曾說：「我只注意去描寫他們的戰鬥熱情，忘記了暴露他們在鬥爭過程中必然要顯露出來的落伍意識。這樣的寫法，不消說，我是在把現實鬥爭理想化。」〔註7〕但問題在於，這種「把現實鬥爭理想化」的寫法決然不是一種純粹基於浪漫主義的文學想像，曠新年先生自己也承認「問題並不在於詩人如何幻想，而在於當時幼稚的政治幻想成為了一種強制的理論教條」。事實上，並非「幼稚的政治幻想成為了一種強制的理論教條」，〔註8〕「幻想」和「教條」本來就是一回事——「幻想」以「教條」為其本體存在，而「教條」以「幻想」的形態在文本中表達了自身。所以，左翼文學在本質上並不是磅礴恣肆的「情感發泄」，而是縝密嚴謹的「理性言說」。

綜觀普羅小說文本，其中的「政治激情」自始至終都尊崇著完整而嚴密的革命理性，誠如茅盾所說：「我們的作品一定不能僅僅是一枝嗎啡針，給工農大眾以一時的興奮刺戟；我們的作品一定要成為工農大眾的教科書！」〔註9〕不管普羅小說作家如何激昂澎湃，他都是在宣講一個「既定真理」。普羅文學作品，本質上是「一種嚴密的革命本體的組織」，左翼文學的所謂「情感」，是「在這嚴密組織中能產生緊張的情感」，是「以辯證法為武器」的「情感」。

〔註7〕陽翰笙，文藝大眾化與大眾文藝〔C〕//陽翰笙百年紀念文集（第三卷），中國戲劇出版社，2002：56。

〔註8〕曠新年，1928：革命文學〔M〕，濟南：山東教育出版社，2006：107。

〔註9〕茅盾，中國蘇維埃革命與普羅文學之建設〔C〕//茅盾全集（第十九卷），北京：人民文學出版社，1984：308。

〔註10〕準確地說，這樣一種「情感」，決然不同於浪漫主義的「強烈情感的自然流露」，它是規範的、嚴謹的、整飭的，它爲革命理性所激發與整合，甚至可以說，它就是「革命理性」本身，是「革命理性」的感性呈現和文學表述。這裏要著重補充的是，左翼文學中的「革命理性」並不是啓蒙哲學意義上的「理性」，它無關終極眞理的追尋，它是把一種人爲設定的所謂「理性框架」強加諸人——「對於20年代末文壇的左傾幼稚病患者來說，救國就是通過吶喊口號式的『革命文學』創作，號召人們起來推翻腐敗的政權。在這樣的思想框架內，救國是不需要立人的，或者說這裏的立人不是眞正意義上的立人。這一些都不能代表中國近現代啓蒙思潮的眞正深度，也不是其特質所在」。〔註11〕所以準確地說，它只能算是康德所說的「私下運用」的理性。康德認爲：「必須永遠有公開運用自己理性的自由，並且唯有它才能帶來人類的啓蒙。私下運用自己的理性往往會被限制得很狹隘，雖則不致因此而特別妨礙啓蒙運動的進步。而我所理解的對自己理性的公開運用，則是指任何人作爲學者在全部聽眾面前所能做的那種運用。一個人在其所受任的一定公職崗位或者職務上所能運用的自己的理性，我就稱之爲私下的運用」。〔註12〕革命理性顯然是屬於後者，它所帶動的所謂「政治啓蒙」在本質上與啓蒙主義的精神相去甚遠乃至背道而馳。借用康德的說法，「革命理性」在本質上就是一種「不許爭辯，只許革命」的「私下運用」的「理性」。

事實上，左翼批評家和普羅小說作家的眞正主張並非對情感的無節制張揚，而在於「理智重於情感，冷酷重於熱烈」，只是在他們看來，「理智顯示階級意識的利刃，冷酷是激厲革命更大的同情」。〔註13〕「革命理性」作爲本體的存在不可能使左翼文學和普羅小說呈現「浪漫主義」形態，恰恰相反，「左翼文學講求理論與創作的藝術規範性，這是古典主義文學思潮的典型特徵」。〔註14〕

〔註10〕茅盾，中國蘇維埃革命與普羅文學之建設〔C〕//茅盾全集（第十九卷），北京：人民文學出版社，1984：308。

〔註11〕張光芒，啓蒙論〔M〕上海：上海三聯書店，2002：76。

〔註12〕康德，什麼是啓蒙？〔C〕//李秋零主編，康德著作全集（第八卷），北京：中國人民大學出版社，2010：41。

〔註13〕趙冷，革命文學的我見〔C〕//中國新文學大系1927～1937‧文學理論集一，上海：上海文藝出版社，1987：158。

〔註14〕宋劍華，論「言志」詩學對中國現代文學的內在影響〔J〕，中國社會科學，2010年（6）。

　　長期以來，「古典主義」思潮在中國現代文學史中存在與否的問題都是學界爭議的焦點。但是，武新軍先生於 2005 年發表的著作《現代性與古典傳統——論中國現代文學中的「古典傾向」》很好地回答了這一問題。他通過對諸多現代文學流派的分析，追溯了它們的「古典主義」源流，從而確證了「古典主義」在中國現代文學中的存在。但美中不足的是，他論述所及，往往更多局限在諸多「保守主義」作家、社團和流派，從而未能將「左翼文學」納入「古典主義」視野。實際上，文學上的「古典主義」與政治上的「保守主義」是兩個層面的問題，前者並不以後者爲必要條件。韋勒克就將政治主張激進的伏爾泰視爲「晚期法國古典主義最優秀的代表」，因爲在他看來，「宗教上的懷疑主義，甚而政治上的激進主義，跟文學上的保守主義，並非勢不兩立，在歷史上也從來就並非如此」。﹝註15﹞而具體到中國二三十年代來講，政治的激進與文學的保守成爲一個共生互動的過程是完全可能的——「五四以後，中國進入了國民黨領導的大革命、共產黨領導的『新式農民革命』時期。對文學來說，就是五四啓蒙文學思潮衰落，而革命古典主義文學思潮興起」。﹝註16﹞

　　從文學批評與文學創作的關係看，中國「左翼文學創作是左翼文學主張的直接產物」，左翼知識分子如蔣光慈、殷夫、錢杏邨、陽翰笙等人也同樣兼具作家和批評家的身份。而這種「理論與創作時密切相隨的」的情況是古典主義思潮最顯著的特徵，「法國 17、18 世紀的文學作品，還有英國奧古斯都時代、德國 18 世紀的作品都充實了理論家們的著述」，而「許多詩人既以其實踐也以其批評文論而著稱（僅提到德萊頓和高乃依兩位作家即可爲例證）。」﹝註17﹞文學批評與批評家在古典主義思潮中占據著重要地位，這是由於「對於理性的極度信仰」構成了「古典主義理論基礎」﹝註18﹞重要的部分，對於這些「泥古不化的道學家」而言，「藝術僅僅是道德箴言的理智性陳述」。﹝註

﹝註15﹞韋勒克﹝美﹞，近代文學批評史（第一卷），﹝M﹞，楊自伍，譯，上海：上海譯文出版社，2009：52。

﹝註16﹞楊春時，現代性與中國文學思潮﹝M﹞，上海：生活・讀書・新知三聯書店，2009：46。

﹝註17﹞塞克斯坦﹝美﹞，古典主義﹝M﹞，艾曉明，譯，北京：崑崙出版社，1989：11。

﹝註18﹞塞克斯坦﹝美﹞，烏合之眾﹝M﹞，艾曉明，譯，北京：崑崙出版社，1989：73。

﹝註19﹞韋勒克﹝美﹞，近代文學批評史（第一卷），﹝M﹞，楊自伍，譯，上海：上海譯文出版社，2009：52。

19〕左翼批評家們正是如此，他們秉持著先在、預設的政治理念立論言說，就是要形塑文學作品的形態，進而通過它表達自身的政治訴求。同「幾乎所有的新古典主義批評家」一樣，他們「都力求系統闡述一套文學理論，說明文學的功能、創作過程的本質以及一部文學作品謀篇布局所運用的方式。他們不是獨斷主義者，而是理性主義者」。〔註20〕

　　而從作品上看，「古典主義」文學主張「作家的『自我』消失在人類自我後面」，推崇「信仰、崇敬、模仿、修飾、普遍化、類型化」，〔註21〕它力求呈現的是這樣一種風格：「整飭、均衡、簡潔，而最重要的是：明晰」。〔註22〕如此看來，左翼文學討論文學「大眾化」，要求「用現代中國話來寫一切東西，而尤其要用最淺近的現代話來寫大眾文藝」，在敘事上「用『平鋪直敘』的形式上的形式」，〔註23〕正是契合古典主義最典型的風格特徵。在闡發古典主義文學原則時，高乃依將其細化為諸多非常具體的法條，其中包括：「模仿古代作家，以政治作為重要的主題之一，對善與惡的樸素（也即是自然的）描寫；『以愉快宜人的方式』給予人們以道德教益；將鮮明的主題置之於遠古的背景，以確保逼真；表現歷史的曲折，求得更強烈的效果；解決危局，反映出一個易被領悟的世界；全劇共為五幕；採用亞歷山大詩行」。〔註24〕儘管左翼文學作家與高乃依所處的環境有著巨大的時空差異，但是我們仍舊能夠看出兩者在基本創作原則上的高度契合。由此可知，左翼文學張揚政治理念，是因為古典主義本身就「以政治作為重要的主題之一」；它對人物描寫的「臉譜主義」也正是「對善與惡的樸素描寫」客觀需要；而只有將人物寫成「奉行命令的機械人」，才符合「人的一舉一動要合乎身份與地位」〔註25〕的要求；至於說他們「缺乏感情地區影響讀者的藝術手腕」，則因為「在心理方面，意志統轄感

〔註20〕韋勒克〔美〕，近代文學批評史（第一卷），〔M〕，楊自伍譯，上海：上海譯文出版社，2009：3。

〔註21〕塞克斯坦〔美〕，古典主義〔M〕，艾曉明譯，北京：崑崙出版社，1989：50。

〔註22〕塞克斯坦〔美〕，古典主義〔M〕，艾曉明譯，北京：崑崙出版社，1989：26。

〔註23〕瞿秋白，再論大眾文藝答止〔C〕//中國新文學大系 1927～1937·文學理論集二，上海：上海文藝出版社，1987：38～41。

〔註24〕塞克斯坦〔美〕，烏合之眾〔M〕，艾曉明譯，北京：崑崙出版社，1989：55～56。

〔註25〕韋勒克〔美〕，近代文學批評史（第一卷），〔M〕，楊自伍譯，上海：上海譯文出版社，2009：52。

情，而意志要服從理性」，「人的喜、怒、哀、樂都要有節制」。〔註26〕

綜上所述，中國左翼文學並非浪漫主義文學，它所呈現的是一種典型的古典主義形態。誠如宋劍華先生所說，左翼文學「強調文學的政治負載，高揚文學的功利目的，青睞文學的明德作用，規範文學的創作模式，諸如此類的條理約束，使我們完全有理由去相信：古典主義文學思潮在中國現代文學史上，的的確確是一種不可否認的客觀存在！」〔註27〕最後要澄清的是，本文不把左翼文學的古典主義形態視爲西方文學思潮的影響的結果，提出古典主義，只是試圖從文學的層面切入，對中國左翼文學的總體上的呈現出的風格特徵進行一個相對準確的描述。其實對左翼文學而言，所謂「古典主義」僅僅是其外在現形態上一種規範化、整飭化的總體傾向。

5.2「政治激情」的「理性」本質

左翼文學及普羅小說是用政治理念的文學性表述，因此，其文本敘事呈現出「理性節制情感」的古典主義法則。文本中的所謂「狂熱情感」都必須遵循一套簡明但極爲嚴苛的革命倫理。這也就使得普羅小說的情感喪失了五四小說中那種自然流溢的浪漫主義形態，而成爲一種被「革命理性」全權操控的集體主義情緒，成爲「革命理性」壓制和型塑的某種「情感範型」，因爲只有這樣一種「情感範型」而非「情感」本身才能夠納入革命理性的話語邏輯之中。那麼在這樣一種情況下，普羅小說中所充溢的「政治激情」該作何解？它與「革命理性」與「個人情感」之間又是怎樣一種關係？

如果普羅小說的敘事過程就是一個革命理論的論證過程，如果「革命理性」是作爲普羅小說的本體而存在，那麼我們就無法再將「政治激情」視爲「個人情感」，甚至也不能將其視爲「集體情感」。因爲如此一來，不僅使得「情感」一詞的外延含混不清，還會使得對普羅小說本體的判斷陷入「理性」與「情感」的悖論之中。事實上，「政治激情」對「革命理性」而言就不是一種異質的存在，相反，「政治激情」就是「革命理性」在小說文本中浪漫化的文學表述。如前文所述，茅盾等人曾用「概念化」、「臉譜化」的「紕漏」指

〔註26〕韋勒克〔美〕，近代文學批評史（第一卷），〔M〕，楊自伍譯，上海：上海譯文出版社，2009：52。

〔註27〕宋劍華，論「言志」詩學對中國現代文學的內在影響〔J〕，中國社會科學，2010 年（6）。

責普羅小說藝術缺陷，他們認爲蔣光慈等人「把他們的『革命生活實感』來單純地『論文化』了」。〔註28〕其實茅盾的批評恰恰從另一向度上指出，普羅小說創作的來源並不是一種「生活的實感」，而是來自革命理論。也就是說，普羅小說創作在根本上就不是文學的「概念化」，而是概念的「文學化」。因此從這個意義上說，普羅小說的「政治激情」很難說是「革命生活」對作家個體進行激發的結果，它應該是一整套既定的「革命理性」在「文學化」表述的過程中所呈現出的一種極致化形態。簡單地說，「政治激情」的本體是「激情政治」，是「革命理性」本身。

「革命理性」在敍事性文本中以呈現爲「政治激情」的形態，必然要藉重文學形象化的語言，但是「政治激情」因其自身的「理性」本質，其呈現方式必定與「五四小說」的「個人情感」大不相同。在五四小說中，個人情感充溢於小說的整個敍事場域，它生成了統攝小說文本的「氣場」和「情境」。對五四小說而言，「情感」是與其和諧共生的，它像詩歌一樣營造出圓融的意境。但在普羅小說中，昂揚、激越的「政治激情」從未籠罩文本的整個敍事，無論對於知識分子題材的作品，還是對於農村題材的作品，「政治激情」從來沒能成爲一種整體性的「氣場」和「情境」。相反，渲染「革命」的普羅小說文本，往往在大量的篇幅中回蕩著感傷、頹廢的消極情緒，充斥壓抑、絕望的氛圍，如果僅僅參看這樣一種敍事，我們甚至很難區分「普羅小說」與「五四」小說的區別。

但在普羅小說文本中，「政治激情」的呈現方式往往是其在敍事末尾以一種驚世駭俗的恢弘氣勢爆發出來——在「知識分子」模式中，它表現爲「知識分子」自我轉變後的樂觀，而在「工農暴動」模式中，它便表現爲工農大眾覺醒後的酣暢。「政治激情」的力量，就在於它以一種決絕、驟然的破壞性姿態摧毀了小說敍事中的「消極情緒」。「政治激情」使得文本敍事出現了斷裂，而恰恰是在這種猛烈的斷裂之中，「政治激情」完成了對「個人情感」的否定與消解，也是在這個過程中，它凸顯了自身，使得「革命理性」在文本中呈現爲具體可感的「感性形態」。與其五四小說圓融的「情感」場域不同，普羅小說的「政治激情」是以理性爲本體，而呈現爲一個「一次性」、「大劑量」的釋放過程。

〔註28〕茅盾，關於「創作」〔C〕//茅盾全集（第十九卷），北京：人民文學出版社，1984：278。

　　或許有人以為，這樣一種強烈的「政治激情」是由「個人情感」叠加聚集而成的「集體情緒」，但如果真是這樣，這種叠加拼合而成的「集體情緒」也必然能夠以小說人物為單位再度切分還原為「個人情感」。但事實卻是，一旦我們把「政治激情」還原到普羅小說的人物個體身上，就會發現普羅小說中人物的所謂「情感」根本就不具備「個體情感」的屬性，它可以在「喜、怒、哀、樂」之間自由、迅捷地相互轉變，乃至到了「不近人情」的程度。如戴平萬《獻給偉大的革命》，作者這樣描寫女主人公的「情感」變化：「她哭了一分鐘那麼久，便站起來，笑了說道：『好！我們復仇罷！』」〔註29〕而蔣光慈的小說《短褲黨》中，工人革命者翠英在丈夫犧牲的悲痛中也能夠迅速恢復，乃至「聽了月娟的話，也就忍住不哭了。」〔註30〕同樣，洪靈菲的日記體小說《路上》裏，女主人公在「一九二六，八，五日」的記錄中因為戰鬥失敗而「躺在這樣淒冷的病室裏面，整個地浸入孤獨的毒漿裏」，以至「想起我的死去的父親和母親」，「幾乎流下眼淚來。」但是在「一九二六，八，六日」卻因為戰友的前來神奇般地轉變了情緒——「說了一回之後，我們依舊唱歌起來了」，「我們像初發的時候一樣快樂，我們照舊在笑著」。〔註31〕如果這種自由、迅捷的轉變是情感的轉變，那麼試問，有什麼樣的人能夠在至親慘死之後轉悲為喜而幾無任何障礙？又有什麼人能夠從絕望中轉向樂觀而不留任何陰影？顯然，普羅小說人物這種「翻手為雲，覆手為雨」的變化決然不是在「情感」的層面，而是在「理性」層面。

　　從根本上講，普羅小說中人物個體的「情感」變化，既不是客觀真實的，也不是憑空想像的，它是革命理性操控之下的文本圖景。對小說人物而言，喜怒哀樂都不是生命個體的自然狀態，而是按照革命理性而有規律呈現的「情感範型」，相對於「情感」本身而言，它雖則充沛卻不豐富，雖則激烈卻不醇厚，帶有鮮明的理性色彩。當人物的行為符合了革命理性，人物「情感」則體現出喜與樂；反之，則是哀與怒。與其說「喜怒哀樂」是一種個人情感，倒不如說是基於革命理性而呈現出的「情感傾向」，它們在本質所體現的是人物對革命行動的態度。它缺乏情感本身的複雜與微妙，相反，人物已經是一

〔註29〕戴平萬，獻給偉大的革命〔C〕//陸阿六，上海：現代書局，1930：55。

〔註30〕蔣光慈，短褲黨〔C〕//蔣光慈文集（第一卷），上海：上海文藝出版社，1988：268。

〔註31〕洪靈菲，路上〔C〕//洪靈菲選集，北京：人民文學出版社，1982：186～187。

個理性的感應器，他只能作出簡單而直接條件反射。因此，這樣一種「情感」的變化，並沒有一個線性的、連續的情感變化過程的軌迹，與其說這是「情感」的轉變，不如說是「理性」的切換。

普羅小說追求的並非「合情」，而是「合理」。而這種「理」，也並不是現實生活邏輯，而是革命理性話語。其實，當茅盾等人批評普羅小說的人物有「臉譜化」的藝術缺陷時，他們並未意識到，普羅小說人物的「臉譜」並非京劇中一成不變的固化妝容，而應該是擅長「變臉」的「川劇」演員的多重面罩。也正因此，我們無法描畫出一條反映個人情感「轉變」過程的曲線，但卻能總結出一套「情感範型」基於「理性」「轉換」的模式。以戴平萬的小說《陸阿六》爲例。在作者筆下，陸阿六顯然並不是一個通常意義上的「生命個體」，相反，「他的生命便是鬥爭的本體」，他常常「忙著社會事業而忘記了自己的私事」。〔註32〕因此，儘管阿六因爲童養媳的事遭到阿牛的欺負，並長期「正眼也不看他」，但一旦阿牛表示要加入農會時，阿六就「喜躍起來了」，作者寫道「陸阿六是這麼高興，什麼氣憤，憎恨都消失在他的同志的熱誠中間去了」。〔註33〕如果用「革命理性」的模式卻解釋這種「情感」變化，我們就可以發現，阿六對阿牛的「怒」是因爲阿牛強奸童養媳的舉動，而這種舉動本身是與阿牛對農會的鄙視態度相互關聯的，因爲「當阿六和他說著怎麼應該加入農會的時候」，他遭到了阿牛的呵斥和嘲笑。〔註34〕反之，阿六對阿牛的「喜」也是因爲阿牛表示要加入農會和自己做同志。因此，阿六對阿牛的態度，如果只是一個生命個體對另一個生命個體的情感，那麼它就不可能有如此順暢的轉變；而如果一個階級成員對另一個階級成員的態度，那麼「革命理性」就很容易解釋這種轉換。而更爲重要的是，一個階級成員對另一個階級成員的態度，也就是一個階級成員對階級觀念本身的態度。所以，當我們把「政治激情」以小說人物個體單位進行切分之後，就會發現它並不能還原成「個人情感」，而只能是一種基於「革命理性」的「情感範型」。

「情感範型」以「革命理性」爲本位，同時又具有「情感」的外在形態，正是它而非「個人情感」成爲了聚合成「政治激情」的基本單位。但是，「情感範型」與「情感」本身區別在何處？它們之間又是怎樣一種關係？而「革

〔註32〕戴平萬，陸阿六〔C〕//陸阿六，上海：現代書局，1930：18。
〔註33〕戴平萬，陸阿六〔C〕//陸阿六，上海：現代書局，1930：24。
〔註34〕戴平萬，陸阿六〔C〕//陸阿六，上海：現代書局，1930：20。

命理性」又是如何形塑了「情感範型」，並將其整合成那種激越昂揚的「政治激情」呢？

首先要提出的是，我們所說的情感，一般就是指「個體情感」。這意味著，情感因人而異，每個人對任何事物的情感都是有差別的。其次，基於個人的情感是人內心的呈示，它必然是複雜而微妙的存在，即使是對同一件事，人也會呈現出某種矛盾的心理，常常有著喜樂交織，悲欣交集，愛恨交加，各種豐富的感覺都是糾纏在一起難以分拆。而「情感範型」卻是按照理性將內心情感的外化，它們可以明確地被分類成「喜」、「怒」、「哀」、「樂」、「愛」、「惡」、「欲」的範疇，而它們之間界限明晰、各自獨立。從這個意義上講，「政治激情」的生成並不是「個人情感」的依次累加，相反，它是「革命理性」對個人情感的某種裁汰和整合。如蔣光慈在《菊芬》中寫到江俠對菊芬犧牲的情感：「我讀完了菊芬這一封信之後，我真說不出我的感想來。我的心火燒起來了，我的血液沸騰起來了……我不為菊芬害怕，也不為菊芬可惜，我只感覺菊芬的偉大，菊芬是人類的光榮。」〔註35〕江俠本是菊芬的「暗戀者」，他對菊芬的情感也必然包含多重意蘊，但是因為「革命倫理」的存在，這種多重意蘊消失了，以至於當他得知菊芬的噩耗時消泯了自身的悲痛、傷感乃至愛慕之心，只留下了對一個革命同志「光榮」的讚美。

事實上，這種對個人情感的裁汰與整合過程，就是一個抽象化的過程，也正是在這個過程中，「情感」成為「情感範型」納入了革命理性話語。在普羅小說中，這種「情感」範型化的過程最典型地表現在「愛情」和「親情」層面。

在「愛情」方面，普羅小說作者往往將男女個體之間的「戀人」關係轉變為一種「同志」關係。《女囚》中的趙琴綺對愛人錦城的「愛情」已經不是男女兩性的心靈溝通——「在暮色蒼茫的歸途中，我竟嚴肅而誠懇的苦勸他一番，我要他專心攻讀社會科學的書，專心理論的研究，我的一言一語，他都唯唯接受。」〔註36〕在這裏，愛情作為一種人類的永恆情感已經消解了自身的豐富性，情人的私語成為一場單調的革命布道活動。趙琴綺「愛」上錦

〔註35〕蔣光慈，菊芬〔C〕//蔣光慈文集（第一卷），上海：上海文藝出版社，1988：419。

〔註36〕陽翰笙，兩個女性〔C〕//陽翰笙選集（第一卷），四川：四川文藝出版社，1982：29。

城是因爲她終於發現，「誰也料不到對我那麼柔和的錦城，竟是這幾次激烈行動中站在民眾最前頭的特別英勇的戰士！」〔註37〕一個女人對男人的「愛」，成爲一個個體對「革命」的皈依。同樣，《兩個女性》中的玉青竟然棄了雲生來愛君度，「一是君度太痴情，二是君度能奮進，三是君度有理論。」而愛情關係的維持也是因爲：「自從他們倆結合以後，有一個時期，丁君度確實加倍的向前努力，這裏宣傳，那裏煽動，卻還像一個革命家的樣子。玉青心裏自然越加快樂了。」而玉青最終的移情別戀是因爲丁君度成了「享樂主義」和「空頭理論家」——「兩人的生活路線成了相背而馳的兩個極端」，而「他們極端的矛盾和衝突的結果，已經在玉青的腦幕上淡化下去了的雲生的身影，一天天的竟在她的腦幕上濃厚起來。因爲雲生在她的推測，「早已經不是一個浪漫的常人，而是一個負有重大使命的戰鬥者了」。〔註38〕事實上，在「戀人」與「同志」的歸併之中，「同志」關係本身已經作爲一個量度裁汰了「戀人」身份中不符合革命倫理的部分，「戀人」與「同志」的關係並非雙向互動，而「同志」對「戀人」單向代替。這種「愛情」已然不是個人的感情，而是一種基於革命理性的「情感範型」，就像《短褲黨》中所說，「秋華愛直夫，又敬直夫如自己的老師一般。」〔註39〕而這個「老師」卻「無時無刻地不想關於革命的事情」。戀愛關係被徹底窄化爲同志關係，戀愛僅僅成爲「女人」與「革命」之間的中轉樞紐，使得女人以男人爲媒介進入革命話語的範疇。

與「愛情」一樣，普羅小說中父母與子女之間反目成仇也正是因爲作者用革命倫理將血濃於水的親情予以抽象化。如《田家沖》裏，大小姐認爲自己的家人「眞是些虎狼」，原因就在於「他們不僅搶走了你們的糧食，替我們家種田的多著呢，別人還是大塊大塊地包著的呢。他們四處都搶了來，我們兩排倉屋都塞滿了看，後來又大批地賣出去，那是米價漲到三倍了呢」。〔註40〕在這裏，大小姐與家人之間的倫理溫情在對「經濟剝削關係」冷靜的分析之中消解殆盡，只有他對家人的恨意得以保留，在這裏，革命理性已經形塑

〔註37〕陽翰笙，兩個女性〔C〕//陽翰笙選集（第一卷），四川：四川文藝出版社，1982：30。

〔註38〕陽翰笙，兩個女性〔C〕//陽翰笙選集（第一卷），四川：四川文藝出版社，1982：250～251。

〔註39〕蔣光慈，短褲黨〔C〕//蔣光慈文集（第一卷），上海：上海文藝出版社，1988：254。

〔註40〕丁玲，田家沖〔C〕//丁玲全集（第三卷），河北：河北人民出版社，2001：386～387。

出了這種以仇恨為核心的一元化的「情感」，它實際上是將一種「個人私恨」轉換成「階級公恨」。在革命理性形塑的人際關係中，已經沒有父母與子女的親情，而只有階級的戰友與敵人，也正因為此，《咆哮了的土地》裏的地主之子李杰，才會在「最後的一次決裂之後，他承認自己沒有父母了，有的只是自己的仇敵。」

梁實秋曾尖銳地批評左翼文學：「人生的苦痛也有多少種多少樣，受軍閥的壓迫是痛苦，受帝國主義者的侵略是痛苦，難道生老病死的磨折不是痛苦，難道命運的撥弄不是痛苦，難道自己心裏猶豫衝突不是痛苦？怎樣才叫做『革命的文學』？」〔註41〕但是對於普羅作家而言，「痛苦」從來不是寬泛的人生意義上的，它就必須用來指控「軍閥的壓迫」和「帝國主義者的侵略」。它並不再是情感的自然狀態，而是被納入理性的思維，用以證明「地主階級」的「反動」和「革命行動」的合法。從這個革命理性的層面上講，李杰的父親不再是父親，而大小姐的家人也不再是家人，他們都是「地主階級」，而且僅僅是「地主階級」。這個作為抽象符號的「地主階級」，將父親、鄉親、主人、戀人、愛人等一系列的身份統統取締和裁汰，並使他們成為一個純粹的革命鬥爭對象。

這裏要強調的是，革命理性將個人情感簡化的過程，也必然是一個將情緒強化的過程。一方面，對那種互相糾纏的情感予以強制分離，將其中某種情感在抽象思維中凸顯出來，從而消解那種因愛恨交織、悲欣交集所造成的所謂「猶豫」和「徬徨」。就像《短褲黨》中的翠英因丈夫的犧牲而「兩眼閃射著悲憤的光，但並不流淚了。她這時並不想別的，專想的是報仇。」〔註42〕在這裏，「仇恨」因其「革命性」而被存留下來，它成為一種單一的情緒，而「悲傷」則被視為「消極」、「軟弱」的個人情感而屏蔽掉了。正是在這個意義上，「情感」顯示出一種烈度不斷增強的姿態，並最終演化成「政治激情」。另一方面，這種抽離與凸顯的過程是以革命理性為依據，這使得這種一元化的情感獲得了「合理性」和「道德基礎」，從而變得更加有恃無恐。就像在《短褲黨》中，工賊小滑頭被工人大眾捉住處決，「工人們大家見著小滑頭已被槍

〔註41〕梁實秋，文學與革命〔C〕//中國新文學大系 1927～1937・文學理論集二，上海：上海文藝出版社，1987：209。

〔註42〕蔣光慈，短褲黨〔C〕//蔣光慈文集（第一卷），上海：上海文藝出版社，1988：269。

斃，即大家鼓起掌來，無不喜形於色，稱快不置。」但是「這時翠英的心中忽然起了一種憐憫的心情：好好的一個人為什麼要做工賊呢？當他破壞工會陷害我們的時候，大約沒曾想到也有今日。唉！小滑頭啊！你這簡直是自己害自己！……」〔註 43〕我們看到翠英對於一個個體生命的憐憫被革命倫理裁汰了，「工賊」這一稱呼使得他是「咎由自取」，使得翠英內心不必再承載哪怕一絲道德負罪感。因此，「當巡捕聞訊趕來拿人的時候，會場內已無一個工人的影子，只有直挺挺地躺著一個面向地下的尸首。」〔註 44〕這最後的描寫之中已然沒有了任何悲憫情緒，而顯得那麼理直氣壯。

如果說「政治激情」的激越昂揚是由什麼生成，那麼它就是由這些理性化的、對個人情感予以裁汰與整合的「情感範型」所生成。這樣一組組「情感範型」，用革命理性重新建立了文本中人物之間的關係。這種關係，已然不是一種個體與個體之間的直接關係，而是指涉階級集團之間的關係，而前者只有以後者為中介才可能成立。如《短褲黨》裡的翠英因丈夫之死而滋生的仇恨顯然不再是一種個人的仇恨，而是階級的仇恨，「但是誰把金貴打死了呢？誰個是金貴的仇人呢？我邢翠英應當去找誰呢？唉！一個樣！反正是他們一夥──帝國主義者，軍閥，資本家，小走狗！我要殺完一切帝國主義者，軍閥，資本家及一切小走狗！」〔註 45〕在他的眼中，丈夫不是被某個人或某幾個人殺死的，而是被整個反動統治集團屠殺的。也正是這個原因，菊芬讓戀人薛映冰為自己報仇時，也就不僅僅是為自己一個人報仇，而是「為一切被壓迫的人們報仇罷，為一切被侮辱與損害的人們報仇罷！」〔註 46〕這樣一種關係，決定了一個人對另一個人的情感無法再決定於自己的好惡，而是決定於階級利益本身。如《短褲黨》裡的革命者林鶴生因為魯正平的工作失誤而中槍「悲憤」不已，但是「他悲憤的不是自己腿上受了傷，不是現在躺在床上不能動，而是悲憤昨夜的事情沒有組織好，致不能達到成功的目的；而是悲憤魯正平同志做事粗莽，因為他一個人誤了大事」。因為他明白：「倘若

〔註43〕蔣光慈，短褲黨〔C〕//蔣光慈文集（第一卷），上海：上海文藝出版社，1988：263。

〔註44〕蔣光慈，短褲黨〔C〕//蔣光慈文集（第一卷），上海：上海文藝出版社，1988：263。

〔註45〕蔣光慈，短褲黨〔C〕//蔣光慈文集（第一卷），上海：上海文藝出版社，1988：269。

〔註46〕蔣光慈，菊芬〔C〕//蔣光慈文集（第一卷），上海：上海文藝出版社，1988：418。

林鶴生腿上的傷時魯正平無意中所打的，或是魯正平罵他幾句，或是魯正平僅僅對於他一個人做了什麼不好的事情，那麼林鶴生都可以原諒他；但是這貽誤大事！但是這破壞革命！……這個過錯太大了，林鶴生無論如何不能饒恕他。」〔註47〕

可以說，正是通過將「個人情感」改造成「情感範型」，左翼文學的集體主義書寫才能成為可能。因為個人情感是龐雜的、參差的和豐富的，它們可以自成世界。而每個個體的豐富性構成了它的獨特性，這種獨特性又必然使得各個個體之間形成難以消解的矛盾。而包括普羅小說在內的左翼文學卻要求走向「通往集團化文學」的道路，要求以「群眾運動」作為描寫對象，因此如果繼續沿用五四時代的文學話語，就會使得那些各不相同的生命個體難以有效整合。因此，必須有「革命理性」的參與，才能使得這一個過程得以完成。「革命理性」將每個個體中的情感世界予以簡化和抽象化，從而尋找出革命行動中每個人物的公約數──在這一抽象化的過程中，那些不利於革命的情感顯然要被毫不猶豫地裁汰掉。正是在這個「求同去異」之中，小說中的人物形象才能夠獲得「革命者」的身份，從而在革命理性給定的框架之中獲得合法性。

5.3 「個人情感」的規範形態

「革命理性」使得左翼文學的政治激情與五四文學的個人感情區分開來。五四文學張揚個人主義，它的「情感」也必然是基於生命個體的情感。且不說主張藝術至上的創造社作家把「以內心的要求為文學上活動之原動力」視為文學創作的「根本原理」，〔註48〕即使是主張「為人生」的文學研究會作家也毫無避諱地承認「文學以真摯的情緒為他的生命，為他的靈魂」。〔註49〕可以說，在五四小說中，「個人情感」占據著至關重要的作用，他生成了小說敘事的場域，也構築起「抒情主人公」超驗而相對自足的審

〔註47〕蔣光慈，短褲黨〔C〕//蔣光慈文集（第一卷），上海：上海文藝出版社，1988：272～273。

〔註48〕成仿吾，新文學之使命〔C〕//中國新文學大系・文學論爭集，上海：上海文藝出版社，2003：176。

〔註49〕鄭振鐸，新文學觀的建設〔C〕//中國新文學大系・文學論爭集，上海：上海文藝出版社，2003：160。

美時空。在這個時空之中，每個人物形象都是一闋個人情感的投射，而時空的整個氛圍也往往彌漫著「感傷」的情調，也正是這種「個人情感的自然流露」生成了五四文學的浪漫主義品格。對五四小說而言，它們的敘事往往可以被還原成一個抒情的過程，而國家、人類、民族這些社會學意義上的詞彙也往往可以收攏在作爲「我」的生命個體之中，並還原成「抒情主人公」的某個情感片段。五四小說中的「我」是在以一個生命個體去體驗另一個生命個體的內心交流，在「我」與「他者」之間，在作家與讀者之間，這種交流都是一對一的個體模式，他們之間的對話與溝通是通過「情感」的共鳴來實現的——「作者無所爲而作，讀者也無所爲而讀……作者不過把自己觀察的，感覺的情緒自然的寫了出來。讀者自然的會受他的同化，受他的感動」。〔註 50〕

　　但是，左翼作家卻在文本中取締了「抒情主人公」的合法地位，敘事者不再是「抒情者」，而是革命活動的實踐者——「我們的文學家，應該同時是一個革命家。」〔註 51〕左翼小說的敘事時空是由「革命理性」構築起來的，因此，「個人」必須通過「集體」的語義換算，才在能夠在階級社會中和革命進程裏確證自身的存在。顯然，對於那些試圖融入大眾、貼近大眾成爲無產階級革命者的知識分子而言，只有「革命理性」而非「個人情感」方能夠讓他們在與統治階級和工農大眾的關係之中明確自己的身份——對他們而言，「我革命故我在」。因此，「革命理性」爲普羅小說的敘事場域劃定了明晰的現實邊界，它排斥了一個「超越性」的時空，從而使得五四小說中「眞摯的情感」成爲一種虛無縹緲的存在而游離於革命話語以外。

　　但是，我們說「個人情感」游離於革命話語以外，並不意味著「個人情感」游離於「普羅小說」文本的「革命敘事」以外，儘管「革命理性」的張揚已然使得普羅小說創作過程淪爲「革命合理」的論證過程，但既然「個人主義」沒有消失，那麼「個人情感」也不可能在文本中遭到抹除。普羅小說作家所面臨的一個重要問題就是：如何將這種無法祛除的「個人情感」縫合到革命話語統攝的小說文本之中？

〔註 50〕鄭振鐸，新文學觀的建設〔C〕//中國新文學大系・文學論爭集，上海：上海文藝出版社，2003：160。
〔註 51〕李初梨，怎樣地建設革命文學〔C〕//中國新文學大系 1927～1937・文學理論集二，上海：上海文藝出版社，1987：62。

　　事實上，在普羅小說創作的早期階段，洪靈菲等作家試圖通過對「革命」的浪漫化想像消解「情感」與「革命」之間的矛盾。如洪靈菲的中篇小說《流亡》中，革命者參加革命是為了「要把革命去消除他的悲哀，正如他把酒和女人、文藝去消除他的悲哀一樣」。〔註52〕而男主人公沈之菲更是認為革命和戀愛「那一定是不會衝突的」，因為「人之必需戀愛，正如必需吃飯一樣。因為戀愛和吃飯這兩件大事，都被資本制度弄壞了，使得大家不能安心戀愛和安心吃飯，所以需要革命！」。而照他的見解，「革命和戀愛都是生命之火的燃燒材料。把生命為革命，為戀愛而犧牲，真是多麼有意義的啊！」表面上看，洪靈菲是在用「革命戀愛一元化」的理念統攝文本，並使得小說具備了「風雲氣」和「兒女情」，造成了一種雖則怪誕但不乏新奇的審美風格。但問題是，「革命戀愛一元化」的理念呈現在文本之中，就是「戀愛一元化」的單向場景。如小說的女主人公黃曼曼「態度本來很不接近革命，但因為她的愛人是在幹著革命的緣故，她便用著對待情人的心理去迎合著革命」。〔註53〕這使得革命成為戀愛的附屬品，從而在根本上悖逆了左翼文學的政治本位意識。當作者描寫沈之菲和黃曼曼在「尼姑庵」這一情色意味十足的場所你儂我儂之時，那麼這兩個逃亡革命者已經與古典艷情小說中「落難鴛鴦」的角色難以區分。而沈之菲宣布結婚的語言更是充滿了浪漫主義氣息：「讓這裏的臭味，做我們點綴著結婚的各種芬馥的花香；讓這藏棺材的古屋，做我們結婚的禮拜堂；讓這樓上的鼠聲，做我們結婚的神父的祈禱；讓這屋外的狗吠聲，做我們結婚的來賓的汽車聲；讓這滿城的屠殺，做我們結婚的牲品；讓這滿城戒嚴的軍警，做我們結婚時用以誇耀子民的衛隊吧！這是再好沒有的機會了，我們就是今晚結婚吧！」在這裏，「革命」淪為「戀愛」的背景，而不再成為小說敘事的本體。實際上，作者非但沒能把「個人情感」縫合入「革命話語」，反倒使得「革命」落入了「個人情感」的籠罩之中。很顯然，這樣一種與左翼文學基本理念相互牴牾的「戀愛革命一元化」理念是必然要遭到批評的，即使是洪靈菲自己也已經意識到這一點，並在其後的作品做了修正。如在《前線》小說中，他就已然認為「從前把革命看作一件消遣品，和藝術品，實在是不對啊」，前線的主人公已經非常明確地提出「革命是一種科學，是理性的產物，純情感的革命的時代已經是過去了。」

〔註52〕洪靈菲，蛋殼〔C〕//洪靈菲選集，北京：人民文學出版社，1982：90。
〔註53〕洪靈菲，蛋殼〔C〕//洪靈菲選集，北京：人民文學出版社，1982：6。

　　洪靈菲早期小說的創作歧途一方面彰顯了五四文學中「個人情感」本位意識在普羅小說時代存在巨大的慣性；另一方面，它也多少暴露了「五四小說」向「普羅小說」轉換過程的深層機制。事實上，左翼文學儘管標舉政治宣傳而忽視文學審美，但是它對政治理念的闡釋與演繹畢竟是在借助小說、詩歌這些具體的文學體裁。具體到普羅小說而言，政治理念本身如果不被賦予文學性的外殼，就無法形成小說文本的敘事。所以，誠如「左翼文學」文本所呈現的不是純粹的「集體主義」，而是「集體主義」與「個人主義」的雙向「衝突」一樣，普羅小說也從來沒有將五四小說中存在的那種基於個人的情感排斥在文本敘事之外，恰恰相反，它同樣是在革命理性與個人情感雙向「衝突」而形成的張力之中凸顯自身獨特的審美品格。左翼文學以革命理性為文本基礎，革命理性的規範就是它文本敘事的法則。情節的發展、人物的行動、環境的置換無不尊奉著一套極為嚴格的革命倫理。可是，「儘管古典主義戲劇在語言處理上追求修辭效果，講究合理性和默守常規，但最好的古典主義戲劇決不使感情枯竭：它並不遠離感情。正相反，它承認感情神秘的來源，並運用預感，徵兆和夢幻。非理性被抑制著潛入了作品。」〔註54〕從這個意義上來說，左翼文學是將「集體主義」反對「個人主義」的政治理念投射在文本中，將其轉化為「理性節制情感」的古典主義文學法則。

　　眾所周知，五四文學因其強烈的抒情性而帶有明顯的浪漫主義品格，這種浪漫主義流波所及，甚至直接影響到早期「普羅文學」的風格特徵。但就總體而言，左翼文學與五四文學的根本區別就在於它對「情感」的節制。其實，如果僅就文學思潮的發展變遷而言，對「個人情感」的節制本身是一個非常自然的過程。當毫無節制的「抒情」成為一個被五四作家濫用的俗套，當「感傷的情調」成為整個五四文學千人一面的審美特徵，那麼對這種「情感」的否定和批判也就成為文學自身發展的一種自然傾向。也正因為此，不僅僅是左翼文學，甚至連與左翼文學激烈論戰的「新月派」批評家也同樣五四文學「情感的泛濫」予以猛烈抨擊。但是，與新月派諸君相比，左翼作家並沒有將「理性節制情感」的「理性」視為一種文學創作的內在法度，也沒有把對「情感」的節制過程看成文學的自律行為，他們所提倡的革命理性顯然已經僭越了文學範疇，並讓政治理念被確立為文學本體。而五四文學意義上「個人情感」在左翼文學批評話語和普羅小說文本創作中被予以重新定位。

〔註54〕塞克斯坦〔美〕，古典主義〔M〕，艾曉明譯，北京：崑崙出版社，1989：53。

　　左翼文學批評家批評「五四文學」時，往往愛用「感傷的情調」對「五四文學」定性。在這樣一種整體性的定性中，他們取締了「五四文學」內部的豐富性，也消解了各個作家、作品之間巨大的差異性，而是將「五四文學」作為一個一元化的整體予以定性和評述。這樣一種整體性的批評顯然不是一種個體化的文學批評，而是以革命理性為基礎的政治文化批評。如成仿吾則《從文學革命到革命文學》中認為「有人說創造社的特色為浪漫主義與感傷主義，這只是部分的觀察。據我的考察，創造社是代表著小資產階級的革命的『印貼利更追亞』」，他指出「浪漫主義與感傷主義都是小資產階級特有的根性」。〔註55〕而茅盾在回顧文學研究會的創作初衷時指出「切膚地感受著帝國主義的橫暴，資產階級的無人道的剝削，勞動者的死裏求生的鬥爭，而且自身又是資本家的雇員薪工勞動者的文學研究會份子發出了要『血與淚的文學』的呼聲。」〔註56〕在這裏，成仿吾將「浪漫主義與感傷主義」定性為「小資產階級特有的根性」，而茅盾將「血與淚的文學」與帝國主義、資本家、薪工勞動者相互關聯。正是由於革命理性和階級話語的引入，才使得創造社和文學研究會這兩大相互對立的五四團體在對自己社團文學活動的評價中表現出強烈的趨同性。在這種趨同化的表述之中，「感傷的情調」超越了文學社團與流派的界限，完成了五四文學整體上的定性，而茅盾所謂「沒有發揚踔厲的新興階級的氣概，沒有樂觀，只有苦悶，徬徨和頹廢」〔註57〕已經成為左翼作家陣營對五四文學的共識。

　　正是在這樣一種話語建構之中，左翼作家改變了對五四「個人情感」的認識，「個人情感」已然不再是純粹的、自然狀態的「個體的情感」，而是帶有明確意識形態表徵的「個人主義的情感」。這樣一種「情感」與「政治激情」一樣，也是一種由革命理性形塑的「情感範型」。它不再以個人為單位，而是以階級群體為界限。茅盾在評價徐志摩的詩歌時，認為他「不外乎感傷的情緒，——這些都是發展到最後一階段的現代布爾喬亞詩人的

〔註55〕成仿吾，從文學革命到革命文學〔C〕//中國新文學大系 1927～1937・文學理論集一，上海：上海文藝出版社，1987：36。
〔註56〕茅盾，「五四」運動的檢討〔C〕//茅盾全集（第十九卷），北京：人民文學出版社，1984：245。
〔註57〕茅盾，「五四」運動的檢討〔C〕//茅盾全集（第十九卷），北京：人民文學出版社，1984：241。

特色，而志摩是中國文壇上傑出的代表者」。〔註58〕在解讀徐志摩這一純粹的抒情詩人時，茅盾強調「他的政治意識非常濃烈」，因此，所謂「感傷的情緒」並不是文學意義上的描述，而是「現代布爾喬亞詩人的特色」。因爲在他看來，「詩這東西，也不僅是作家的個人情感的抒寫，而是社會生活通過了作家的感情意識之綜合的表現」。〔註59〕所以在階級話語的闡釋框架裏，五四文學中豐富駁雜的情感成爲資本主義的階級情緒，或者一種「小布爾喬亞泛」。

　　將「個人情感」定性爲具有明確意識形態表徵的「小布爾喬亞泛」，表現在小說文本中就是一個將「個人情感」去浪漫化、去神聖化的「祛魅」過程。我們知道，五四小說中的主人公往往是知識分子身份，而小說文本世界這些知識分子的個人生活經歷構成，因此他們的「情感」也就成爲彌漫文本的存在。但是在普羅小說中，知識分子身份的人物往往與工農大眾、統治階級並置雜陳在一起。文本世界是由革命理性話語構築的序列，而知識分子力圖在這個序列中處理好與工農大眾、統治階級的關係，並在其中爲自己的身份定位。在這樣一個由不同階級組成的群落裏，「情感」喪失了普遍的意義，它作爲一種特定「意識形態」專屬於小資產階級知識分子。工農大眾沒有「情感」，他們代表著集體理性、革命精神和政治激情；同樣，反動統治階級也沒有「情感」，他們只有貪婪的欲望和邪惡的心性。在這種情境之中，依然承載著「個人情感」的知識分子，既處於工農大眾的疏離之中，由處於反動統治階級的壓迫之下，「情感」本身使得他們處在一個十分尷尬的位置。因此，如果說小資產階級是知識分子在小說文本的革命序列中對自己的定位，那麼其所承載的「個人情感」就會被作家表現爲一種酸腐、頹唐的文人氣質，進而定格爲小資產階級軟弱、徬徨的階級屬性。那些在五四文學中的抒情主體，在左翼小說中成爲一個沒落的「情感」的載體，他們既被統治者打壓，也被群眾排斥，從而使自己淪爲夾縫中的尷尬存在。在這樣一種敘事過程中，「個人情感」實際成爲了「個人主義的情感」——「情感」是作爲「個人主義」的表徵而存在。

〔註58〕茅盾，徐志摩論〔C〕∥茅盾全集（第十九卷），北京：人民文學出版社，1984：
　　　　375。

〔註59〕茅盾，徐志摩論〔C〕∥茅盾全集（第十九卷），北京：人民文學出版社，1984：
　　　　389。

在普羅小說文本中，「情感」並沒有消失，它只是被貼上了「個人主義」的符咒，進而納入了小說革命理性話語之中。而相對於五四小說而言，這種「個人主義情感」在普羅小說文本中的呈現方式也出現了巨大變化。其具體表現是，普羅小說的「情感」被限定在一個狹小封閉的時空場域之中。情感在五四中彌漫與文本，而在普羅小說中，敘事是一個開放性的革命場域，而承載個人情感的人物往往處在一些相對封閉的區域之中，如書房、校園、咖啡廳、夜總會等等。事實上，書房與校園往往使得「情感」呈現為一種與社會隔絕的、吟風弄月的文人酸腐之氣；而咖啡廳、夜總會這些娛樂場所卻使得「情感」表現為肉體的欲望。五四的「個人主義情感」在普羅小說文本中既有了現實邊界，又以一種邊緣化、非法化的姿態套嵌在革命話語之中。知識分子的活動場所本身，似乎就已經指涉了他們的政治覺悟和道德傾向。顯然，這樣一種奇特的書寫方式呈現出革命風暴之中飄搖的個人空間，而這種空間隨著革命話語的推進將會不斷縮小並最終坍塌。洪靈菲用蛋殼來表徵個人主義，一方面指出了個人主義的封閉性，另一方面也彰顯了它的脆弱性。除了在空間上的收縮以外，普羅小說文本還在時間上將個人情感處理成一種「過去時態」。對於一個小資產階級知識分子而言，「情感」是一種個人主義的精神殘餘物而存在，它是一種「依舊潛伏於現代的腠理中的『五四』渣滓」。〔註60〕而只有將其徹底袪除，他們才能獲得轉換與新生。

這裏要強調的是，這樣一種帶有鮮明「時空限定性」的「個人主義的情感」對左翼作家而言不僅是一個事實判斷，而且是一個價值判斷，也就是說，「情感」不僅是一種意識形態，而且是一種落後、腐朽的意識形態，它事實上已經成為「革命理性」規約的客體和批判的對象。

那麼，在普羅小說文本的敘事過程中，這種悖乎「革命理性」的「情感」又是呈現呢？在這裏，普羅小說作家依然是調用了中國傳統文學的資源將「革命理性」予以對接。中國文學自古以來就強調其與時代的緊密關聯，早在《樂記》一書中，就有人提出「治世之音安以樂，其政和；亂世之音怨以怒，其政乖；亡國之音哀以思，其民困。聲音之道，與政通矣。」〔註61〕這種「與政通」的文學主張帶有鮮明的功利主義色彩，它既要求文學對時代有所反映，

〔註60〕茅盾，「五四」運動的檢討〔C〕∥茅盾全集（第十九卷），北京：人民文學出版社，1984：248。

〔註61〕楊天宇，禮記譯注〔M〕，上海：上海古籍出版社，2007：468。

又要求文學對時代有所助益。在這個基礎上，對文學本身的判斷與評述就不是單獨的作品賞鑒，而是要結合其時代背景，在時代與文本的關係中得出極富道德傾向性的價值判斷。孟子所提出的「知人論世」的觀點即是如此，所謂「頌其詩，讀其書，不知其人，可乎？是以論其世也」。〔註 62〕

　　20 世紀二、三十年代的中國左翼文學興起，一個重要的前提就是左翼知識分子對當時的中國社會背景作出一個重新的判斷——一九二八年，「中國的社會呈出了一個『劇變』」。〔註 63〕劉勰在《文心雕龍》中提出「文變染乎世情，興廢繫乎時序」，而這一文學觀念表現在左翼文學中，就意味著「在階級鬥爭日形尖銳化的新局面下，文學團體必然的要起變化」，而「新的時代要求那表現著新的意識形態的文學」。〔註 64〕事實上，這種「知人論世」的文學觀，使得左翼文學凸顯了 1930 年代的革命風雲，而正是在這個「風沙撲面，虎狼成群」的「革命」的時代背景之下，「情感」成為一種非法化的存在——「那即興的戀愛的，流連山水的，以個人的悲歡離合為中心的文學，這時不但不必要，而且討厭。寧可擱筆不寫，不可再寫這類無聊的東西。一個人，假若不是麻木不仁，大約都可以感到現在不是感傷的時代了。」〔註 65〕也正是在這個意義上，蔣光慈才會在小說《少年漂泊者》中「忽然跳出來做粗暴的叫喊」，在他看來「我愛美的心，或者也許比別人更甚一點；我也愛幻遊於美的國度裏。但是，現在我所耳聞目見的，都不能令我起美的快感，更哪能令我發美的歌聲呢？」〔註 66〕在普羅小說文本中，作家將革命理性話語渲染為血雨腥風的時代背景，從而在其襯托之下顛覆了「情感」的合法性，使其變得「不合時宜」。如洪靈菲的小說《路上》塑造了一個名為楚蘭的資產階級小姐形象，她「愛安閒，愛享福」，也「愛出風頭，愛鬧戀愛」，她「由小姐式變成少奶式了，她一路不是坐轎便是騎馬，沒有好東西便不吃，沒有好衣衫便

〔註 62〕孟子，萬章章句上〔C〕//楊伯峻，孟子譯注，北京：中華書局，2003：251。

〔註 63〕郭沫若，文學革命之回顧〔C〕//中國新文學大系 1927～1937‧文學理論集一，上海：上海文藝出版社，1987：228。

〔註 64〕茅盾，「五四」運動的檢討〔C〕//茅盾全集（第十九卷），北京：人民文學出版社，1984：242。

〔註 65〕鄭振鐸，新文壇的昨日今日與明日〔C〕//中國新文學大系 1927～1937‧文學理論集一，上海：上海文藝出版社，1987：264。

〔註 66〕蔣光慈，少年漂泊者〔C〕//蔣光慈文集（第一卷），上海：上海文藝出版社，1988：3。

不穿。有些時，她甚至調脂弄粉起來呢！」〔註67〕事實上，楚蘭的行為在世俗生活中本身沒有什麼值得譴責或批判，但是小說的題目為《路上》，它意指著革命行軍的征途，正是在「行軍路上」這樣一個「喋血」的敘事時空中，楚蘭的種種行為才凸顯出了怪誕和荒謬，整個世界都是戰場，而一個鬧戀愛的女子在與嚴整的隊伍的對比中，成為一個「調脂弄粉」、「放棄著偉大工作不做」的「玩物」。而在小說《一九三零年春上海之二》中，作者最後寫道望薇看到瑪麗的情景：「他忽然看見大百貨商店門口出現了一個嬌艷的女性。唉，那是瑪麗！她還是那樣耀目，那樣娉婷，恍如皇后，她還顯得那麼歡樂，然而卻不輕浮的容儀。她顯然是買了東西出來，因為她手裏拿了許多包包，而且，的的確確，正有一個漂亮青年在攬著她。」〔註68〕如果僅就這段描寫來看，我們自然會將其視為一副典型的都市戀愛圖景，而瑪麗擺脫望薇也顯然是「又幸福了」。但是丁玲所設立的觀察者望薇是一個革命者，而這幅圖景的視角則是一輛囚車──「他從鐵車的鐵絲網裏望出來」。正是這樣一個視角，以及周圍高喊「打倒……」口號的暴動人群，使得瑪麗的戀愛圖景變成一抹不道德的亂世奢華。

在普羅小說文本中，五四時期那種發乎個體的「個人情感」，被加工成一種「小布爾喬亞範」，又由此被認定為小資產階級特有的階級屬性。正是由於這樣一種階級意識的引進，使得普羅小說創作遮蔽了其「存天理，滅人欲」的復古主義本質，因為在階級話語的框架之內，無產階級對個人情感的批判與否定，就不再是一個群體對其個體個性的壓抑與制約，而成為了一個階級對另一個階級的鬥爭和改造。但這裏要指出的是，「情感與理智」的衝突一直是左翼文學創作面臨的重大問題，儘管左翼作家通過將「情感」加工成意識形態的「情感範型」來化解衝突，但是他們並無法實際創作過程中完全做到這一點。小說畢竟是一種文學體裁，作家的創作難免有發乎自然的「情感」流溢。這也是為什麼普羅小說中的人物在內心往往會陷入天人交戰場景的原因。如蔣光慈的《咆哮了的土地》中，李杰燒掉了自家庭院後陷入了極度的痛苦，以至他最終用死亡來化解自己內心的矛盾；《野祭》中的男主人公至始至終也沒能從內心愛上作為「革命者」的淑君；而在胡也頻的小說《到莫斯

〔註67〕洪靈菲，路上〔C〕//洪靈菲選集，北京：人民文學出版社，1982：184～187。
〔註68〕丁玲，一九三零年春上海〔C〕//丁玲全集（第三卷），河北：河北人民出版社，2001年。

科》中，作者在對徐大齊豪宅的奢華場面描寫中，也隱隱流露出一種眷戀與嚮往。這些未被「革命理性」操控的「情感」像一道潛流一樣充斥與普羅小說文本，為普羅小說保留了最後一塊耐人尋味的審美空間。

6. 革命圖景：「暴動」對啓蒙的呈現

綜觀 20 世紀 30 年代的普羅小說，我們就會發現有兩組表現對象：一是「知識分子」，二是「工農大眾」。這兩組對象在文本中又呈現爲兩種敘事方式，即「知識分子」的「轉變」、「新生」模式，和「工農大眾」的「覺醒」、「反抗」模式。在既往的左翼文學研究中，人們往往將這兩者視爲各自獨立的兩類題材予以分別論述。其中，「知識分子」題材作品往往被概括爲「革命＋戀愛」的公式，學者們通過對「戀愛」一維的反覆挖掘確證普羅小說的「摩登味」；而「工農大眾」則往往以「煽動文學」等詞語一筆帶過，進而作爲一種「模式化」、「概念化」的藝術缺陷被予以籠統地否定。這樣一來，兩種敘事對象及其方式分別成爲似乎互不關涉的「戀愛」與「暴動」，它們很難在統括在普羅小說這一總體概念之中。這種解讀忽略了「知識分子」與「工農大眾」之間的內在關聯，進而使得普羅小說嚴整連貫的革命理性話語邏輯從中斷裂。綜觀普羅小說文本就可發現，這兩組對象及其模式在普羅小說敘事中並沒有涇渭分明的界限，「知識分子」與「工農大眾」往往並置雜陳在同一個文本中難分彼此。因此，只有將「知識分子」的「轉變」、「新生」和「工農大眾」的「覺醒」、「反抗」視爲一個前後銜接、上下互動的連貫過程，我們才能眞正把握普羅小說敘事中的革命話語框架，進而呈現出其內在複雜的政治啓蒙機制。

6.1「革命＋戀愛」還是「戀愛➡革命」？

在這裏，首先對「知識分子」的模式作一個辨析。左翼文學的傳統研究

往往把這一敍事模式稱之爲「革命＋戀愛」的題材。「20 年代中後期，與『革命文學』的倡導幾乎同時，產生了早期普羅小說的創作，其中最具代表性的莫過於『革命＋戀愛』模式，這種新的潮流是社會革命與戀愛主題的巧妙融合」，它「以新的方式書寫了知識分子在特定時代的革命和愛情經歷」。〔註1〕但問題在於，「革命」與「戀愛」根本就是兩套完全不同的話語，它們之間如何才能實現「巧妙融合」？

其實，造成這種誤讀的根本原因是「革命＋戀愛」這一公式本身存在問題，公式中的「＋」實際上將「革命」與「戀愛」視爲同質化的因素並置於同一個敍事場域之中，從而使得兩者在普羅小說文本中成爲簡單的「同類項合併」。正是在這樣的基礎之上，學者們總是要通過「革命」與「戀愛」之間的相似性來尋求它們共存於普羅小說的合法性，如有學者認爲「寫作主體希冀與它們同體共在，並無限度地強化這種信任和忠貞摯情，似乎不如此就無法充分表達他們在膜拜崇信狀態中的自我認同」，由此，「『革命』和浪漫的愛情一樣，是生命意義的實現」。〔註2〕這種簡單的並列與拼合，使得「革命」與「戀愛」在敍事場域中相互混淆、難分彼此。而由於新時期以來對「階級論」的清算、對「人性論」的重新確立，尤其是受到九十年代後消費主義的影響，學界對「戀愛」的解讀遠遠超過了對「革命」的闡釋。甚至許多學者將「戀愛」反客爲主地視爲鋪陳普羅小說現代性的底色——「這一時期的左翼理論家們有意識地，並且常常是急切地致力於建立一種以『五四』爲假想敵的，『小資產階級』與『無產階級』二元對立的愛欲觀念體系，這揭示了 1930 年前後——即早期中國左翼文學所賴以生成的一個基本結構」。這裏得出的結論是，「直接的肉的張揚才是最革命的態度，愛欲不是與革命對立的因而需要被規訓的激情，而是被視爲一種革命之『力』」。〔註3〕此種解讀實際上把當下社會浮躁「身體」言說代入了二、三十年代的文學語境，從而對其作出了誤讀和曲解。

事實上，普羅小說作爲「革命文學」的典範形態出現在歷史之中，它無

〔註 1〕 李蕾、鳳媛，早期普羅小說「革命＋戀愛」模式的青春特質〔J〕，中國現代文學研究叢刊，2005 年（5）。

〔註 2〕 陳紅旗，中國左翼文學的發生 1923～1933〔M〕，廣州：暨南大學出版社，2010：65。

〔註 3〕 劉婉明，革命的現代「性」——1930 年前後左翼文學理論中的愛欲主題〔J〕，中山大學學報，2010 年（1）。

論如何也無法徹底擺脫「革命文學」倡導者們所秉持的政治本位觀念。從這個意義上說，普羅小說中「戀愛」與「革命」根本就不是同等重要，而是前者從屬於後者。當然，「戀愛」相對於「革命」的從屬關係，並不是指前者在敘事中所佔的比重小於後者，而是指「革命」是作爲普羅小說敘事的本體存在，而「戀愛」則僅僅是一種話語修辭，「借用『戀愛』的修辭，『革命』因此呈現爲一種具體可感的形象。」〔註4〕因此，「一旦意識形態的敘述被置於性愛關係的場景當中，便不可避免地在能指的層面上使意識形態的表述對象欲望化」，儘管「那種投射在女性身體上的欲望或女性身體本身的欲望，有滑落出「革命」的意義可掌控的範圍之外的危險，而構成對革命本身的顚覆」〔註5〕，但是這都是學者借助弗洛伊德的精神分析理論從「潛意識」層面所作的解讀。而在小說敘事的理性框架之中，它所表徵的「肉體欲望」從未成爲文本敘事的核心所在，而其作爲「潛意識」本身也體現爲被「革命理性」規約與壓制的被動狀態。

綜上所述，「革命＋戀愛」的敘事模式中，「革命」是作爲敘事的本體存在，而「戀愛」則處於從屬地位，它與「革命」之間甚至不處於一個同一個共時性的序列之中，而只有歷時性上的關聯。這表現在普羅小說中的「戀愛」往往是作爲一種「回憶性」的過去時態存在，它是作爲一種「五四文學的殘餘物」滯留在文本之中，而只有「革命」才指涉著當下的社會現實乃至未來的美好憧憬。因此，儘管我們可以把「革命＋戀愛」中兩者的關係細分成多種模式，但是就普羅小說乃至整個左翼文學思潮的整體趨勢而言，敘事中的「戀愛」一直都呈現爲一種向「革命」皈依過程。在小說人物對「戀愛」與「革命」的人生抉擇中，他們最終總要犧牲「戀愛」來成全「革命」。此時，「戀愛」是作爲「革命」反襯角色出現的，甚至對「戀愛」的割捨越是艱難，越是反襯了「革命」的崇高和必然——「戀愛」像是一枚砝碼，越是沉重，越能彰顯「革命」的分量。即使是認爲「戀愛」與「革命」兩者可以兼顧時，小說文本在總體趨勢上也會表現爲「戀愛」的「革命化」而非「革命」的「戀愛化」。「革命者」在走上革命的道路上「抱得美人歸」，實則是意指著獲得了

〔註4〕 賀桂梅，「革命＋戀愛」模式解析——早期普羅小說釋讀〔J〕，文藝爭鳴，2006年（4）。

〔註5〕 賀桂梅，「革命＋戀愛」模式解析——早期普羅小說釋讀〔J〕，文藝爭鳴，2006年（4）。

一個「愛人同志」。在整個左翼文學的發展趨勢中,「革命這種意識形態必然要滲透到世俗生活的各個方面,革命也必然要將個人的戀愛統一格式化」,「革命規定了戀愛的性質、戀愛的態度、戀愛的對象、戀愛的內容、戀愛的形式等等」。〔註6〕如果普羅小說中的「戀愛」喪失了「革命」話語的依託,那麼它也就等於失去了合法性,這一點最突出的表現莫過於人們對蔣光慈小說《麗莎的哀怨》的嚴厲批評。在1930年《紅旗日報》上發表的《沒落的小資產階級蔣光赤被共產黨開除黨籍》一文中,作者認爲「《麗莎的哀怨》,完全從小資產階級的意識出發,來分析白俄,充分反映了白俄沒落的悲哀,貪圖幾個版稅,依然讓書店繼續出版,給讀者的印象是同情白俄反革命的哀怨,代白俄訴苦,誣衊蘇聯無產階級的統治」。〔註7〕顯然,主人公對白俄少女單純的情感描寫被視爲蔣光慈「喪失革命立場」的表現。

　　誠如有些學者所說,「自從『五四』思想解放運動以來,自由戀愛就是反對舊倫理道德的有力武器,是革命的實踐。在此時的論爭中,卻儼然成了『革命』的對立面,隨著『革命』開始成爲社會主流和青年們生活的重心,曾經作爲先鋒的『戀愛』話語,已經遭受普遍的質疑和反思。男女戀愛、性衝動可以煽動革命的激情,但是革命一旦向縱深發展,必定出現壓抑、禁欲的要求」?〔註8〕因此,在革命理性的框架之中,「戀愛」不僅無力「顛覆革命」,反倒會被「革命」規約和抑制。它要麼被「革命化」,要麼被表述爲「肉體欲望」而「非道德化」,也即是「反革命化」。不管怎樣,它都會被納入一個「革命\反革命」的二元政治模式。由此可知,普羅小說的「革命＋戀愛」公式實際應該改寫爲「戀愛➡革命」。「戀愛」只是附屬物,這一公式所彰顯的其實是左翼知識分子從「文人」到「革命者」艱難的自我轉換歷程。「『從戀愛導向革命』或『革命戰勝愛情』這樣的將歷史有序化和本質化的進化邏輯。因此,與其說他在完成一種文學變遷的歷史描述,不如說主要是在確證革命的正當性。」〔註9〕事實上,「革命＋戀愛」的普羅小說是「革命文學」的典範形態,

---

〔註6〕易水寒,戀愛與革命——以20世紀中國文學爲例〔C〕//中國左翼文學國際學術研討會論文集,汕頭大學出版社,2006:368~374。

〔註7〕諶宗恕,左聯文學新論〔M〕武漢,武漢出版社,1996:107~108。

〔註8〕熊權,論大革命與早期左翼文學的興起——以對『革命加戀愛』創作發生的考察爲例〔J〕,中國文學研究,2007年(1)。

〔註9〕賀桂梅,「革命＋戀愛」模式解析——早期普羅小說釋讀〔J〕,文藝爭鳴,2006年(4)。

它與五四文學的區別就在於「在已成陳詞濫調的『戀愛』敘事中引入『革命』的新鮮血液，正是一方面迎合了左翼批評界對所謂『力的文學』的召喚，也符合了『五四』文學轉變的整體趨勢」。〔註10〕從這個意義上講，只有凸顯「革命＋戀愛」小說「革命」的一維，才能揭示其「革命文學」的本色，就像《菊芬》、《咆哮了的土地》、《衝出雲圍的月亮》這類典型的「革命＋戀愛」作品裏，乎所有的「戀愛」都籠罩在「革命」話語之中，它們所最終昭示的是知識分子從「文人」向「革命者」轉變、從「小資產階級」向「無產階級」皈依的過程。正是在這個意義上，「革命＋戀愛」模式才能與「工農暴動」模式在同一文本的敘事場域中交彙在一起，歷時性地歸併入「革命文學」敘事的歷時性序列之中。

6.2「工農暴動」還是「知識分子革命」？

在上文中，我們將「革命＋戀愛」小說模式還原爲「知識分子轉變」模式，從而將它與「工農暴動」共同併入「革命文學」的範疇。但這裏的問題是在於：「革命＋戀愛」小說模式中，「知識分子」作爲「轉變者」是明確的「革命」主體，而「工農暴動」模式中卻似乎是以「工農大眾」爲主體。不同的「革命主體」必然生成兩套不同的「革命話語」，那麼它們怎麼在敘事中彌合彼此的裂隙，順利實現會師呢？

事實上，普羅小說中的「工農暴動」模式契合或呼應了左翼文學運動「大眾化」的主張，它明確要求作品「首先是描寫工人階級的生活，描寫貧民，農民兵士的生活，描寫他們的鬥爭。勞動群眾的生活和鬥爭，罷工，游擊戰爭，土地革命，當然是主要的題材」。〔註11〕「工農大眾」的生活成爲左翼文學的核心表現對象，這也被批評家作爲左翼文學的新特點予以推崇，如馮雪峰將丁玲的小說《水》視爲「新的小說的一點萌芽」，就是因爲他認爲，「在《水》裏面，不是一個或二個的主人公，而是一大群的大眾，不是個人的心理的分析，而是集體的行動的開展，它的人物不是孤立的、固定的，而是全體中相互影響的，發展的」。因此，「《水》的最高的價值，是在首先著眼到大

〔註10〕 熊權，論大革命與早期左翼文學的興起——以對『革命加戀愛』創作發生的考察爲例〔J〕，中國文學研究，2007 年（1）。

〔註11〕 瞿秋白，普洛大眾文藝的現實問題〔C〕//中國新文學大系 1927～1937·文學理論集一，上海：上海文藝出版社，1987：436。

眾自己的力量，其次相信大眾是會**轉變**的地方」。〔註12〕正是在這類描寫中，「左翼文學第一次大規模第將鋒利的筆觸伸向備受壓迫和盤剝的工農群體中，凸顯他們的苦難，反映出他們從不覺醒到自覺反抗的鬥爭歷程，昭示出革命的緊迫性和艱巨性」。〔註13〕

但是，儘管「工農大眾」成爲普羅小說主要的描寫對象，但這並不意味著它同時成爲「革命」行動的主體。「工農暴動」模式所呼應的「大眾化」討論本身就不是「平民化」主張，「左翼文學的潛在意圖，說穿了就是『大眾文學的普羅化』，而不是『普羅文學』的『大眾化』」。〔註14〕在這裏，「大眾」是作爲一個階級術語進入普羅小說的文本敍事的，它並不指涉現實中具體的大眾人群，而是關聯著「無產階級」這一馬克思主義的基本概念，「其背後的意味無疑十分深長——『無產大眾』爲『大眾』一詞蒙上了一層歷史道德的神秘色彩，而『工農大眾』則對應了『大眾』在左翼政治實踐中的現實所指」。所謂「大眾」，在左翼理論及其作品中被「剔除『大眾的日常狀態和世俗面貌』，進而被「塑造和建構成一個崇高的社會群體／形象」。〔註15〕因此，「與其說知識分子在具體的革命實踐過程中，真正認識到了工農大眾的先進性與革命性，還不如說是他們自感力弱而在政治烏托邦的感召之下，通過文學創作過程中豐富的藝術想像力，人爲地虛構出了一個大眾之神的意念幻象。」〔註16〕那麼，「大眾之神」的締造者又是誰呢？答案顯然是知識分子。如果聯繫上節的論述，正是那些在「革命＋戀愛」模式中祛除了私語了革命者，正是他們在「工農大眾」面前成爲合格的啓蒙者和領導者。從這個意義上來說，普羅小說中「工農大眾」的「覺醒」與「反抗」實則是知識分子啓蒙之下的「覺醒」，以及知識分子領導之下的「反抗」。「當左翼作家把自己視爲是民族群體意識的全權代表，並堅信爲民代言的過程就是作家個體融入階級群體的自然

〔註12〕馮雪峰，關於新小說的誕生〔C〕//中國新文學大系 1927～1937・文學理論集一，上海：上海文藝出版社，1987：822。

〔註13〕方維保，紅色意義的生成——20 世紀中國左翼文學研究〔M〕，合肥：安徽教育出版社，2004：100。

〔註14〕宋劍華，精英話語的另類言說——論 20 世紀中國文學的「民間立場」與「民間價值」〔J〕，暨南大學學報，2011 年（3）。

〔註15〕曹清華，中國左翼文學史稿〔M〕，北京：中國社會科學出版社，2008：147～148。

〔註16〕宋劍華，清醒與茫然：知識分子與農民表現主體的雙重思想困境〔J〕，涪陵師範學院學報，2002 年（3）。

過程時，其實他們並沒有眞正走向無產階級勞動大眾，而只是營造了一種無產階級意識精英化的時代風氣。」〔註17〕

綜上所述，「工農暴動」模式的眞正的革命主體，依然是「知識分子」，只不過這他們被置換成了「革命者」的身份而已。無論是《豐收》裏的癩大哥，《咆哮了的土地》中的張進德，還是《水》中的那個「裸著上身的農民」，歸根結底都是「知識分子」化身的「革命者」。儘管小說中對他們的衣著、相貌乃至話語方式都做了極度平民化的描寫，但是「言說」這一動作本身依然暴露了他們的眞實身份，在「工農暴動」中，「知識分子」身份的人物是「隱匿」而非「缺席」。也可由此推知，「革命＋戀愛」模式所表徵的知識分子自我轉變，其實是「工農暴動」模式的前期準備狀態階段，在這樣一個整一連貫的過程中，革命主體始終未變。

6.3 「煽動情感」還是「整合情緒」？

在普羅小說文本中，正是由於「知識分子」主體和「工農大眾」客體的存在，才使得它具備了呈現政治啓蒙機制的可能性。就此來說，「工農暴動」模式的作品已經建立起最爲完善與成熟的敘事模式。事實上，以普羅小說爲代表的「革命文學」描寫「暴動」的場景是完全符合政治邏輯的，因爲「革命是暴動，是一個階級推翻一個階級的暴烈的行動。農村革命是農民階級推翻封建地主階級的權力的革命。農民若不用極大的力量，決不能推翻幾千年根深蒂固的地主權力」。〔註18〕無法否認，不同的普羅小說作家在對「工農暴動」的演繹中表現出巨大的趨同性，這也使其一直遭受「概念化」、「模式化」的批評。如傅東華就認爲在農村題材作品中，那些自命「新寫實主義」的作家中除了寫「農民如何受苛捐雜稅地主土豪的壓迫和魚肉」之外，「一還要給掛上一條『新』的尾巴」。「在這條尾巴裏面，必定要寫農民們如何的激憤，如何的在田野裏鳴鑼開會，如何的有一位青年的農民站到山崗上去激昂慷慨第演說一番，然後一致議決抗稅，或是暴動，以作收結」。〔註19〕如果將普羅

〔註17〕宋劍華，百年文學與主流意識形態〔M〕，長沙：湖南教育出版社，2002：68～69。

〔註18〕毛澤東，湖南農民運動考察報告〔C〕毛澤東選集（第一卷），北京：人民出版社，1991：17。

〔註19〕傅東華，十年來的中國文藝〔C〕//中國新文學大系 1927～1937·文學理論集一，上海：上海文藝出版社，1987：276。

小說視爲文學作品，那麼這種「只消讀了半篇就可猜到結梢」的敍事模式顯然是藝術上最大的失敗。但從政治角度考察，這種「概念化」、「模式化」、「臉譜化」的文學表徵，恰恰是一種其政治啓蒙機制規範化與成熟的標誌。事實上，左翼文學運動複雜的政治啓蒙機制正是在《地泉》、《水》、《豐收》、《鹽場》、《短褲黨》、《大海》、《咆哮了的土地》這類對「工農暴動」的全景式描述的作品中得到了最完整、最生動的呈現。從這個意義上來說，「工農暴動」作品應該視爲「普羅小說」最終極的敍事範本，其他各種「敍事」（無論與革命理性契合與否），都能夠以不同的方式楔入「工農暴動」的主體敍事框架。因此，本節及下一節論述的重點，就是通過對「工農暴動」作品敍事結構的梳理，廓清左翼文學的政治啓蒙機制的複雜流程。

這裏首先要提出的是，儘管許多人將普羅小說的「政治啓蒙」定性爲「鼓動情感」，但是這裏的「鼓動」主要是指讀者對作品文本的接受過程而言。僅小說文本內部的敍事來說，「工農暴動」作品並不是簡單的「煽動性」文學，而其中「知識分子」對「工農大眾」的政治啓蒙也不能簡單地理解爲「煽動」與「響應」的二元模式。」普羅小說所呈現的政治啓蒙機制遠爲複雜，而在整個敍事過程中，革命者並不是「激發」革命情緒，而是對工農大眾的狂熱情緒賦予一套整飭有序的規範，從而使得這種狂熱的激情能夠在革命理性的嚴密操控之下運行。從這個意義上講，鄭伯奇所說的「組織情感」中的「組織」一詞，更能契合對普羅小說文本中政治啓蒙機制的客觀描述。

所以綜觀普羅小說文本，工農大眾激越昂揚的「情緒」並不是革命領袖賦予的，而那些使山河變色的「工農暴動」之所以發生，也並不是革命領袖憑一己之力煽動的結果——「不管我們相信領袖在一個群眾運動的興起中扮演多重要的角色，毫無疑問，領袖不可能創造出讓一個群眾運動可以興起的各種條件。他不可能憑空變出一個群眾運動來。」〔註20〕

「暴動」首先是工農群眾的自發認識與行動，是一種如火如荼、不可遏抑的「革命形勢」。《短褲黨》中的工人李金貴「很明白工人團結的必要，階級鬥爭之不可避免及資本主義制度應當打倒等等的理論，但是他所以能明白這些的，是由於他在實際生活中感覺到的，而不是因爲他讀過馬克思的《資

〔註20〕埃里克·霍弗〔美〕，狂熱分子〔M〕，梁永安譯，桂林：廣西師範大學出版社，2008：140。

本論》或列寧的《國家與革命》。」〔註21〕而《暗夜》中的農民老羅伯「分明
看見過去的一切艱難和現在的一切困苦，都是他那田主人厚賜他的」，也不是
因爲受了革命領袖的思想灌輸，而是他本人「幾十年來的痛苦的經驗」的感
悟。〔註22〕同樣的是在戴平萬筆下，革命的道理「非常簡單」，「陸阿六在十
六歲的時候的確認識得清清楚楚了」。〔註23〕普羅作家筆下的「工農」不是作
爲「受難者」而是作爲「反抗者」呈現於文本之中。誠如傅東華所說：「至於
這派中的寫實傾向的作品，則都自命爲『新寫實主義』。『新』者所以別舊而
言，而其所以爲『新』，則在『題材必須具有積極性』。積極性就是要暗示一
條解決現實的路。解決現實的路就是『反抗』，就是『鬥爭』。」〔註24〕因此
對左翼作家而言，這種「反抗意識」不再是某個生命個體的性格，而是「工
農」作爲一個階級群體而天然具備的「階級意識」。就像戴平萬《陸阿六的故
事》所描寫的那樣：「不平充滿著陸阿六的一家，不平充滿著一切的農村，不
平充滿著全中國，不平充滿著全世界。因爲人類社會一有了階級，便充滿著
不平的現象了。」〔註25〕正是在這樣一個宏闊的社會圖景之中，陸阿六作爲
階級的一員才能夠「有機會去認識這不平的原因，知道去消滅這不平的法子。
不是被蹂躪便是反抗，不反抗便一定要被蹂躪」。

　　因此，「反抗意識」作爲工農大眾群體天然的「革命衝動」並非革命家後
天賦予。在工農大眾接受革命理論洗禮之前，就具有「反抗的本能」，而這種
本能在左翼小說家那裏就是一種原初、質樸的「階級觀念」，如此一來，具有
「反抗本能」的農民形象，就成爲一個無產階級革命者的毛坯形象。如洪靈
菲的《大海》中所塑造的錦城叔，就是一個典型的「無產階級革命者」的毛
坯──「他是一個有主見而不容易屈服的人物。他雖然不知道什麼是被壓迫
的人們所應該走的廣大的道路，但他卻本著一種原始的，野獸性的本能，在
向著社會反抗」。洪靈菲用「高大的笑聲，恣肆的哲學，鋼鐵一般的體格」來

〔註21〕蔣光慈，短褲黨〔C〕∥蔣光慈文集（第一卷），上海：上海文藝出版社，1988：
　　　　265。
〔註22〕陽翰笙，暗夜〔C〕∥陽翰笙選集（第一卷），四川：四川文藝出版社，1982：
　　　　339～340。
〔註23〕戴平萬，陸阿六〔C〕∥陸阿六，上海：現代書局，1930：12。
〔註24〕傅東華，十年來的中國文藝〔C〕∥中國新文學大系 1927～1937·文學理論
　　　　集一，上海：上海文藝出版社，1987：274。
〔註25〕戴平萬，陸阿六〔C〕∥陸阿六，上海：現代書局，1930：12。

形容他作爲一個無產者的形象，並認爲「他巧妙地逃脫了壓迫階級的壓迫，他的勢力完全爲著他自己而用」。〔註26〕事實上，錦城叔這類無產階級的「毛坯」形象是「革命行動」的先在條件，「在運動和領袖出現以前，必須有願意熱烈追隨和服從的人，必須有對現狀強烈不滿的人。」〔註27〕因此，在普羅小說文本中，高漲的革命情緒並不是由革命者「煽動」的結果，它是如火如茶的「革命形勢」本身的形象化表述。

但是，這種狂熱是一種粗糙而雜亂的群體衝動，但是仍然不是一種實踐意義上的集團意識。如果沒有「革命理性」的歸併與整合，那麼秉持「群體情緒」的大眾就只能是一群蒙昧、盲目、按本能肆意妄爲的烏合之眾。「群體沒有邏輯推理能力，不能辨別真僞或對任何事物形成正確的判斷」，因此，群體本身並不代表理性。相反，「群體的某些特點，如衝動、急躁、缺乏理性、沒有判斷裏和批判精神，誇大感情等等，幾乎總是可以在低級進化形態的生命中看到」。〔註28〕李金貴老婆翠英儘管自認爲有著高亢的反抗情緒，但是「她無法用理論讓自己認清革命的方向與形式」，〔註29〕因爲「它不過是一種本能！」。而老羅伯儘管也懂得自己苦難「都是爲了他那田主的存在」，但是「田主要怎麼樣才不會存在呢？……這個問題再老羅伯的心中激蕩了十餘年，依然沒有一個好的解答呀！」〔註30〕「他的心裏只有一個簡單的觀念，一個由幾十年的複雜的痛感中歸納出來的簡單觀念！這觀念是什麼呢？——便是拼命！拼命！拼命！」〔註31〕也正是在這個意義上，錦城叔的兒子批評他「迷戀著舊的鬥爭方式」，而這種鬥爭方式「只是農民的意識的反映，只是一種自然生長的鬥爭方式。現在我們絕對不需要那樣蠻幹下！」在沒有革命理性參與的過程中，這種「單槍匹馬」的鬥爭，這種「三個人的放火，燒屋，打倒

〔註26〕洪靈菲，大海〔M〕，廣州：花城出版社，1984：45。
〔註27〕埃里克‧霍弗〔美〕，狂熱分子〔M〕，梁永安譯，桂林：廣西師範大學出版社，2008：140。
〔註28〕古斯塔夫‧勒龐〔美〕，烏合之眾〔M〕，馮克利譯，桂林：廣西師範大學出版社，2008：54。
〔註29〕蔣光慈，短褲黨〔C〕//蔣光慈文集（第一卷），上海：上海文藝出版社，1988：265。
〔註30〕陽翰笙，暗夜〔C〕//陽翰笙選集（第一卷），四川：四川文藝出版社，1982：339。
〔註31〕陽翰笙，暗夜〔C〕//陽翰笙選集（第一卷），四川：四川文藝出版社，1982：366。

圍墻的把戲」，都算不得正式的革命行動，而只能「象古物館裏面的東西一樣不中用了」。〔註32〕因此，只有當這種「反抗的本能」所激發出的鬥爭情緒納入「革命理性」的操控之下，並予以科學化、規範化，進而服從革命集團的方針和紀律時，它才會具有革命形態並煥發巨大能量。

對於「革命理性」在小說文本中的呈現，普羅小說作家採取了一個非常簡便的方式，即將「革命理性」具象爲「革命者」的形象，通過他們的話語對「大眾」進行言說。在「工農暴動」題材的小說文本中，我們總能找到一個明確的「革命領袖」人物，如《咆哮了的土地》中的張進德，《暗夜》中的汪森，《豐收》中的癩大哥，乃至《水》中的「裸上身的漢子」。事實上，這些「革命領袖」本身，就是作爲「革命理性」在文本中的具象化人物呈現的，他們以革命領導者的身份向「群體」的發號施令，才使得「革命理性」將「群體情緒」順利地整合爲「革命情緒」。

可以說，在普羅小說中，革命領袖在「暴動」之中一直保持著絕對的權威，「這種專制性當然是他們得到服從的條件。他們的權威無需任何後盾，就能輕易使工人階級中最狂暴的人聽命於自己」，〔註33〕在小說《水》所描述的災民暴動中，「裸著上身的農民」一直都在強調「我們不能亂來。我們要在一塊。我們要一條心！」〔註34〕而《短褲黨》裏的罷工領袖也一直在提醒狂熱的工人「千萬要量時度勢，切不可任著感情幹下去！」而《暗夜》中的農民暴動裏，汪森呼籲怒火中燒的農民不要濫殺無辜，「我們是有一定限度的呀！要知道我們是不得已而殺人！我們更是不得已而放火！我們要殺的人都應該是我們眞正的敵人，我們要燒的樓屋都應該是我們敵人所盤踞著的樓屋。因爲我們不撲滅他，他們便要集中力量來撲滅我們。」〔註35〕這些革命者們冷靜與剋制，他們對敵我陣營的明確劃分、對暴力行爲的合法性確證，都符合嚴密的革命邏輯。「領袖必須是個務實者和現實主義者，但說起話來又得像個夢想家與理想主義者」，〔註36〕惟其如此，才能使

〔註32〕洪靈菲，大海〔M〕，廣州：花城出版社，1984：45。
〔註33〕古斯塔夫・勒龐〔美〕，烏合之眾〔M〕，馮克利譯，桂林：廣西師範大學出版社，2008：127。
〔註34〕丁玲，水〔C〕∥丁玲全集（第三卷），河北：河北人民出版社，2001：434。
〔註35〕陽翰笙，暗夜〔C〕∥陽翰笙選集（第一卷），四川：四川文藝出版社，1982：371。
〔註36〕埃里克・霍弗〔美〕，狂熱分子〔M〕，梁永安譯，桂林：廣西師範大學出版社，2008：144。

得「暴動」不至在無可遏止的狂熱情緒裏淪爲一場「騷亂」。

事實上，革命領袖對工農大眾的掌控是極爲嚴格的，這表現在一旦工農中的某些個體僭越了革命理性的邊界而做出出格的行爲，那麼革命領袖必然會利用自身的無上權威予以約束和校正。在《咆哮了的土地》中，張進德就對癩痢頭和小抖亂私自「抓俘」的行爲非常不滿，「眾人的視線都集中到這兩個新囚的身上……他們好像忘記了張進德等的存在，這使得張進德有點生氣起來」。張進德自己非常明確地告訴癩痢頭和小抖亂：「我並不怪你們不該把他兩個捉來，不過你們連一聲招呼都不打，這未免太不對了。有事大家商量一下才行。」在革命領袖眼中，「個人的殘暴會妨礙聯合的行動。殘暴的個性也會讓人起而爲己謀」。〔註37〕正因爲如此，張進德才會利用自己領袖的身份和權威對兩人予以呵斥和批評，從而使「平素頑皮得無以復加，任誰個也不懼怕的他們倆，現在卻被張進德的眼光所威逼住了」。〔註38〕在這裏，張進德本人就代表著絕對的革命理性，而癩痢頭和小抖亂對他個人的無條件屈服，本身就是群眾情緒從「私仇」向「公憤」轉換的具體表現。

通過以上論述可知，文本中的工農群眾在「暴動」中情緒高漲的過程，實際上可以還原爲群體情緒由「散亂」走向「整飭」的過程。而這一過程恰恰是由「知識分子」的「革命理性」所推動和操縱的。如果把「工農群眾」的狂熱情緒比喻爲洶涌而來的洪水，那麼「知識分子」以「革命者」身份所把持的「革命理性」就是閘門。正是由於「革命理性」將「群體情緒」蓄積在一起，並爲它找到了一個明確具體的排泄口，才使得它以一種劇烈的方式在噴發出來。

6.4 「話語言說」的革命實踐意義

左翼文學要求作家「不是僅在觀照地『表現社會生活』，而且實踐地再變革『社會生活』」，〔註39〕從這個意義上說，普羅小說也並非純粹的文學創作，

〔註37〕埃里克·霍弗〔美〕，狂熱分子〔M〕，梁永安譯，桂林：廣西師範大學出版社，2008：146。

〔註38〕蔣光慈，咆哮了的土地〔C〕//蔣光慈文集（第二卷），上海：上海文藝出版社，1988：45。

〔註39〕李初梨，怎樣地建設革命文學〔C〕//中國新文學大系 1927～1937·文學理論集二，上海：上海文藝出版社，1987：62。

它違背了文學的「虛構性」，而接續其中國傳統的「修史」傳統。一方面，普羅小說追求與社會現實的契合，力求以「信史」的標準記錄重大事件；另一方面，它也要求對社會現實本身進行道德評判；而這兩者都是中國歷史書寫最爲明顯的特徵。以普羅小說中所流行的《春蠶》、《豐收》等描寫「豐災」的作品爲例，作者對這種「社會現象」的描述顯然不是純文學性的，他們力求以社會學的觀點對其進行「寫實」，但更爲重要的是，他們會在這種「寫實」的基礎上附加自己的明確的道德判斷和利益訴求。誠如錢杏邨在評述「豐災」作品時所說：「農民無論在那一方面獲得豐收，結果仍不免於飢餓，這飢餓逐漸的形成了他們爲自己利益的戰爭。三篇作品描寫的中心各自不同，但他們的目的則一：企圖描寫豐災的事象，說明豐災發生的一些本質的原因，以及農民在這樣生活的環境中必然的自覺」。〔註40〕如果說五四文學往往把人的苦難歸咎爲形而上的文化劣根性，那麼左翼作家則把工農的苦難的原因是爲最爲具體可感的社會學因素。在這裏，所謂「豐災繁盛的一些本質的原因」，自然將「天災」排除，而將「人禍」這一社會因素凸顯出來。正是在此種演繹之下，革命衝動成爲一種「官逼民反」的社會過程，而提出「造反有理」的革命訴求，也就具有了社會實踐意義上的合法性。

可以說，左翼文學的「政治啓蒙」是在具體、明確的實踐行動中完成的，這與啓蒙主客體內心的思想活動沒有太多關聯。正是在這種「政治啓蒙」機制的制約之下，普羅小說文本與現實之間的界限被模糊了，文學的虛構成爲歷史的記錄。在左翼小說家眼裏，「工農暴動」既要有理論話語的明晰性，又要有文學語言的形象性，同時它還必須具備歷史記錄的「真實」性。它將一整套的「啓蒙」理念視爲一個有序的現實實踐過程，有將這一過程用「暴動」這一完整連貫的革命敘事以小說文本呈示出來。在普羅小說中，「暴動」並不是革命人物個人的生活經歷，它作爲一場重大歷史事件被記錄下來；人物僅僅是作爲事件的參與者而存在。因此，普羅小說文本排斥了以心理描寫爲主的現代主義藝術手法，它講人物的語言作爲小說敘事的重心所在。

傳統批評家往往將普羅小說乃至整個左翼文學蔑稱爲「標語口號」文學，殊不知，政治啓蒙機制的核心邏輯恰恰潛隱在這些千篇一律的「標語口號」之中。在普羅小說文本中，知識分子身份的革命領導者正是通過「標語空號」

〔註40〕錢杏邨，關於「豐災」的作品〔C〕//阿英全集（第一卷），合肥：安徽教育
　　　　出版社，2003：719。

這種具體化、明確化的話語言說爲群眾運動賦予了秩序，從而使其從混亂的「群體騷動」演變爲整飭的「革命行動」，而所謂的「政治啓蒙」過程，就是這種「知識分子」和「工農大眾」在革命行動的「對話」過程。以丁玲的小說《水》爲例：「在大樹的枝丫上，有個黑臉，裸著半身的農民，他大著聲音吼著：『亂吵一些什麼鬼！雜種們！想法子呀！不准鬧！聽我來講！……』」，正是由於這個「裸著半身的農民」對混亂的人群的呼喚，才最終將群眾「消極的怨天尤人的詛咒變成了有力的話語」。〔註41〕誠如在丁玲所寫，那個「裸著半身的農民」之所以「喚醒」了群眾，是因爲他所說的「是他們意識到而還沒有找到恰當字眼說出來的話語」。只有在這種話語的鼓動之下，他們才能「甘心聽他的指揮」，才能「是一條心，把這條命交給大家」。〔註42〕在這裏，那個「裸著半身的農民」作爲一個「領袖」式的人物並沒有帶領群眾衝鋒陷陣、奮勇殺敵，他是通過那些「恰當字眼說出來的話語」確立了自己的權威地位。對他而言，「話語」就是武器，而「言說」這一動作本身就是革命實踐的具體行動。文本中那些看似革命化的領導者們如此崇信「話語」的神奇力量，以至於他們相信一句話能夠轉變一個人，一張嘴可以指揮一場暴動。事實上，這種對「話語」過度倚重恰恰暴露了「革命者」的「知識分子」本色，因爲「話語言說」是知識分子群體立身行道根本方式，也必然成爲他們參與革命的主要職能，對他們而言，獲得了「話語權」，就相當於獲得了「革命權」乃至「領導權」。

那麼，這種「話語」究竟是怎樣一種話語？它何以有如此巨大的魔力將群眾情緒整合爲革命意志？勒龐說得好，「觀念只有採取簡單明瞭的形式，才能被群體所接受，因此它必須經過一番徹底的改造，才能變得通俗易懂。」〔註43〕如果我們仔細分析「裸著半身的農民」的話語，就會發現他的話語儘管激情四射，但卻契合著革命理性話語的邏輯。他告訴難民：「吃活人，有什麼稀奇？」那裸身的人又說：『我們不就在被人吃著？你想想，他們坐在衙門裏拿捐款的人，坐在高房子裏收穀子的人，他們吃的是什麼？吃的我們力氣和精血呀！」〔註44〕在這裏，「吃人」這一驚駭文學意象不再表徵魯迅小說中「禮

〔註41〕丁玲，水〔C〕∥丁玲全集（第三卷），河北：河北人民出版社，2001：430。
〔註42〕丁玲，水〔C〕∥丁玲全集（第三卷），河北：河北人民出版社，2001：434。
〔註43〕古斯塔夫·勒龐〔美〕，烏合之眾〔M〕，馮克利譯，桂林：廣西師範大學出版社，2008：77。
〔註44〕丁玲，水〔C〕∥丁玲全集（第三卷），河北：河北人民出版社，2001：432。

教束縛人性」的文化劣根，而是將「剝削關係」這一抽象的階級話語化爲十分形象的文學化語言，明確而具體地暴露給難民群體。在普羅小說中，農民在暴動之初往往將自身的苦難歸咎爲「命運的作弄」，他們的滿腔怒火在苦難的擠壓之下噴薄而出，也往往指向「老天爺」、「菩薩」。但是，在階級理念和革命話語的建構之後，普羅小說中的革命領袖人物往往會用地主、土豪、資本家等罪惡的剝削階級「剝削階級」代替天命和菩薩，從而使得大眾的怒火轉離了虛無縹緲的神佛，而聚焦在這些具體可感的階級群體之上。就像《咆哮了的土地》中的張進德告訴農民的那樣：「這田地本來是天生成的，大家都有使用的權利，爲什麼田東家能說這田地是他們的呢？爲什麼他們動也不動，爲什麼我們乖乖地將自己苦把苦累所做出來的東西送給他們呢？冤大頭我們已經做的夠了，從今後要實行誰個勞動，誰個才能吃飯的章程，打倒田東家！」〔註45〕事實上，「田東家」、「地主」這類詞彙一旦納入了階級話語，就不僅僅是一個事實描述，還必然指涉著某種道德判斷——他們作爲「剝削階級」，只能是一批不勞而獲、魚肉鄉民的「惡霸」。這個道德判斷顯然是通過階級話語做出的——「宗法封建性的土豪劣紳，不法地主階級，是幾千年專制政治的基礎，帝國主義、軍閥、貪官污吏的墙脚。打翻這個封建勢力，乃是國民革命的眞正目標」。〔註46〕在這裏，普羅小說作家對傳統的宗法道德進行了重新審視，正是在傳統宗法道德的維繫之下，才出現了「我們種田的人終年勞苦個不休，反來吃不飽肚子，穿不了一件好衣服」的慘景。

當普羅小說家用階級觀念對鄉村宗法社會重新審視之後，也就摧毀了它們宗法道德的根基。這樣一來，在傳統道德之中被視爲「大逆不道」的造反行爲也就以「階級革命」的名義重新獲得了合法性依據。誠如《水》中的「裸半身的農民」所說：「起來是要起來，可是不是搶，是拿回我們的心血。告訴你，只要是穀子，都是我們的血汗換來的。我們只要我們自己的東西，那是我們自己的呀！」〔註47〕正是在這種被階級話語重新整合的道德秩序裏，「革命」占據了道德優勢的制高點，甚至革命本身成爲唯一的道德標準——他們的革命大方向始終沒有錯。……他們在革命期內的許多所謂『過分』舉動，

〔註45〕蔣光慈，咆哮了的土地〔C〕//蔣光慈文集（第二卷），上海：上海文藝出版
　　　　社，1988：256。
〔註46〕毛澤東，湖南農民運動考察報告〔C〕毛澤東選集（第一卷），北京：人民出
　　　　版社，1991：15。
〔註47〕丁玲，水〔C〕//丁玲全集（第三卷），河北：河北人民出版社，2001：433。

實在正是革命的需要」。〔註48〕也正是在「革命」所賦予的道德基礎之上，《暗夜》中的老羅伯才會無所顧忌地喊出：「我們要打翻這不良的社會制度，絕對不是和和平平可以了事的，我們要殺人！我們必須殺人！我們要放火！我們必須放火！」「殺人放火」這樣一種在傳統中視爲最惡劣、最殘酷的暴行，卻成爲最「革命」的行爲。

但是這裏要指出，儘管群眾情緒在「殺人放火」的喧囂中成纖維一種近乎瘋狂的態勢，但是它並沒有因爲瘋狂而陷入混亂無序的局面。「殺人放火」的狂暴舉動與「濫殺無辜」的惡行之間依然有樹立起明確的界限。在老羅伯「殺人放火」的呼喊中，汪森恰恰呼籲：「幹幹幹！不錯，我們一點也不要遲疑，一點也不要畏縮。不過我們要明白，這不是一件好玩的事！我們要有計劃要有組織，而且還要有大多數能犧牲能奮鬥的夥伴才行，單憑几十人幾百人是一定會遭失敗的，一定會被撲滅的！」此時的汪森依然要力圖使群眾明白「我們應當不僅是一個社會的破壞者，還應當是一個社會的創造者才對，這一層大家注意！千萬的注意！」〔註49〕正是因爲這樣一種呼籲，才使得「革命衝動」與「殺人放火」的強盜之間劃分出嚴格的界限——「我們是有一定限度的呀！要知道我們是不得已而殺人！我們更是不得已而放火！我們要殺的人都應該是我們眞正的敵人，我們要燒的樓屋都應該是我們敵人所盤踞著的樓屋。」〔註50〕因此，狂熱、激進顯然沒有意味著無序和失控，恰恰相反這種狂熱、激進的情緒本身就是革命理性最爲整飭、規範的形態，在激情張揚的制高點上，汪森「冷靜的面孔和冷靜的態度」，他「熱烈而又沉著的將個人所說的話綜合攏來，誠誠懇懇的加了一番眞摯的，感情而又理智的贊語」，這就使得暴動不再是一場騷亂，而是一場眞正的革命鬥爭——「大家都應該如軍隊般武裝起來，上陣的時候應該很勇敢的絕對服從命令，不許一人後退」。

因此，整個普羅小說文本中革命領袖領導工農大眾所進行的「暴動」，正是左翼文學家內心憧憬的「階級革命」圖景。而這樣一種革命敘事本身完整地呈示除左翼文學政治啓蒙機制的運作過程：通過「革命理性」將群眾自身

〔註48〕毛澤東，湖南農民運動考察報告〔C〕毛澤東選集（第一卷），北京：人民出版社，1991：21。
〔註49〕陽翰笙，暗夜〔C〕∥陽翰笙選集（第一卷），四川：四川文藝出版社，1982：371。
〔註50〕陽翰笙，暗夜〔C〕∥陽翰笙選集（第一卷），四川：四川文藝出版社，1982：371。

滋生的「群體情緒」規範化爲「革命衝動」和「革命情緒」。在這一「話語言說」的過程中，革命作爲一個完整的實踐行動有了明確的動因、對象和遠景目標，它衝破了傳統的宗法道德而獲得合法性，也煥發了無窮的鬥爭力量而具備了勝利的可能性。也正因爲此，整個普羅小說創作最終成爲一場現實革命在小說文本中的預演，成了對無產階級革命必然成功的論證過程。

餘　論

　　在當今的學術研究領域，中國左翼文學研究已經成爲熱點。但是，這一熱點的形成在很大程度上並不是由於中國現代文學學科自身研究的推進和發展，而是與中國當下社會語境中的「新左翼」思潮有密切的關聯。事實上，作爲中國現代文學學科研究對象的「中國現代文學」自其產生之日就帶有鮮明的現實參與色彩，作家們的創作往往不以審美超越性爲旨歸，而試圖以一種更直接的方式影響社會的變革和轉型。不可否認的是，如今中國現代文學學科已經日益規範化和學術化，且作爲其觀照對象的「現代文學」也已經逐漸和當下的社會現實拉開了距離，而成爲一種業已「消失」的歷史存在。而正是在這樣一種趨勢之下，與現實關係更爲密切的中國當代文學卻成爲文學「現實參與」功能的主要承擔者。

　　在很多時候，當代文學的研究者往往同時就是文學批評家，因此他們的學術活動不可能局限在封閉、自足的研究領域，而是有著其他學科（包括現代文學學科）難以比擬的開放性。當代文學與當代的中國文壇有著更爲緊密的關聯，與當下的中國社會現實也更容易發生直接、即時的呼應關係，這顯然不是純粹的、「歷史化」的學術研究，而是能夠通過文學批評這一更爲靈活的形式捕捉、發現乃至參與推動某種文學現象的發生和某種文學思潮的興起。其實在當前的社會語境之下，這樣一種批評形式實則成爲知識分子的發聲方式，他們通過對文學文本的評價和解讀力圖把握社會症候，間接地對社會現實發表意見。事實上，這樣一種與社會現實的呼應關係，往往成爲當代文學學科發展的外在動力——當下中國仍然處於「五四」發軔的社會大變革的歷史之中，所以我們當下遭遇的諸多社會問題總是容易在間隔並不那麼遙

遠的歷史時空中找到淵源。對中國現當代文學學科而言，歷史並非僵死的材料，社會現實往往促使我們反顧那段與當下關聯的歷史時空，並從這個時空中調用可資利用的思想資源，從而爲解決當下的社會現實問題提供某種有效的參照。

從某種意義上來說，正是由於當下中國與 30 年代某些相似的社會現實以及當下中國文學面臨的困境，才會使得 30 年代的左翼文學被重新激活，並重新進入學界研究視野。自 20 世紀末開始，隨著市場經濟體制的確立和外國資本的大量涌入，中國經濟進入了高速增長的階段，但與此同時，貧富分化的加劇，各階層利益的分配不均，社會保障的缺失等等，都導致了社會公正問題變得日益突出，這在很大程度上與上世紀 30 年代社會相互契合，形成了隔代呼應。

有學者這樣描述當下這個時代：「市場全面擁抱全球化，直接接軌世界市場，它充滿著無數的越界交換和生機盎然的活力。我感覺到今天不論是所謂左派還是右派都面臨著想像力的失敗，都提不出任何新的有力的遠景和方案。90 年代以來，我們嚴詞譴責烏托邦、理想主義，「現實」越來越強大，「理想」和幻想失掉了自己的位置。很少像這個時代這樣，沒有爲理想留下絲毫空間。理想、觀念和激情曾經經歷過巨大的挫折和徹底的失敗。我們闖入了一個無根、無道、無法的「消費主義」天堂。」〔註1〕在這種宏觀的社會現實面前，文學（尤其是 80 年代重新樹立的那種「去政治化」的文學）也遭遇了前所未有的危機，在消費主義面前，那些自我標榜的「先鋒性」幾乎沒有任何抵抗便淪陷了，成爲了大眾影視和傳媒的附庸。嚴肅的文學創作被排擠到社會邊緣地位，大部分的文學從業者已經陷入被細分的市場板塊之中，在經濟意義上的交換與運作中喪失了文學自身超越性的批判立場。因此，當代文學自身遭遇的尷尬境遇，以及它對當下社會現實把握上的束手無策，共同構成了左翼文學再度發生的可能性。誠如孟繁華先生所說：「資本神話的時代按照它的需要，毫不掩飾地拋棄了不具有市場價值的人並舉薦炫耀新的奇迹。眞正的文學在這個時代已幾近奢侈，更不要說對底層生活充滿熱情關注的文學了。這時，我對左翼文學充滿了憧憬和懷念。懷念左翼文學，不止是要呼喚它的革命精神，而更多的是剛才說過的左翼文學的豐富性。當下文學更多的是『物』的迷戀和炫耀，是白領趣味的彰顯和生活等級的渲染。我們在當

〔註1〕曠新年，「新左翼文學」與歷史的可能性〔J〕，文藝理論與批評，2008 年（6）。

下文學中已經很難再讀到浪漫和感動。而左翼文學的最大特點可能就是它的浪漫精神和理想主義，是它的批判精神和戰鬥性。」〔註2〕

溫儒敏先生將「左翼文學」的在20世紀末的再度發生視爲一種「幽靈式的重現」：「歷史與階級意識突然間又回到中國當代文學中——這個久違的具有意識形態性質的文學觀念，在新世紀全球化的歷史場景中，彷彿幽靈式地重現。」在他看來，「左翼文學作爲中國現代革命文學的起源，表達了那個時期革命與欲望相混淆的激進現代性敘事，它是具有反抗性的解放話語，是有著革命幻想的年輕一代超越歷史和社會的想像。」〔註3〕而在20世紀的90年代以及21世紀，「中國當代文學又一次出現關於『苦難敘事』與『欲望想像』相混合的文學話語。儘管其內涵和形式都存在鮮明區別，但在最基本的話語結構模式上有其共同性，還是讓我們不得不思考是某種歷史的幽靈在起作用」。〔註4〕這種「重現的幽靈」主要指的是近年來興起的「底層文學」，它也往往被更爲直接地指稱爲「新左翼文學」，在有些學者看來，它「已經形成了一股相當強勁的文學思潮。更爲重要的是，我們甚至可以說，『新左翼文學』已經構成了新世紀中國的文學主潮。」〔註5〕當然，在「底層文學」之外，批評家們也試圖爲「新左翼文學」尋找更爲豐富的內容：「我所說的『新左翼文學』，實際上就是體現了『新左翼精神』的文學思潮。或者說，『新左翼精神』，構成了『新左翼文學』的精神核心，是其最爲本質的精神方面。它的題材取向，絕不僅僅是面向現實的『底層』題材，它還可以和應該面向歷史，在其豐富和深厚的歷史書寫中努力弘揚『新左翼精神』。在此意義上，『新左翼文學』不僅包括了一些直面現實的『底層寫作』，還應該包括那些充分體現著『新左翼精神』的面向歷史的文學創作，張廣天的戲劇《切·格瓦拉》、《魯迅先生》和《紅星美女》，韓少功的長篇小說《暗示》和中篇小說《兄弟》及張承志的很多散文，便是其中的代表性作品。」〔註6〕

不可否認，將包括底層文學在內的文學現象稱之爲「新左翼文學」有一

〔註2〕 孟繁華，左翼文學與當下中國文學〔J〕，中國現代文學研究叢刊，2002年（1）。
〔註3〕 溫儒敏、陳曉明，現代文學新傳統及其當代闡釋〔M〕，北京：北京大學出版
　　　社，2010：160。
〔註4〕 溫儒敏、陳曉明，現代文學新傳統及其當代闡釋〔M〕，北京：北京大學出版
　　　社，2010：160。
〔註5〕 何言宏，當代中國的「新左翼文學」〔J〕，南方文壇，2008年（1）。
〔註6〕 何言宏，當代中國的「新左翼文學」〔J〕，南方文壇，2008年（1）。

定的合理性，畢竟當下的「新左翼文學」與 30 年代的左翼文學有著一種隔代的呼應，其形成的語境也在很大程度上彼此契合。馮奇先生在論述「左翼文學話語的性質和功能」時就指出，「左翼文學和傳統文學的明顯不同之點，還在於它把審美意識之於實踐的意義張揚到一種空前高度所謂審美意識之於實踐，也就是通過審美的政治化將文學作爲一種參與變革歷史的重要手段，它不僅影響了人們的思想方式，而且將文學和革命融爲一體，自覺推動了歷史進程。」〔註7〕從這個意義上來說，左翼文學話語並不能視爲單純的文學風格，它所昭示的是在現代中國的語境之下，文學與社會現實、政治環境之間難以割捨密切關聯。正是從這個意義上來說，與「左翼文學」作爲一個思潮整體被歷史漸次遮蔽同時，「左翼文學」試圖確立的思想信念、敘事模式和「審美」趣味卻沒有隨著「左聯」這一政治組織的解散而歸於泯滅。相反，在「解放區文學」、「十七年文學」、「文革文學」乃至「新時期文學」（如「底層文學」）的諸多作品中，我們都能看到 30 年代「左翼文學」的幽靈游蕩其中。當然，後世文學對 30 年代「左翼文學」並非簡單的因襲，而是呈現出一個不斷揚棄的過程，這一過程因 30 年代左翼文學所具有的獨特的時代稟性而顯得極其艱難。

每當社會出現實問題，且人們對問題的解決束手無策的時候，左翼文學這種呼應現實、關注政治的傾向都會凸顯出來，誠如曠新年先生所說：「問題在於，我們能不能看到正在萌芽的或者蘊藏的現實。文學的本質是想像。文學是靈感，是一種預見，是某種臨界狀態的東西。文學並不是簡單地描寫現實、反映現實，而是發現現實，甚至創造現實。」〔註8〕在「去政治化」的純文學無力抵抗消費狂潮的時候，「如果要企圖重新恢覆文學的生命，那麼就要使文學重新獲得政治感覺，使文學重新政治化。文學不能服從於某種外在於它的政治，真正的政治性常常正是文學性本身，形式就是內容的形式。」而惟其如此，文學才能夠重獲「先鋒性」，「左翼文學正如內容上的激進性和批判性一樣，也必然表現爲形式上的實驗性和探索性」。〔註9〕20 世紀初的五四作家總是局限於自身狹隘的生活圈子，耽溺於個人情感的宣泄和文學技巧的琢磨，從而使得新文學無法產生「發揚踔厲」的偉大作品。而這一點，與 80

〔註7〕馮奇，左翼文學話語的性質和功能〔J〕，中國現代文學研究叢刊，2002 年（1）。
〔註8〕曠新年，「新左翼文學」與歷史的可能性〔J〕，文藝理論與批評，2008 年（6）。
〔註9〕曠新年，「新左翼文學」與歷史的可能性〔J〕，文藝理論與批評，2008 年（6）。

年代以「先鋒文學」爲代表的傾向有極大的相似性，後者也是在對形式的痴迷中走入了死胡同，因此，無論在哪個時代，這種傾向都需要一種矯正和扭轉。因此，無論 30 年代的左翼文學，還是當下的「新左翼文學」，都在文學自身遭遇發展困境的時候即時出現，它們都代表著作家或批評家試圖通過文學之外的社會政治因素使得文學本身獲得活力和影響力的要求和希望，在這一點上，兩者無疑有著歷史脈絡上的傳承性。

　　但需要指出的是，「左翼文學」是一個過於寬泛的概念，而當下中國文學批評界在援引這個概念的時候，往往沒能夠將其予以具體辨析，因此它所指涉的範圍既包括當下的新世紀以來的「打工文學」、「底層文學」，也包括 20世紀 20 年代的「普羅文學」，甚至還包括了 20 世紀 40 年代延安的「解放區文學」和 1949 年以後的所謂「紅色經典」（「十七年文學」和「文革文學」）。如前所述，這樣一種籠統的歸類固然在某些方面有一定合理性，但是它忽略了各個文學思潮之間的不同，即由於各自所處的時代、歷史環境的不同，以及參與者的身份差異，這些看似宗旨相近且能夠隔代呼應的思潮有著巨大的差異性乃至異質性，這是我們不能不予以高度重視的。誠如溫儒敏先生所說的那樣：「早年的左翼革命文學某種程度上在當代文學中的復活，這完全是歷史在無意識中達成的重複，它們之間確實具有某種共同的文化記憶、共同的歷史語境（當代政治意識形態還是在某種程度上起到暗示作用），但是卻是在應對各自很不相同的任務。」〔註10〕

　　具體到本文所寫的、盛行於 20 世紀 20 年代末 30 年代初的「普羅文學」而言，它就在諸多方面顯示出與後來多個所謂「左翼文學思潮」的巨大差異性。首先需要注意的是，無論是「革命文學」的主張，還是整個「普羅小說」創作的興盛，都與 20 世紀 30 年代初期這個非常獨特的「革命時代」有著千絲萬縷的關係，同樣，也與上海這座現代化大都市爲知識分子提供的生存空間密切相關。可以說，這兩者共同爲當時的「革命文學」運動和「普羅小說」創作的發生和繁榮提供了前提，也爲它們賦予了獨特的品格和秉性。而一旦左翼知識分子離開了這樣一種獨特的時空場域，那麼這一文學思潮也會隨之低落乃至消失。所以從這個意義上來說，40 年代以延安爲中心的「解放區文學」乃至 1949 年之後的「十七年文學」並不完全是 30 年代普羅文學的自然

〔註10〕溫儒敏、陳曉明，現代文學新傳統及其當代闡釋〔M〕，北京：北京大學出版
　　　社，2010：162。

延續，它們之間甚至存在某種斷裂性。反顧 20 世紀 30 年代的中國文壇，「左翼文學」可謂蔚爲大觀，僅就其當時所營造的聲勢而言，幾乎沒有任何一個文學流派可與之抗衡。但是隨著 1936 年「左聯」這一組織的解散，「左翼文學」作爲一個思潮也漸漸銷聲匿迹。其實早在 1932 年，「左翼文學」就已經出現了「戰鬥性和熱力的衰減」徵兆，它「銳減了以前所具有的迸發的憤怒、衝鋒前進的叫喊、肉搏流血的高呼等方面的煽動性、刺激性、標語化、政治宣傳化的高亢色彩，它的火氣和熱度大大消減」。〔註 11〕而在創作方面，「左翼文學」也未能像「革命文學」的倡導者在最初所預期的那樣，留下能夠名垂青史的偉大作品，以茅盾等人爲代表的作家很快就對「普羅文學」中「標語口號」、「臉譜化」、「概念化」的傾向提出了嚴厲批評，在他看來：「一九二八到一九三零這一時期所產生的作品，現在差不多公認是失敗。」〔註 12〕如果僅僅就政治訴求而言，茅盾與他所極力批評的「普羅文學」作家並沒有根本區別：「他們並沒有針鋒相對地就那些激進者的革命文學原則而提出另外一種理論。茅盾已經是一位中共黨員，他與他的那些黨員同仁們不同的是，他對革命的前景有著更爲清醒的估計」。69 只是相比蔣光慈、陽翰笙等人來說，茅盾對「革命文學」的看法顯然更爲客觀和冷靜──「本來，預言農村革命得到成功，是左翼作家的慣調，茅盾也不能例外。所不同者是：由於他對事實及歷史認識較深，故相較起來，他沒有一般左派作家淺薄，也沒有像他們一樣陶醉於革命必勝的自我催眠調子中」。〔註 13〕事實上，茅盾對普羅小說的批評主要是針對其淺薄的烏托邦情緒，其藝術性無法支撐政治意識的表達。如果我們參看「普羅小說」文本，就會發現茅盾的批評確實切中肯綮。普羅小說作品一味追求狂熱的革命情緒和僵化的政治概念，從而喪失了更開闊的社會視野、更深刻的歷史洞察、更冷靜的創作態度，以至「那樣地單純的書呆子氣而表示不出一點革命的經驗與教訓」〔註 14〕。在蔣光慈的《咆哮了的

〔註11〕楊勝剛，戰鬥性和熱力的衰減──1932 年後左翼文學寫作的轉向〔J〕，江漢論壇，2008 年（10）。

〔註12〕茅盾，《地泉》讀後感〔C〕∥茅盾全集（第十九卷），北京：人民文學出版社，1984：331～332。

〔註13〕費正清編，劍橋中華民國史（下卷），〔M〕，北京：中國社會科學出版社，1994：463。

〔註14〕茅盾：中國蘇維埃革命與普羅文學之建設〔C〕∥茅盾全集（第十九卷），北京：人民文學出版社，1984：308。

土地》、洪靈菲的《大海》以及陽翰笙的《地泉》等作品中，「農村」都是一個先在的、天然封閉的政治場域，是「革命浪漫諦克」式的烏托邦想像。而在這樣一個理想的「革命」空間裏，「我們只看見一個『革命家』怎樣飛將軍似的從天而降，怎樣一席演說就使得農民恍然大悟——『非要打倒地主不可！』但是我們卻不見農民們從事實上認得了辛苦一年只是替地主白做牛馬」〔註15〕。這些「革命家」以「小資產階級浪漫的革命情緒」宣講著艱深的革命理論，漫天飛舞的「標語口號」向人們呈現出一場用嘴和聲帶發動的革命——在這裏，對農民的政治啟蒙效果與對革命道理的理解和接受無關，而是與「革命家」嗓門音量的大小成正比。茅盾顯然對「革命羅曼蒂克」的文學深惡痛絕，但是他反對的不是「革命」的主題，而是「羅曼蒂克」的浪漫色彩——「我們的作品一定不能僅僅是一枝嗎啡針，給工農大眾以一時的興奮刺戟；我們的作品一定要成為工農大眾的教科書！」〔註16〕因此，茅盾的小說是對「革命」的「去羅曼蒂克化」，將「普羅小說」演繹的「革命傳奇故事」重新拉回歷史範疇。茅盾所創作的「農村三部曲」就糾正了那種對「革命」主觀、浪漫的想像，而是對革命本身的合法性、可能性予以了追問和反思。在這裏，茅盾已不再將「革命」作為知識分子情緒發泄的管道，而是以一種嚴肅歷史態度審視「革命」。相比普羅小說而言，茅盾的所謂「農村三部曲」有著堅實的歷史依據，他勾勒出了歷史的輪廓，將「農村」這一被「普羅小說」懸置的空間，在歷史中定位了自己清晰的坐標系，而「革命」由一個靜態的烏托邦圖景，納入了動態的歷史演進過程。從這個意義上講，茅盾不是在描述歷史，而是在對歷史進行帶有明確主題性、目的性、道德傾向性的架構，而這一點，實際上已經與知識分子情結濃厚的普羅小說創作劃出了清晰的界限。當然，茅盾小說創作的新趨向並非個案，而是代表整個左翼文學創作進一步推進，後起的作家們普遍不滿足於早期普羅小說的狂熱和淺薄，他們向現實主義的轉變成為普遍的趨勢。

　　更值得一提的是，在40年代延安所提倡的新的文學傳統中，30年代的左翼文學其實處於被排斥乃至被遮蔽的狀態。這種被排斥和被遮蔽本身就已經

〔註15〕茅盾，關於《禾場上》，〔C〕//茅盾全集（第十九卷），北京：人民文學出版社，1984：464～465。

〔註16〕茅盾：中國蘇維埃革命與普羅文學之建設〔C〕//茅盾全集（第十九卷），北京：人民文學出版社，1984：308。

說明，30 左翼文學有著與解放區文學相互衝突的觀念、理想和認識。誠如劉增杰先生所說：「實際上，左翼文藝家堅持的左翼文學理念和毛澤東的工農兵文藝主張，還是有著不少的差異。左翼文藝家在國民黨統治區險惡的政治環境下生活與創作，他們主張開展無產階級文藝運動，爲勞苦大眾服務，但這一理想仍然多停留在理論上和宣傳上，環境根本沒有給他們提供任何實踐的條件；在思想上，他們始終保持著小資產階級自由主義知識分子的心態，尊崇個性，紀律觀念淡薄；在創作上，他們堅持批判現實主義原則，對舊的社會決不妥協，以揭露鞭撻生活中醜惡勢力爲己任，對當時已經流行的社會主義現實主義創作方法則知之不多。而毛澤東則要求，文藝服從於政治，服從黨在一定革命時期內所規定的革命任務。在《講話》裏，毛澤東告誡作家：『小資產階級出身的人們總是經過種種方法，也經過文學藝術的方法，頑強地表現他們自己，宣傳他們自己的主張，要求人們按照小資產階級知識分子的面貌改造黨，改造世界。』在歌頌與暴露、作品表現人性等方面，也有著明顯的分歧與衝突。」〔註17〕而更爲嚴重的是，「衝突不僅表現在文學觀念上。當時極爲複雜的政治、軍事形勢，更導致這種觀念分歧的表面化，尖銳化。」〔註18〕正因爲此，大量從上海奔赴延安這一「革命聖地」的作家並沒有把30年代初期的文學思想、創作理念在延安予以推行，相反，恰恰是因爲這些帶有「小資產階級」性質的思想，使得他們在「整風」等歷次政治運動中遭到了整肅和壓制。從某種意義上來說，以30年代上海爲時空場域的左翼文學及其精神在40年代的延安整風運動中已經成爲了被重點整肅的對象，「從1942年5月毛澤東在延安文藝座談會上發表講話到1943年10月19日毛澤東《在延安文藝座談會上的講話》在《解放日報》上正式公開發表，再到1944年7月周揚根據毛的講話精神重新主持編輯的《馬克思主義與文藝》一書由延安華北書店出版，《在延安文藝座談會上的講話》被作爲『給革命文藝指示了新方向』的『馬克思主義文藝科學與文藝政策的最通俗化、最具體化的一個概括』，被作爲中國共產黨指導文藝創作、文藝批評的一個綱領性的文件的地位，逐漸被牢固地確立下來，並對解放區的文藝創作和文藝活動，以及1949年以後的

〔註17〕劉增杰，從左翼文藝到工農兵文藝——對進入解放區左翼文藝家的歷史考察〔J〕，中國現代文學研究叢刊，2006年（5）。

〔註18〕劉增杰，從左翼文藝到工農兵文藝——對進入解放區左翼文藝家的歷史考察〔J〕，中國現代文學研究叢刊，2006年（5）。

文藝創作和文藝運動發生了重大而深遠的影響，以魯迅爲旗幟與精魂的左翼文學精神，也因此而基本被消解、改造、否定和異化了。」〔註 19〕從這個意義上來說，40 年代的解放區文學並不是對 30 年代左翼文學的簡單繼承，兩者之間有著巨大的差異性。這樣一種差異自然也體現在具體的文學創作上。首先，五四的「個體精神」並沒有在 30 左翼文學創作中泯滅，因此它必然與無產階級話語產生難以彌合的衝突。如胡也頻在小說《同居》中描寫了女人與男人「自由離婚」的故事，在敘事過程中，作家把知識分子自身的浪漫主義精神賦予到農民身上，從而造成了人物身份的混亂；而實際上，這種「婚戀自由」的狀態對於保守的農民看來，只能是一種違背禮法的混亂。對此，40 年代的解放區文學顯然有所修正。如趙樹理《小二黑結婚》與《同居》同爲「婚戀」題材，但是它刪除了《同居》中相對激進的「離婚自由」，而只關注「結婚自由」方面。這樣一來，小說就摒棄了自身浪漫化的精英意識，而在使得革命話語契合了「有情人終成眷屬」的傳統希冀。另一方面，左翼文學宣揚批判精神和暴力革命，但在革命敘事中卻未能將革命理念與傳統的宗法倫理相互整合，這使得其「革命」圖景往往顯得猙獰暴戾，令人難以接受。如《咆哮了的土地》中，李杰爲了自己的政治信仰竟然放火燒掉了自家的宅院。這種毀家紓難、大義滅親的行爲，完全違背了中國傳統的家族倫理，使得個體在融入集體的過程中處於靈魂撕裂的狀態。從政治啓蒙的效果上講，這種「悖逆」的書寫既不能使知識分子自身確立積極樂觀的革命信仰，更不會爲意識保守的工農大眾所接受。而後來以《紅旗譜》、《創業史》爲代表的「紅色經典」創作就規避了這種極端狀態，梁斌等人在其創作中將家族成員之間的衝突，轉換爲家族之間的矛盾，這樣一來，革命敘事也就契合了宗法制下的中國文化語境。

事實上，直到 1984 年，周揚才在《中國新文學大系 1927～1937》的序言中提出：「『三十年代』是戰鬥的年代！光榮的年代！」而這更像是對 30 年代「左翼文學」長期遭受冷遇之後一聲遲到的正名。事實上，「左翼文學」在後來歷史中命運再次凸顯了它的政治意識本體，它所遭受的冷遇並非是由於藝術上的缺陷，而是政治形勢的變化使然。「左翼文學」生於「亂世」，它對應著當時複雜、慘烈的政治鬥爭形勢，歸根結底，它是中共「在野」時期力圖打造和形塑的文學形態。因此，左翼作家在 30 年代更強調文學的批判性和戰

〔註 19〕王培元，左翼文學是如何被消解的〔J〕，中國現代文學研究叢刊，2002 年（1）。

鬥性，強調對官方意識形態話語的消解。在這一大前提之下，「左翼文學」對外來理論的食古不化，對精英立場和知識分子趣味的固執堅守，以及其中的種種思想偏差、結構漏洞和藝術缺陷都可以暫時擱置。但是無產階級取得了政權之後，這種強調戰鬥性、批判性的話語就會對自身構成某種威脅，它的激情被視爲狂熱，它的堅決變成了暴戾，而它殘留的「精英意識」，也變成了「小資產階級」趣味。而這些，對於一個新生的、試圖建立穩定秩序的國家政權來講，都成了難以容忍的不安定的因素。

　　以上主要討論的是，20 世紀 30 年代的左翼文學與「解放區文學」之間的差異性，通過這一點想強調的是，那些同被當下文學批評界指稱爲「左翼文學」的思潮和作品之間並不是完全一致的。而這一點，在 20 世紀 30 年代的左翼文學，與當下所謂「新左翼文學」之間，更是有著巨大的鴻溝，兩者的時代語境、參與者的身份、作爲運動的運作模式乃至其作品的現實訴求和審美品格都有著巨大的差異性。

　　首先需要強調的是，當下「新左翼文學」與 30 年代的「左翼文學」之間在可比性本身上都有著某種問題。30 年代的「左翼文學」蔚爲大觀，既產生了巨大的現實影響力，又具備了深遠的歷史意義，以至今天它仍然具有從中獲得某種思想資源的潛力，這一點是有目共睹的，即 20 世紀 30 年代那場「左翼文學運動」已經成爲歷史事實供人評說和研究。而與此相反，當下所謂「新左翼文學」所產生的影響（無論是文學史地位還是社會影響）並沒批評者所說的那麼誇張，且不說它是否構成了 21 世紀文學的主潮，即使作爲一個文學現象或文學事實本身，都有著頗多令人懷疑的地方。與其說「新左翼文學」是一個文學事實，倒不如說它代表著左翼批評家在當下現實中對文學乃至整個的展望。以「底層文學」爲例，當下文學批評對它的描述並不是一種歷史化的蓋棺定論，而是充滿了並不確定的憧憬和希冀，甚至可以說，當下對「底層文學」任何定性式的評論都爲時尚早。

　　但即便是在這樣一種充滿不確定性的描述之中，我們依然能夠看到 30 年代左翼文學與當下「新左翼文學」根本性的差別。誠如本文在緒論中所論述的那樣，30 年代的左翼文學從發生到發展都處於「民國機制」之中。無論是「革命文學」的興起，還是「普羅小說」創作的勃發，都是在「民國」這一特定的歷史情境中發生和發展的，離開了這一點我們就無法眞正把握 30 年代的「革命文學」、「普羅小說」與其他時代語境之下「左翼文學思潮」的根本

區別，誠如有學者指出的那樣，「探討民國時期的左翼文學與右翼文學，一個基本前提就是回到民國歷史文化語境」。〔註20〕可以說，這樣一種「民國歷史文化語境」的存在，使發生於其中的「革命文學」與「普羅小說」與當下的「新左翼文學」思潮在參與者身份、運作方式等多個方面有著巨大的差異。下文將對此予以分別論述。

　　首先是參與者身份的不同。王富仁老師認為「左翼文學的形成是新文學發展的結果」，作為新文學的一個分支，它構成了與胡適等人所代表的「學院派文化」有所區別的社會文化：「社會文化的最基本的東西不是附著於學院派的，也不是進行革命的，它就是一個知識分子，就是知識分子通過自己的作品和自己的讀者達成溝通。這種溝通是通過一個刊物到了讀者並回歸到自己，形成的一個社會文化網絡這個社會的流通形式是可以不通過國家政治，也可以不通過政治革命這個系統的，它是社會、文化的系統。」〔註21〕王富仁這一「社會文化」並不是指廣義、籠統的「社會」而言，而是特指知識分子的「非體制化」生存，即知識分子在很大程度上擺脫了對國家、學院等體制性組織的依存。具體到30年代的歷史情境而言，左翼知識分子所張揚的「社會文化」，不僅與國家權力形成了激烈的對抗，而且與學院派文化保持了相當的距離，它恰恰是通過參與文化市場上的商業運作而確立了自身的地位。甚至可以說，左翼文學在上海的大規模崛起，首先並不是政治上的勝利，而是商業上的成功。普羅小說作家能夠將自己所從事的政治活動的經歷轉化為激動人心的文學文本，獲得了大眾讀者的強烈反應，因此他們能夠使得自己的作品獲取商業價值，進而在市場交換中名利雙收。因此，無論是蔣光慈，還是丁玲，他們的作品在上海的文化市場上都有著非常好的銷路，按照現在的標準，他們是不折不扣的暢銷書作家。這一點即使魯迅也不例外，朱學勤先生就指出，「魯迅反對當時的經濟制度，但那樣的制度在形而下層面卻支撐他完成寫作，他一刻也離不開那樣的制度」，他「吃的不是『草』，而是『奶』，而且是自由經濟的『奶』，而不是統制經濟的『草』」。（見2006年12月14日《南方周末》）如果我們考察「革命＋戀愛」這一普羅文學通行的創作方式也能夠發現，「革命」與「戀愛」儘管代表了當時知識分子對政治的普遍看法，但是這些都在出版商的成功的運作與整合中成為重要的商業噱頭乃至資源。

〔註20〕張武軍，民國語境下的左翼文學〔J〕，鄭州大學學報，2012年（5）。
〔註21〕王富仁，關於左翼文學的幾個問題〔J〕，中國現代文學叢刊，2002年（1）。

從這些都可以看出，30 年代左翼文學與文化資本市場之間錯綜複雜的關係，他們對資本市場雖然有所批判和攻擊，但是這種攻擊來自其在這個市場中所處的某種弱勢地位，但從根本上，他們仍舊處於這樣一個市場之內，而與「政府機關」和「學院派」有著深深的隔膜。

　　而反觀當下的所謂「新左翼文學」，我們便會發現它與三十年代左翼文學的「社會文化」屬性可謂風馬牛不相及。首先，無論是「底層文學」也好，「打工文學」也罷，這些實際的所謂「左翼創作」都不是依託大眾文化市場而獲得影響力的，這些作家所依託的，恰恰是被 30 年代左翼作家所鄙夷和排斥的國家體制。30 年代左翼作家很巧妙地利用了商業資本的運作，蔣光慈、丁玲的小說，魯迅的雜文都在上海的出版市場上爲大眾青睞。但是反觀當下，所謂底層文學的代表作品《那兒》（曹征路著）僅僅發行了幾千冊而已。當然，這裏並不是要將發行量作爲衡量一部作品價值的標準，而是要強調，對那些標榜自己爲「大眾」的文學作品而言，如果「大眾」本身都沒有任何反應，那麼「大眾」的旨歸又有何價值和意義？事實上，30 年代的普羅小說作家和左翼陣營在商業上所取得成功的意義遠遠不在商業範疇本身，相反，在政治氣候惡劣的情形之中，在學院派文化的僵化體制之外，左翼知識分子通過大眾文化的運作開闢了自身的生命空間和話語平臺，甚至從某種意義上說，這種努力實際上也豐富了當時的社會文化生態，保持了知識分子自身相對於政治與體制的獨立性。而這一點顯然影響到了 30 年代普羅小說和左翼文學的品格。可以說，「革命文學」的發生是在左翼知識分子的「革命」遭遇挫折時發生的，這個時候再提倡革命，既與整個社會的政治大趨勢不相符合，也與知識分子自身的利益相互頡頏。但是左翼知識分子的借助文學再談「革命」反倒大獲成功，「革命」這樣一個爲國家意識形態所不容、爲學院派知識分子所鄙夷的主題在普羅小說作家筆下百寫不厭，而作家們也能夠借助它抒發那些屬於個人的情緒，承載那些充滿個性化的理想。而當下的「新左翼文學」則不同，他們煞有介事地關注「底層」、悲憫「底層」，控訴「商業資本」，卻對自己對國家體制的依附性狀態或者視而不見，或者避而不談，從無任何反思。因此，在他們的作品中，根本就無法承載眞正的「社會文化」，他們的理想和訴求往往與國家意識形態相互重合，而他們自身也只是樹立起一個模糊的悲天憫人的道德面影。

　　如果說「新左翼文學」中的作家創作無法擺脫對國家體制的依賴，那麼「新左翼文學」的批評家，也與 30 年代不同，他們不僅未能與學院教育保持距離，反而恰恰是徹頭徹尾的學院派人士。在 20 世紀 30 年代，左翼知識分子所秉持的社會文化立場使得他們將「學院派」人士視為自己的論敵，無論是「新月派」還是「京派」都與左翼陣營有著完全不同的價值理念，且爆發過激烈的論爭。當時的左翼文學呈現的平臺是在報紙、期刊等大眾傳媒之上，他們的理論批評直指社會現實問題，帶有鮮明的動態性和即時性。這樣一種理論批評與學院文化中的知識生產是相互扞格的，而與大眾文化有著天然的親緣關係。如果說 30 年代的左翼文學產生了巨大的社會反響並造成了一股文學的潮流，那麼當下的「新左翼文學」只能算是一場語焉不詳的命名儀式，它的影響力更多是局限在文壇和學術界，從根本上來說，當下的「新左翼文學」僅僅是一個學術話題，並沒有在社會的範圍產生什麼令人稱道的反響。而更需要指出的是，與 30 年代相對獨立的教育系統相比，當下的學院與國家權力之間的關係不是更遠而是更近，它本身就是社會政治體制的一個有機組成部分。而這些，都會使得我們對「新左翼文學」的民間化立場產生諸多懷疑。

　　事實上，今日的文壇和學術界與 20 世紀 30 年代相比，已經處於一種極端邊緣化的地位，他不僅不能夠像當時的大學那樣對國家意識形態構成某種制衡，反而因為那種在社會中的邊緣地位而不得不依附於國家體制。而隨著大眾傳媒不斷的發達，大眾文化的不斷繁榮，僵化的學院體制本身已經無法參與其中，而它所生產的知識也無法對社會轉型、變革和建構有什麼實際的作用。而在這種情形之下，學院知識分子恰恰需要一個虛擬的「民間立場」，需要製造出一些所謂的「熱點」問題，最終使得自身在大眾文化中獲得專屬於自身的話語權。在我看來，左翼文學在現代中國社會中「幽靈式的重現」，恰恰是暗示了著中國現代化進程的某種不徹底性，它意味著「作家」、「藝術家」並沒有完全從「公共知識分子」的身份上超越出來。綜觀當下所謂的底層文學，我們便會發現，它所試圖言說的諸多社會問題，都是屬於社會科學範疇，因此，法學、經濟學、社會學等學科的知識分子理應在共同場合發出自己獨特的聲音，進而通過整個國家政治機制的運作將其予以解決。但遺憾的是，由於這種公共平臺的缺失，也由於當下學術體制缺乏必要的獨立性和自治性，因此他們基本上處於失聲狀態。正是在這樣一種情境之下，文學承

擔起本該由諸多社會科學承擔起的功能和使命，而本該利用個人話語在虛構的情境中追求審美超越性的作家，卻大張旗鼓地宣揚起文學的「政治功利性」。事實上，作家所表達的是整個知識分子群體在社會問題面前的道德焦慮，但問題在於，這樣一種通過文學對社會問題的關注本身不會對社會問題的解決產生絲毫影響，而只能樹立起知識分子自身那種多餘而無所用的道德形象而已。

從這個意義上看，所謂「新左翼文學」正是學院派的批評家們試圖借助社會力量充實冷落的文學的努力，他們試圖通過對「政治」的強調，使得文學重新獲得某種影響力。但事實上，這樣一種對文學「社會文化」層面的要求和批評家們自身栖居「學院」的現實境遇有著根本矛盾，所以現有的所謂「底層文學」乃至整個「新左翼文學」並不足以支撐起批評家們通過社會政治因素扭轉文學頹勢的希冀，文學並沒有因爲對社會現實的關注本身而形成推動社會變革和轉型的動力，從這一點上來說，無論底層文學還是所謂新左翼文學，既沒有形成對社會現實的干預的制約，也沒有改變文學自身的邊緣化地位。

綜上所述，儘管當下左翼文學成爲學界熱點，但是對「左翼文學思潮」內部的具體的學理性辨析仍然是必要的。而本論文所要探討的，1928 年肇始的「革命文學」和「普羅小說」則具有非常獨特的意義。總體而言，它是作爲個體的知識分子在政治氣候惡劣的情勢之下，借助「社會文化」來捍衛自身獨立地位、開拓自己生命空間和話語平臺的有效嘗試。這種強烈的個體意識、濃厚的知識分子情結都是這場運動的獨特性所在，甚至從某種意義上來說，它與之前的「五四」時代有密切關聯，而與後來的諸多所謂「左翼文學思潮」有著明顯的異質性，這是我們不能不予以重視的。

參考文獻

一、**專著**（國內部分）

1. 錢理群、溫儒敏、吳福輝，中國現代文學三十年〔M〕，北京：北京大學出版社，2006 年。

2. 林偉民，中國左翼文學思潮〔M〕，上海：華東師範大學出版社，2005 年。

3. 陳紅旗，中國左翼文學的發生 1923～1933〔M〕，廣州：暨南大學出版社，2010 年。

4. 曠新年，1928：革命文學〔M〕，濟南，山東教育出版社，2006 年。

5. 艾曉明，中國左翼文學思潮探源〔M〕，北京：北京大學出版社，2007 年。

6. 朱曉進，政治文化與中國二十世紀三十年代文學〔M〕，北京：人民出版社，2006 年。

7. 曹清華，中國左翼文學史稿〔M〕，北京：中國社會科學出版社，2008 年。

8. 賈振勇，理性與革命——中國左翼文學的文化闡釋〔M〕，北京：人民出版社，2009 年。

9. 方維保，紅色意義的生成——20 世紀中國左翼文學研究〔M〕，合肥：安徽教育出版社，2004 年。

10. 程文超，1903：前夜的涌動〔M〕，濟南，山東教育出版社，2006 年。

11. 張均，中國現代文學與儒家傳統（1917～1976）。〔M〕，長沙，嶽麓書社，2007 年。

12. 王寰鵬，左翼至抗戰：文學英雄敘事的當代闡釋〔M〕，濟南：齊魯書社，2005 年。

13. 余英時，士與中國文化〔M〕，上海：上海人民出版社，2002年。

14. 楊春時，現代性與中國文學思潮〔M〕，上海：生活·讀書·新知三聯書店，2009年。

15. 宋劍華，百年文學與主流意識形態〔M〕，長沙：湖南教育出版社，2002年。

16. 孟子譯注〔M〕，楊伯譯注，北京：中華書局，2003年。

17. 禮記譯注〔M〕，楊天宇譯注，上海：上海古籍出版社，2007年。

18. 王本朝，中國當代文學制度研究〔M〕，北京：新星出版社，2007年。

19. 陳平原，觸摸歷史與進入五四〔M〕，北京：北京大學出版社，2010年。

20. 唐德剛，胡適口述自傳〔M〕，桂林：廣西師範大學出版社，2005年。

21. 李何林，近二十年中國文藝思潮論〔M〕，西安，陝西人民出版社，1981年。

22. 諶宗恕，左聯文學新論〔M〕，武漢：武漢出版社，1996年。

23. 李今，個人主義與五四新文學〔M〕，哈爾濱：北方文藝出版社，1992年。

24. 宋劍華，生命閱讀與神話解構——20世紀中國文學經典文本的重新釋義〔M〕廣州：廣東人民出版社，2010年。

25. 李澤厚，中國現代思想史論〔M〕天津：天津社會科學出版社，2003年。

26. 溫儒敏、陳曉明，現代文學新傳統及其當代闡釋〔M〕，北京：北京大學出版社，2010年。

27. 朱曉進，非文學的世紀——20世紀中國文學與政治文化關係史論〔M〕，南京：南京師範大學出版社，2004年。

二、專著（國外部分）

1. 劉劍梅，革命與情愛〔M〕，郭冰茹譯，上海：上海三聯書店，1988年。

2. 王德威，被壓抑的現代性——晚晴小說新論〔M〕，宋偉杰譯，北京：上北京大學出版社，2005年。

3. 史蒂芬·盧克斯〔英〕，個人主義〔M〕，閻克文譯，南京：江蘇人民出版社，2001年。

4. 埃里克·霍弗〔美〕，狂熱分子〔M〕，梁永安譯，桂林：廣西師範大學出版社，2008年。

5. 古斯塔夫·勒龐〔美〕，烏合之眾〔M〕，馮克利譯，桂林：廣西師範大學出版社，2008年。

6. 康德著作全集〔C〕∥李秋零主編，北京：中國人民大學出版社，2010年。

7. 韋勒克〔美〕，近代文學批評史（第一卷）〔M〕，楊自伍譯，上海：上海譯文出版社，2009 年。

8. 塞克斯坦〔美〕，古典主義〔M〕，艾曉明譯，北京：崑崙出版社，1989 年。

三、文集

1. 戴平萬，陸阿六〔M〕，上海：現代書局，1930 年。

2. 錢杏邨，阿英全集〔M〕，安徽教育出版社，2003 年。

3. 蔣光慈，蔣光慈文集〔M〕，上海：上海文藝出版社，1988 年。

4. 瞿秋白，瞿秋白文集〔M〕，北京：人民文學出版社，1985 年。

5. 魯迅，魯迅全集〔M〕，北京：人民文學出版社，2005 年。

6. 胡也頻，胡也頻作品集〔M〕，鄭州：河南大學出版社，2006 年。

7. 洪靈菲，洪靈菲選集〔M〕，北京：人民文學出版社，1982 年。

8. 丁玲，丁玲全集〔M〕，石家莊：河北人民出版社，2001 年。

9. 陽翰笙，陽翰笙選集〔M〕，成都：四川文藝出版社，1982 年。

10. 茅盾，茅盾全集〔M〕，北京：人民文學出版社，1984 年。

11. 陽翰笙，陽翰笙百年紀念文集〔M〕，北京：中國戲劇出版社，2002 年。

12. 陳平原、夏曉虹，二十世紀中國小說理論資料〔C〕，北京：北京大學出版社，1989 年。

13. 中國新文學大系・建設理論集〔C〕，上海：上海文藝出版社，2003 年。

14. 中國新文學大系・文學論爭集〔C〕，上海：上海文藝出版社，2003 年。

15. 中國新文學大系 1927～1937・文學理論集一〔C〕，上海：上海文藝出版社，1987 年。

16. 中國新文學大系 1927～1937・文學理論集二〔C〕，上海：上海文藝出版社，1987 年。

17. 中國古代文藝理論專題資料叢刊〔C〕，北京：中國社會科學出版社，1997 年。

18. 中國左翼文學國際學術研討會論文集〔C〕，汕頭大學出版社，2006 年。

19. 陳平原、鄭勇，追憶蔡元培〔C〕，北京：三聯書店，2009 年。

四、期刊論文

1. 張大明，前期左翼文學的歷史經驗〔J〕，中國現代文學叢刊，2002 年（1）。

2. 朱德發，重新解讀左翼文學的「英雄理念」〔J〕，山東社會科學，2005 年（1）。

3. 王彬彬，文藝戰線——兼談文藝用語的軍事化問題〔J〕，南方文壇，1990年（5）。

4. 劉暢，文學‧政治‧想像——晚清政治小說與普羅小說的同質化特徵〔J〕，中國現代文學研究叢刊，2011年（2）。

6. 宋劍華，論「言志」詩學對中國現代文學的內在影響〔J〕，中國社會科學，2010年（6）。

7. 宋劍華，清醒與茫然：知識分子與農民表現主體的雙重思想困境〔J〕，涪陵師範學院學報，2002年（3）。

8. 李蕾、鳳媛，早期普羅小說「革命＋戀愛」模式的青春特質〔J〕，中國現代文學研究叢刊，2005年（5）。

9. 劉婉明，革命的現代「性」——1930年前後左翼文學理論中的愛欲主題〔J〕，中山大學學報，2010年（1）。

10. 賀桂梅，「革命＋戀愛」模式解析——早期普羅小說釋讀〔J〕，文藝爭鳴，2006年（4）。

11. 宋劍華，精英話語的另類言說——論20世紀中國文學的「民間立場」與「民間價值」〔J〕，暨南大學學報，2011年（3）。

12. 黃曼君，左翼文學創作方法問題略議〔J〕，山東社會科學，2005（1）。

13. 劉增傑，從左翼文藝到工農兵文藝——對進入解放區左翼文藝家的歷史考察〔J〕，中國現代文學研究叢刊，2006年（5）。

14. 王培元，左翼文學是如何被消解的〔J〕，中國現代文學研究叢刊，2002年（1）。

15. 張武軍，民國語境下的左翼文學〔J〕，鄭州大學學報，2012年（5）。

16. 王富仁，關於左翼文學的幾個問題〔J〕，中國現代文學叢刊，2002年（1）。

17. 楊勝剛，戰鬥性和熱力的衰減——1932年後左翼文學寫作的轉向〔J〕，江漢論壇，2008年（10）。

18. 李怡，誰的五四？——論「五四文化圈」〔J〕，中國現代文學研究叢刊，2009年（3）。

19. 李怡，民國機制——中國現代文學的一種闡釋框架〔J〕，廣東社會科學，2010年（6）。

20. 李怡，「五四」與中國現代「民國機制」的形成〔J〕，鄭州大學學報，2009年（4）。

21. 李怡，論創造社之於五四新文學傳統的意義〔J〕，文學評論，2009年（1）。

22. 孟繁華，左翼文學與當下中國文學〔J〕，中國現代文學研究叢刊，2002年（1）。

23. 程光煒，左翼文學思潮與現代性〔J〕，海南師範學院學報，2002年（5）。

24. 曠新年，「新左翼文學」與歷史的可能性〔J〕，文藝理論與批評，2008年（6）。

25. 何言宏，當代中國的「新左翼文學」〔J〕，南方文壇，2008年（1）。

26. 馮奇，左翼文學話語的性質和功能〔J〕，中國現代文學研究叢刊，2002年（1）。